Business-Knigge Iran

Michael Gorges

Business-Knigge Iran

Mit interkultureller Kompetenz zum Erfolg im Iran-Geschäft

3., überarbeitete und erweiterte Auflage

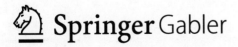

Michael Gorges
Iran Consulting
Aachen
Deutschland

ISBN 978-3-658-12716-9   ISBN 978-3-658-12717-6 (eBook)
DOI 10.1007/978-3-658-12717-6

Die Deutsche Nationalbibliothek verzeichnet diese Publikation in der Deutschen Nationalbibliografie; detaillierte bibliografische Daten sind im Internet über http://dnb.d-nb.de abrufbar.

Springer Gabler
Überarbeitete und erweiterte Fassung
Zuerst veröffentlicht als *Geschäftserfolg im Iran. Verhandeln, Arbeiten und Führen in der persischen Geschäftskultur*. Orell-Füssli Verlag. Zürich 2008
1. und 2. Aufl.: © Orell-Füssli Verlag 2008, 2012
3. Aufl.: © Springer Fachmedien Wiesbaden 2016
Das Werk einschließlich aller seiner Teile ist urheberrechtlich geschützt. Jede Verwertung, die nicht ausdrücklich vom Urheberrechtsgesetz zugelassen ist, bedarf der vorherigen Zustimmung des Verlags. Das gilt insbesondere für Vervielfältigungen, Bearbeitungen, Übersetzungen, Mikroverfilmungen und die Einspeicherung und Verarbeitung in elektronischen Systemen.
Die Wiedergabe von Gebrauchsnamen, Handelsnamen, Warenbezeichnungen usw. in diesem Werk berechtigt auch ohne besondere Kennzeichnung nicht zu der Annahme, dass solche Namen im Sinne der Warenzeichen- und Markenschutz-Gesetzgebung als frei zu betrachten wären und daher von jedermann benutzt werden dürften.
Der Verlag, die Autoren und die Herausgeber gehen davon aus, dass die Angaben und Informationen in diesem Werk zum Zeitpunkt der Veröffentlichung vollständig und korrekt sind. Weder der Verlag noch die Autoren oder die Herausgeber übernehmen, ausdrücklich oder implizit, Gewähr für den Inhalt des Werkes, etwaige Fehler oder Äußerungen.

Gedruckt auf säurefreiem und chlorfrei gebleichtem Papier

Springer Gabler ist Teil von Springer Nature
Die eingetragene Gesellschaft ist Springer Fachmedien Wiesbaden GmbH

Für Laetitia Mandana Maxima

Geleitwort

Im Juni 1967 hatte ich Gelegenheit, den Besuch des Schahs Mohammed Reza Pahlavi und seiner Frau Farah Diba in Hamburg zu erleben. Der Besuch in Hamburg und dann auch in Deutschland war begleitet von wütenden Demonstrationen, die ich nur schwer verstehen konnte. In Iran wuchsen die Widerstände und führten 1979 zur Absetzung des Schahs und zur Beendigung der Monarchie.

In dieser Zeit zählte Iran neben den USA zu den wichtigsten Abnehmerländern Deutschlands außerhalb Europas. Parallel zu diesen starken außenwirtschaftlichen Verpflichtungen entwickelte sich vor allem im Bildungssektor eine enge deutsch-iranische Zusammenarbeit, die zur Gründung von zahlreichen deutschen Gewerbeschulen in Iran führte. Diese traditionell sehr guten deutsch-iranischen Wirtschaftsbeziehungen führten dazu, dass rund 30 % der industriellen Infrastruktur in Iran aus deutscher Produktion stammen.

Nach Beendigung des Embargos öffnet sich nun auch der Iran als letzte große Volkswirtschaft dem Weltmarkt. Mit knapp 80 Mio. Einwohnern, die größtenteils durch eine überdurchschnittlich hohe Bildung gekennzeichnet sind, bietet dieses Land auch deutschen Firmen wieder gute Chancen, die durch die Sanktionen verlorenen Marktanteile zurück zu gewinnen.

Obwohl es wenig wahrscheinlich ist, das Deutschland die Position des wichtigsten Handelspartners für Iran wieder erreichen wird, insbesondere auch weil chinesische, koreanische und japanische Firmen die Zeit der Sanktion genutzt haben, um Präsenz im Markt aufzubauen, ist die Ausgangslage für deutsche Unternehmen in Iran dennoch hervorragend. Denn die Beziehungen zwischen Unternehmen aus beiden Ländern sind über Jahrzehnte gewachsen, teilweise sind deutsche Unternehmen seit mehr als 100 Jahren in „Persien" tätig und technologisch innovative Produkte „Made in Germany" genießen hier nach wie vor einen guten Ruf.

Neben den angebotenen Produkten und der anzubietenden Dienstleistung zählen für einen Erfolg im Lande jedoch in zunehmendem Maße auch die Beachtung kultureller Besonderheiten, die auch in Iran eine immer wichtigere Rolle einnehmen.

Wie ist die Geschäftskultur? Hat sie sich geändert? Wie sollte man auf den Geschäftspartner eingehen?

Dazu braucht man interkulturelle Kompetenz, die im Zeitalter der Globalisierung von entscheidender Bedeutung ist für ein erfolgreiches Engagement in Wachstumsmärkten.

Dieses Fachbuch soll dabei behilflich sein. Der Autor Herr Gorges war nach seinem Studium der Islamwissenschaft lange Zeit in einem iranischen Unternehmen in leitender Funktion tätig. Neben verschiedenen Fachpublikationen hat er sich insbesondere als Iran-orientierter Managementcoach einen Namen gemacht.

Hatto Brenner
Präsident der EUROPÄISCHEN UNION
MITTELSTÄNDISCHER UNTERNEHMEN e. V. – EUMU

Vorwort

Iran hat in den vergangenen dreieinhalb Jahrzehnten seit der Islamischen Revolution eher für negative Schlagzeilen gesorgt. Die Regierenden in der Hauptstadt Teheran wurden in diesem Zusammenhang häufig als irrational und fanatisch handelnde Personen dargestellt, die den Westen provozierend herausfordern, damit sie innenpolitisch ihre Macht stabilisieren können. Die Auseinandersetzungen um das iranische Atomprogramm und die Reaktionen des Westens in Form von Sanktionen schienen dieses Bild zu bestätigen. Iran wurde auf der „Achse des Bösen" (George W. Bush) ganz oben angesiedelt, was die meisten Iraner als Beleidigung empfanden. Dass iranische Politiker auch ganz pragmatisch und „logisch" denken können, hat viele Beobachter angesichts der jüngsten Fortschritte in den Verhandlungen über ein Ende der Sanktionen dann doch überrascht. Kaum jemand hatte ernsthaft geglaubt, Iran könne oder wolle die von den UN-Vetomächten und Deutschland erteilten Auflagen zeitnah erfüllen. Der „Implementation Day" am 16. Januar dieses Jahres ist ein Beispiel dafür, dass die Regierung Rohani die Zeichen der Zeit erkannt hat. Sie hat auch erkannt, dass sie die wichtigsten sozialen und ökonomischen Probleme der iranischen Gesellschaft lösen muss. Bei dieser Aufgabe ist sie in allen Bereichen auf die Hilfe aus dem Ausland angewiesen. Deutschland kann zukünftig aufgrund seiner langjährigen guten Beziehungen zu Iran wieder eine exponierte Stellung einnehmen. Für Iraner hat das „Made in Germany", auch wenn es mittlerweile etwas abgedroschen klingt, nicht nur einen guten Klang. Iraner wissen um die Qualität deutscher Produkte und sie sind „scharf" darauf, mehr noch als auf die Produkte aus anderen Staaten. Wer sich auf Geschäfte mit Iranern einlassen will, muss also wissen, welche kulturellen Besonderheiten ihr Denken und Handeln bestimmen, und wie man sich darauf vorbereitet, um erfolgreich zu sein. Nur so lassen sich die gröbsten Fehler vermeiden.

Das vorliegende Buch erscheint in einer überarbeiteten und aktualisierten Fassung. Es ist das Ergebnis meiner mehr als 36-jährigen beruflichen Erfahrungen in und mit iranischen Unternehmen und mit iranischen Geschäftspartnern. Als es 2008 erschien, war es ein Novum und das ist es bislang immer noch. Die hier dargestellten Beispiele und Empfehlungen orientieren sich am Geschäftsalltag in Iran.

Das Buch wendet sich an einen breiten Leserkreis. An Geschäftsleute, die den iranischen Markt erschließen wollen, aber noch nicht wissen, worauf zu achten ist, wenn unterschiedliche Geschäftsmentalitäten aufeinandertreffen. Es ist auch für Fach- und Führungskräfte gedacht, die wissen möchten, wie sie mit Iranern richtig und respektvoll kommunizieren, sodass auch im Konfliktfall beide Parteien ihr Gesicht wahren können. Das Buch soll darüber hinaus auch dem Reisenden, der sich das Land und seine Kultur erschließen will, einen profunden Einblick in die kulturellen Besonderheiten vermitteln. Zu guter Letzt ist es auch für Studenten der unterschiedlichsten Fachdisziplinen geeignet, die sich mit Iran als einen wichtigen Akteur im politischen Kräftefeld des Mittleren Ostens befassen oder den iranischen Markt aus einer ökonomischen Perspektive betrachten.

Bei der Transkription der persischen Begriffe habe ich mich an der in Iran üblichen englischen Schreibweise orientiert. Anstelle von *Schiras* wie im Deutschen verwende ich die englische Schreibweise *Shiraz*. Mohammed ist die persische und Muhammad die arabische Schreibweise.

Ich wünsche Ihnen allen viel Erfolg und vor allem viel Geduld. *Besiar khosh bakhti.* Viel Glück beim Geschäft.

Frühjahr 2016   Michael Gorges

Danksagung

Das vorliegende Buch in seiner nunmehr aktualisierten und überarbeiteten Fassung geht ursprünglich auf die freundliche Anregung meiner verehrten Kollegin Frau Dr. Gabi Kratochwil zurück. Ihr gilt mein aufrichtiger Dank. Einen besonderen Dank schulde ich meiner lieben Frau Farkhondeh für die vielen hilfreichen Diskussionen über das Wesen des Persers an sich. Von ihr habe ich in 36 Jahren vermutlich mehr gelernt als aus vielen gelehrigen Werken über Iran. Danken will ich auch meinem Schwiegersohn Christoph Striepecke wieder für die Entwürfe und Bearbeitung des Kartenmaterials.

Ein ganz herzlicher Dank geht an Frau Irmgard Landrock und Herrn Hatto Brenner von AWI International Business Services in Erlangen für die freundliche Empfehlung an und den Kontakt zum Springer Gabler Verlag und nochmals an Herrn Brenner für das freundliche Geleitwort.

Ein Buch ist immer ein Gemeinschaftsprojekt. Deshalb sei an dieser Stelle ein ganz besonderer Dank gerichtet an meine Lektorin, Frau Claudia Hasenbalg, für die hervorragende Unterstützung, das aufmerksame Lesen und die hilfreichen Verbesserungsvorschläge, die es nur besser machen konnten. Dem Verlag Springer Gabler danke ich für das Interesse und die Bereitschaft das Buch zum richtigen Zeitpunkt aufzulegen. *Kheili Mamnun,* Vielen Dank.

Zum Ausklang
„Ein Augenblick der Seelenruhe ist besser als alles, was du sonst erstreben magst."
(Persisches Sprichwort)

Inhaltsverzeichnis

1	Einführung: Iran im Überblick	1
2	Unser Iranbild zwischen Fiktion und Realität	11
3	Warum der Persische Golf nicht zu Arabien gehört	15
4	Könige und Propheten: Die Wurzeln der persischen Kultur	23
5	Deutschland und Iran	31
6	Die geölten Räder der persischen Etikette	53
7	Doing Business – Wie Sie Ihr Geschäft aufbauen	65
8	„Bei Allah, dieser Preis gilt nur für dich" – Richtig verhandeln	79
9	Höflichkeiten und Komplimente	83
10	Der Chef hat immer recht	89
11	Der Arbeitsalltag in Iran	99
12	Konfliktmanagement	105
13	„Es gibt keinen Gott außer Gott" – Der Islam im Alltag	111
14	„Der Gast ist der Liebling Gottes" – Über die Ambivalenz des Schenkens	129
15	Kleines Kulturquiz	143
16	Anhang	151
	Weiterführende Literatur	171

Über den Autor

Michael Gorges M.A. ist Ethnologe, Fachbuchautor, Dozent und Trainer für interkulturelle Kommunikation mit mehr als 36 Jahren beruflicher und privater Erfahrung in und zu Iran. Er arbeitete mehr als 20 Jahre für iranische Unternehmen aus der Kunststoffindustrie und war Prokurist in einem iranischen Unternehmen. Als versierter Trainer für interkulturelle Kommunikation verfügt er über fundierte Kenntnisse der Staaten und Kulturen des Nahen und Mittleren Ostens und berät deutsche Unternehmen und Institutionen beim Aufbau von Geschäftsbeziehungen in Iran. Zahlreiche Seminare in Deutschland und in Iran. Er ist Autor von „Geschäftserfolg im Iran" und „Business-Knigge Iran", den bislang einzigen deutschsprachigen Fachpublikationen zum Thema *Business in Iran*.

Michael Gorges studierte Ethnologie, Indologie, Islam- und Politikwissenschaften an den Universitäten Hamburg und Bonn.

Kontakt: www.michaelgorges.de

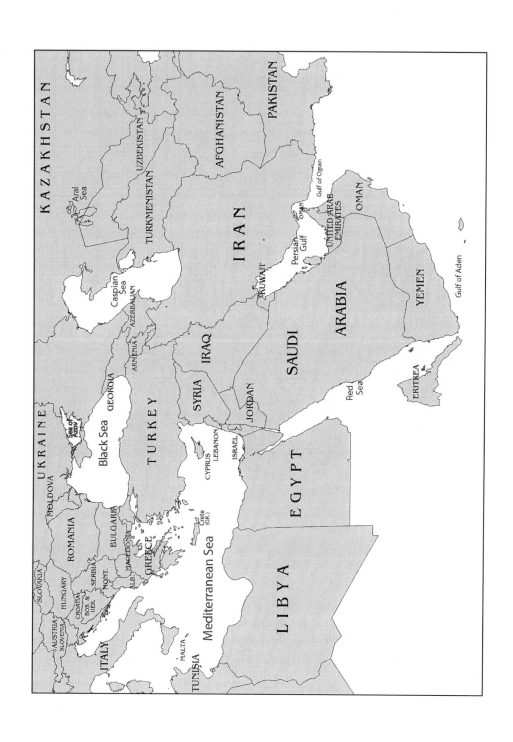

Einführung: Iran im Überblick

Wahrlich, Gott ändert nicht das Geschick eines Volkes, solange dieses Volk sich nicht ändert (Koran, Sure 13, Vers 12).

In geografischer, klimatischer und kultureller Hinsicht ist Iran ein Land der ausgesprochenen Gegensätze (vgl. Abb. 1.1). Der größte Teil des Staatsgebiets, das zentraliranische Hochland und der Osten des Landes, besteht vorwiegend aus Wüsten- und Steppenlandschaft mit trockenem Klima. Das südkaspische Küstentiefland im Norden hat ein gemäßigtes, extrem feuchtes Klima mit milden Sommern und Wintern. Im Süden des Landes herrscht ganzjährig ein subtropisches Klima mit hohen Temperaturen, die oft 50 °C übersteigen können. Für den Westen typisch ist ein kontinentales Klima mit milden Sommern und harten, schneereichen Wintern.

Geografie

Die Landfläche beträgt 1.648.195 km² (Deutschland: 357.022 km²). Das Staatsgebiet erstreckt sich zwischen dem 25. und dem 40. Breitengrad (vgl. Statistical Center of Iran 2014). Im Norden grenzt Iran an Armenien, Azerbaijan, das Kaspische Meer und Turkmenistan; im Westen an die Türkei und den Irak; im Osten an Afghanistan und Pakistan; im Süden wird Iran vom Persischen Golf und dem Golf von Oman begrenzt.

Die Landesgrenzen des heutigen Staatsgebiets haben sich im 18. und 19. Jahrhundert herausgebildet und erstrecken sich über eine Länge von 8731 km. Davon entfallen auf die Grenzen im Norden zu Azerbaijan (767 km), Turkmenistan (1206 km) und Armenien 40 km, auf die Grenze zur Türkei 486 km, Irak (1609 km), Afghanistan (945 km) und 978 km auf die Grenze zu Pakistan. Die Meeresküste im Norden hat eine Länge von 657 km und die im Süden eine Länge von 2043 km.

Iran Übersicht

Wichtigste Importgüter

- ✓ Öl und Gas
- ✓ Zement
- ✓ Landwirtschaftliche Erzeugnisse
- ✓ Dünger

Fakten zu Iran

Einwohner:	79,02 Mio.
Bevölkerungswachstum	1,25 %
BIP / Einwohner:	5.350 €
Arbeitskräfte:	28,4 Mio.

Davon arbeiten …

48,6 % im Dienstleistungssektor
35,1 % in der Industrie
16,3 % in der Landwirtschaft
11,2 % sind Arbeitslos

Die Millionenstädte im Iran

Tabriz 1.57 Mio.
Tehran 8.43 Mio.
Mashhad 1.57 Mio.
Isfahan 1.88 Mio.
Shiraz 1.66 Mio.

Bedeutendste Handelspartner
(außerhalb der EU)

- ✓ China
- ✓ Vereinigte Arabische Emirate
- ✓ Süd-Korea
- ✓ Indien

Wie leicht ist es, in Iran Geschäfte zu machen?

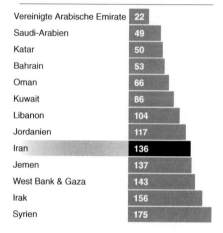

Land	Rang
Vereinigte Arabische Emirate	22
Saudi-Arabien	49
Katar	50
Bahrain	53
Oman	66
Kuwait	86
Libanon	104
Jordanien	117
Iran	136
Jemen	137
West Bank & Gaza	143
Irak	156
Syrien	175

Wirtschaftsdaten

Steuerjahr	21. März – 20. März
Durchschnittlicher Zins der Handelsbanken:	11,3 %
Importe 2014	55 MRD €

Abb. 1.1 Iran im Überblick

Die Verwaltungsstruktur umfasst 31 Provinzen (Ostanha) mit 422 Verwaltungsbezirken (Shahrestans), 1331 Städten (Shahrs) und 2566 Dörfern (Dehestans). Die größte Erhebung Irans ist der Damavānd im Alborz-Gebirge (Elburs) im Nordwesten mit einer Höhe 5671 m.

Städte

Nach dem letzten Zensus von 2011 gibt es in Iran gegenwärtig 1331 Städte *(Shahrs)* und Großstädte, darunter acht Städte (Teheran, Mashhad, Karaj, Isfahan, Tabriz, Shiraz, Ahwaz und Qom) mit mehr als einer Million Einwohnern.

Die Hauptstadt des Landes ist Teheran (Tehrān) mit offiziell 8.154.051 Mio. Einwohnern (Zensus von 2011). Im Großraum Teheran leben 12,78 Mio. Menschen, das sind 16,2 % der Gesamtbevölkerung. Die Hauptstadt und die gleichnamige Provinz gehören mit 890 Einwohnern pro Quadratmeter auch zu den am dichtesten besiedelten Regionen Irans (vgl. Abb. 1.2). Teheran wurde im Jahr 1785 von *Fath Ali Shah* (1797–1834), dem Herrscher aus der Dynastie der Qajaren, gegründet. Die Stadt liegt auf einer Höhe von 1100–1400 m ü. NN.

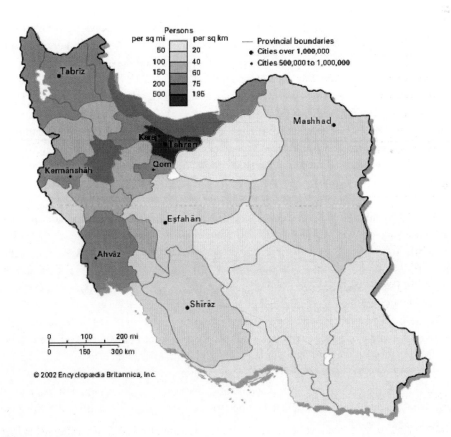

Abb. 1.2 Bevölkerungsdichte

Weitere Großstädte sind Abadan (212.744), Ahwaz (1.112.021), Hamadan (525.794), Karaj (1.614.626), Kermanshah (851.405), Isfahan (1.756.126), Mashad (2.749.374), Qom (1.074.036), Rasht (639.951), Shiraz (1.460.665), Tabriz (1.494.998), Zahedan (560.725).

Demografie

Iran hat gegenwärtig eine Gesamtbevölkerung von 79.029.744 Mio. Menschen (Stand 14.02.2016). Im Vergleich zu den Daten aus dem Zensus von 2006 ist die Bevölkerung um mehr als acht Millionen Menschen gewachsen (2006: 70,4 Mio. Iraner). Seit dem Revolutionsjahr 1979 (37,46 Mio.) hat die Bevölkerung sich mehr als verdoppelt. Die jährliche Geburtenrate liegt aktuell bei lediglich 1,25 % (Deutschland: 0,3 % p. A.). Sie war in den vergangenen Dekaden mit phasenweise 4,2 % um ein Vielfaches höher, was letztendlich die hohen Zuwachsraten an Geburten erklärt. Die Gründe für den gegenwärtigen starken Rückgang der Geburtenzahlen sind vorwiegend sozioökonomischer Natur (hohe Arbeitslosigkeit, fehlender Wohnraum, unsichere Zukunftsperspektiven). Als Faustregel kann man sagen, dass die iranische Bevölkerung dennoch im Schnitt pro Jahr um eine Million Menschen wächst. Der Anteil der männlichen Bevölkerung beträgt 50,4 %, das sind 37.905.609 Mio. Iraner, Frauen kommen auf 49,6 % (37.244.000 Mio.). Das Land zählt zu den bevölkerungsreichsten Staaten im Nahen- und Mittleren Osten.

Ein Ergebnis dieser demografischen Entwicklung ist der Anstieg der Privathaushalte von 17,5 Mio. im Jahr 2006 um fast vier Millionen Einheiten auf 21.185.647 Mio. Haushalte im Jahr 2011. Die durchschnittliche Haushaltsgröße liegt in urbanen Zentren bei 3,5 Personen und ist seit 2006 relativ konstant. Auf dem Lande leben im Durchschnitt 4,5 Personen in einem Haushalt. Haushalte mit sieben Personen und mehr (662.706) sind relativ selten. Es gibt insgesamt 1.546.553 Mio. Single-Haushalte (7,2 %). Bei den Einpersonenhaushalten überwiegt der Anteil der Frauen mit 68,7 % deutlich gegenüber denen der Männer mit lediglich 31,3 %. Für eine ausgesprochen patriarchalisch orientierte Gesellschaft wie in Iran ist das ein erstaunlicher Trend, der zugleich die besondere Rolle iranischer Frauen in ihrer Gesellschaft hervorhebt. Iranische Frauen haben seit 1963 sowohl das aktive als auch das passive Wahlrecht. Sie dürfen – anders als zum Beispiel in Saudi-Arabien – den Führerschein machen. Die Quote der weiblichen Hochschulabgänger ist höher als die der männlichen Absolventen.

Die Mehrheit an der Bevölkerung stellen ethnische Perser mit 61 %, die turksprachigen Azeri kommen auf einen Anteil von 14 %, Kurden kommen auf 10 %, Luren stellen 5 %, Mazanderaner und Gilaken stellen 3 %, Baluch stellen 2 %, Turkmenen kommen auf 2 % und Araber auf ebenfalls 2 %. Daneben gilt es zahlreiche kleinere ethnische Minoritäten (vgl. Abb. 1.3). Die Zahlenangaben variieren allerdings unterschiedlich stark, weil die ethnische Zusammensetzung der iranischen Gesellschaft im Zensus generell nicht erfasst wird.

Demografie

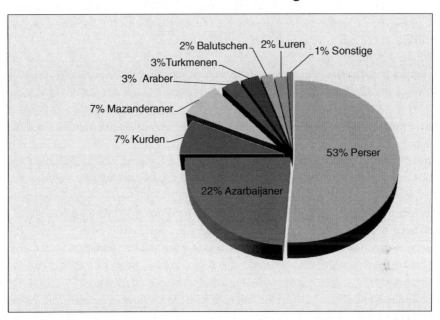

Abb. 1.3 Ethnische Schichtung

Nach dem letzten Zensus von 2011 liegt die Bevölkerungsdichte bei 46 Einwohner pro km^2 (Deutschland = 227). Der Anteil der städtischen Bevölkerung beträgt 71,4 %, während 28,5 % aller Iraner auf dem Lande leben. Die Zahlen spiegeln die seit Jahrzehnten anhaltende Landflucht wider. Der Anteil der nicht-sesshaften Bevölkerung (Nomaden) wird auf 0,1 % geschätzt.

Die Altersgruppe der Iraner unter 15 Jahren beträgt 23,4 %, 70,9 % aller Iraner sind im Alter zwischen 15 bis 65 Jahren, der Anteil der über 65jährigen liegt bei 5,7 %. Die Provinz mit dem höchsten Anteil der über 65-Jährigen ist Gilan in Nordiran (8 %), die Provinz Sistan und Baluchestan im Südosten des Landes dagegen weist in der Altersgruppe der unter 14-Jährigen mit 37,7 % den höchsten Anteil auf. Iran hat eine der jüngsten Bevölkerungen weltweit.

Das Durchschnittsalter bei Männern liegt bei 29,7 Jahren, das der Frauen bei 30,0 Jahren. Die Lebenserwartung der Männer beträgt im Durchschnitt 72,1 Jahre, bei Frauen beträgt sie 74,6 Jahre.

Der Alphabetisierungsgrad bei Männern beträgt 88,4 %; bei den Frauen 81,1 %. Im Vergleich zu 1996, als ihr Anteil noch bei 52 % lag, haben die Frauen stark aufgeholt. Mit 56 % aller Studierenden stellen sie heute zudem die Mehrheit an den Universitäten. In den 1960er-Jahren, noch vor Beginn der *Weißen Revolution,* lag die Zahl der Analphabeten landesweit genau umgekehrt bei 85 % in den urbanen Zentren, auf dem Lande betrug sie sogar 94 %. Bis gegen Ende des Shah-Regimes 1979 sank ihre Zahl dank der Bildungsprogramme der Regierung auf 45 % in den Städten respektive auf 80 % auf dem Land. Die Einschulungsquote ist für ein Land dieser Region sehr hoch und beträgt im Primarbereich 89 %, im Sekundarbereich sogar 78 %. Iran hat 37 Universitäten.

Offizielle Amtssprache ist Persisch (Fārsi), daneben wird Arabisch (in Khuzestan im Süden des Landes), das türkische Azeri im Nordwesten, Kurdisch im Norden und Westen des Landes gesprochen. Hinzu kommen etwa 71 weitere lokale Dialekte. Geschäftssprache ist neben Fārsi Englisch.

Die Staatsreligion ist mit 99,4 % (75,1 Mio. Iraner) der Islam. Schiiten bilden mit 89 % die Mehrheit unter den Muslimen, Sunniten kommen auf 9 %. Zu den religiösen Minderheiten gehören mit 117.704 Gläubigen armenische und assyrische Christen (Nestorianer) sowie Katholiken und Protestanten. Die jüdische Glaubensgemeinschaft ist in den vergangenen 30 Jahren erheblich geschrumpft, weil viele Juden aufgrund ständiger Schikanen seitens der Behörden das Land verlassen haben und größtenteils nach Israel ausgewandert sind. Gegenwärtig leben nach dem Zensus von 2011 etwa 8756 Iraner jüdischen Glaubens im Land. Die Anhänger des Zoroastrismus umfassen 25.271 Mitglieder. Eine Sonderstellung nimmt die Religionsgemeinschaft der Baha'i ein, die offiziell nicht als Glaubensgemeinschaft anerkannt ist und geschätzt ca. 300.000 Anhänger in Iran haben soll. Baha'i werden, obwohl Muslime, von der Regierung als Häretiker betrachtet und mit allen Mitteln verfolgt. Zahlreiche Baha'i leben aufgrund der starken Repression in Iran in Europa und den USA.

In Teheran gibt es zwölf armenische Kirchen, drei katholische und jeweils eine evangelisch-lutherische und eine chaldäisch-assyrische Kirche.

Historischer Überblick

Iran ist einer der ältesten Staaten dieser Erde. Die archäologischen Zeugnisse der frühen Besiedelung Irans reichen zurück bis in das Mittlere Paläolithikum (30.000 Jahre v. Chr.). Von alters her war das Land ein Durchzugsgebiet für viele Völker.

Die eigentliche Staatenbildung erfolgte unter den Achämeniden (559–331 v. Chr.), die das erste persische Großreich schufen. Verschiedene Dynastien (Seleukiden, Parther, Sassaniden) lösten einander ab, bis der Islam durch die arabischen Eroberer 642 die letzte persische Dynastie der Sassaniden verdrängte. Jahrhunderte der Fremdherrschaft folgten, bis im 16. Jahrhundert die Safaviden unter Schah Ismail (1501–1524) wieder einen iranischen Nationalstaat schufen und den schiitischen Islam (Schia) zur offiziellen Staatsreligion erhoben. Der letzte Herrscher der Dynastie der Qajaren, Sultan Ahmad Shah (1909–1925), wurde von Reza Khan, dem Gründer der nachfolgenden Pahlavi-Dynastie (1925–1979), durch einen Putsch abgelöst. Die Pahlavis verfolgten mit Unterstützung der USA und Europas ehrgeizige Entwicklungsprojekte, um den bis dahin feudalen Agrarstaat Iran zu modernisieren. In den sechziger und siebziger Jahren verschärften sich die sozialen Spannungen infolge der Verelendung großer

Bevölkerungsteile, der Verfolgung Oppositioneller, Misswirtschaft und Korruption sowie der starken Anlehnung an die USA. Die Proteste gegen die Schah-Diktatur mündeten Ende 1978, Anfang 1979 in die Islamische Revolution. Seitdem ist Iran eine Islamische Republik.

Staatswesen

Die offizielle Landesbezeichnung ist Islamische Republik Iran *(Jomhuriy-e Eslamiy-e Iran)*.

Der iranische Nationaltag ist der 1. April als Jahrestag der Gründung der Islamischen Republik (zu weiteren Feiertagen siehe den Kalender im Anhang).

Die Regierungsform ist die Islamische Republik. Die iranische Verfassung schreibt das Amt des Obersten Revolutionsführers als Stellvertreter des Verborgenen Imams al-Mahdi auf Lebenszeit vor. Als Nachfolger von Ayatollah Khomeini übt diese Funktion als Staatsoberhaupt seit dem 6. Mai 1989 Ayatollah Seyyid Ali Husseini Khamenei aus.

Staatspräsident ist seit dem 3. August 2013 Hassan Rohani.

Wirtschaft

Die iranische Währung ist der Rial, 1 Tuman = 100 Rial. Der aktuelle Währungskurs für 1 EUR liegt bei ca. 3238 Tuman (= 32.385,64 Rial; Stand: 11.01.2016); 1 US$ entspricht 3016 Tuman (= 30.165,00; Stand: 11.01.2016).

Das Bruttoinlandsprodukt (BIP) für 2015 (iranisches Jahr 1393) beträgt nominal 416,2 Mrd. US$ (zum Vergleich Deutschland: 3.874 Mrd. US$). Der BIP-Anteil des Erdöl- und Gassektors ist infolge der Sanktionen zurückgegangen und beträgt 15 %. Bergbau, Industrie und Bauwirtschaft tragen mit 23 % zum Bruttoinlandsprodukt bei, Land-, Forst- und Fischereiwirtschaft kommen auf 9,3 %. Der Dienstleistungssektor leistet 53,8 % am BIP.

Das reale Wirtschaftswachstum für den Zeitraum 2014/2015 liegt bei 3,0 %. Das BIP pro Kopf beträgt 5.350 US$ (Deutschland: 47.880 US$). Die Erwerbslosenquote lag offiziell bei 10,8 %, inoffiziell ist sie wesentlich höher. Schätzungen gehen von etwa 30 % aus, zumal die Regierung weitere 9,2 % der Erwerbstätigen als unterbeschäftigt angibt. In der Gruppe der 15- bis 29-Jährigen lag die offizielle Arbeitslosenquote bei Männern bei 22,1 %, bei den Frauen der gleichen Altersgruppe sogar bei 40,6 %.

Die Jugenderwerbslosenquote beträgt nach offiziellen Angaben 25 % (auch sie ist wesentlich höher). Iran hat gegenwärtig eine Inflationsrate von 15 %, die vor dem Amtsantritt von Präsident Rohani 2013 40–45 % betrug. Etwa zehn bis 20 Mio. Menschen leben den Kriterien der Weltbank zufolge unterhalb der absoluten Armutsgrenze (vgl. AHK Teheran 2014). Demnach ist fast ein Drittel der iranischen Gesamtbevölkerung von absoluter Armut betroffen.

Der Gesamtexport für den Zeitraum 2014/2015 liegt bei 86,4 Mrd. US$, wobei die Öl- und Gasexporte mit 55,3 Mrd. US$ den größten Anteil haben. Iran exportierte im gleichen Zeitraum Waren und Güter für ca. 295 Mio. EUR nach Deutschland. Die deutschen Ausfuhren nach Iran betrugen aufgrund der Sanktionspolitik lediglich 2.39 Mrd. EUR. Insgesamt ist der Anteil europäischer Exporte nach Iran, bedingt durch die Sanktionen, stark zurückgegangen. Wichtigste Handelspartner Irans sind die VR China als führender Lieferant mit einem Anteil von 25 % oder 8,0 Mrd. US$, gefolgt von den vereinigten Arabischen Emiraten (VAE) mit 21 % (6,7 Mrd. US$), Korea (Rep.) mit 9 % (2,8 Mrd. US$), der Türkei mit 8 % (2,4 Mrd. US$) und Indien mit 6 % oder 1,9 Mrd. US$.

Deutschland hat seinen Status als wichtigster Handelspartner Irans seit 2007 eingebüßt und an die VR China abgeben müssen. Nach iranischen Angaben lag Deutschland 2005 noch mit großem Abstand vor allen übrigen Nationen. Aufgrund der jüngsten positiven Entwicklungen im sogenannten *Atomstreit* mit Iran (Einigung Irans mit den Vertretern Frankreichs, Englands, Deutschlands, Russlands, Chinas und den USA sowie der Hohen Vertreterin der EU für Außen- und Sicherheitspolitik am 14. Juli 2015 auf den *Joint Comprehensive Plan of Action*) konnten deutsche Unternehmen im dritten und vierten Quartal 2015 ihre Exporte nach Iran leicht steigern. Haupthandelsgüter der deutschen Industrie 2014 waren der Maschinenbau (28,1 %) und elektrotechnische Erzeugnisse (4,0 %), Eisen und Stahl (13,0 %), Fahrzeuge und Kfz-Teile (4,8 %), chemische Erzeugnisse (16,9 %), sowie Nahrungsmittel mit 26,5 %.

Die wichtigsten Wachstumsmärkte in Iran sind Öl- und Gaswirtschaft, Petrochemie, Maschinen- und Anlagenbau, Kfz- und Teilewirtschaft, Elektro- und Elektronikindustrie sowie Informations- und Kommunikationstechnik, Bauwirtschaft sowie Wasser- und Abwassertechnologie.

Ende 2013 wurden 31,7 Mio. Festnetzanschlüsse registriert. Das Mobilfunknetz wächst sehr stark und wurde im gleichen Zeitraum von 59,4 Mio. Teilnehmern genutzt, wobei dieser Markt gerade unter jungen Iranern boomt. Das Internet wird 2015 von 46,8 Mio. Iranern genutzt, was einer Durchdringung der Gesellschaft von 57,2 % entspricht. Iran nimmt in der Region Mittlerer Osten mit 38 % aller Internetnutzer den ersten Rang ein. Das Internet ist angesichts der starken Zensur der Medien gerade für junge Iraner oft die einzige Möglichkeit, relativ frei und unbehelligt zu kommunizieren, so auch mit dem Ausland. Es gibt mehr Weblogs, sogenannte Internet-Tagebücher, als in Deutschland, Italien und Spanien zusammengerechnet, in denen junge Leute sich über ihre Erfahrungen, ihre Sorgen und Alltagsprobleme austauschen können. Das Internet ist vor allem ein Medium des Protestes. Angesichts dieser Entwicklung versuchten auch hier die Machthaber zensierend einzugreifen.

Literatur

AHK Deutsch-Iranische Industrie- und Handelskammer Teheran. (2014). Aktuelle Entwicklungen im Iran-Geschäft. Vortrag gehalten von Daniel Bernbeck am 28. August 2014, Industrie- und Handelskammer zu Bielefeld. Bielefeld.

Gehrke, U., & Mehner, H. (1975). *Iran. Bevölkerung – Geschichte – Kultur – Staat – Wirtschaft.* Tübingen: Kohlhammer.

Germany Trade & Invest (gtai). (2015). Informationen Märkte & Projekte International, Sonderveröffentlichung Iran. Bonn.

Robert Espey. (2015). Wirtschaftstrends Jahreswechsel 2015/16 – Iran. Germany Trade & Invest (gtai). Bonn.

Statistical Centre of Iran. Iran Statistical Yearbook 2013–2014 (1392), Teheran 2015 Statistisches Bundesamt 2015.

Unser Iranbild zwischen Fiktion und Realität

2

> *Als ich im Jahre 1851 ins Land kam, fand ich großes Gefallen an der iranischen Gesellschaft, an den schönen Wendungen und Feinheiten des Gesprächs; das artige Benehmen der Gebildeten sagte mir ungemein zu. Später musste ich leider wahrnehmen, dass viel Falschheit, Lug und Trug hinter den geschmeidigen Formen sich verberge; ich fing an das Volk zu verachten. Wieder einige Jahre später wurde ich in meinem Urtheil irre; ich konnte nicht unterscheiden, ob die guten oder die schlechten Eigenschaften überwiegen ...*
> *(Polak 1865, VI).*

Diese Zeilen von Jakob Eduard Polak, einem ausgewiesenen Kenner der persischen Kultur und Gesellschaft, stammen aus einer längst vergangenen Zeit. Der Österreicher Polak (1818–1891) arbeitete als Arzt neun Jahre in Persien. Nach seiner Rückkehr verfasste er ein zweibändiges Werk *Persien. Das Land und seine Bewohner*, in dem er detailgetreu seine Erfahrungen über die Lebensweise und die Kultur der persischen Gesellschaft am Hofe des Schahs schildert. Er ist ein aufmerksamer und kenntnisreicher Beobachter, der zudem fließend Persisch sprach. Aber nach so vielen Jahren des Aufenthalts in Iran wusste selbst er nicht mehr, was er von der Mentalität der Perser und ihrer Kultur halten sollte. Er ist verunsichert, und diese Verunsicherung illustriert zugleich die Schwierigkeit, sich in einer fremden Kultur zurechtzufinden, die man eigentlich zu kennen glaubt und doch wieder nicht kennt. Und genau das kann auch Ihnen in Iran passieren.

Iran ist ein Land der ausgesprochenen Gegensätze sowohl in klimatischer, geografischer als auch in kultureller Hinsicht. Iran ist vor allen Dingen ein Land, in dem jeder Schritt, jede Antwort eine Erwartung dementiert. Siebenunddreißig Jahre nach dem Umsturz des Schah-Regimes ist die Revolution in einen Leerlauf geraten.

Vorbei sind die Zeiten, als der revolutionäre Impetus noch den Tagesablauf der Iraner bestimmte. Uneingelöst sind auch die Versprechen der Revolutionäre von damals, allen Iranern ein Leben in Sicherheit, Frieden und Wohlstand zu verschaffen. An die Stelle der einst wohlklingenden Versprechungen ist heute Enttäuschung, Ablehnung und Angst um die Zukunft getreten. Nicht einmal der Islam ist in der Lage, den Zusammenhalt der Gesellschaft zu gewährleisten. Die Religion und deren medienwirksame Inszenierung sind weitgehend aus der Öffentlichkeit verschwunden. Sie fristet heute ein Nischendasein. Das Leben im nachrevolutionären Iran gleicht einem Doppelleben. Der öffentliche und der private Raum sind zwei voneinander getrennte Welten, in denen unterschiedliche Werte, Normen und Verhaltenserwartungen gelten. Es sind „paradoxe Identitäten", die sich vor allem unter jungen Leuten herausgebildet haben.

An die wilden Jahre der Revolution erinnern heute nur noch die großformatigen und teilweise verblichenen Wandgemälde an den Häusern mit Märtyrermotiven oder mit Sprüchen wie *Down with the USA*. Aber auch sie verblassen. Bilder von Ayatollah Khomeini mit seinem alles durchdringenden Blick oder vom gegenwärtigen Revolutionsführer Ayatollah Seyyid Ali Hosseini Khamenei haben nurmehr noch folkloristische Bedeutung.

Das was am meisten auffällt im Straßenbild von Teheran und anderen iranischen Städten sind Frauen, die entweder den traditionellen Tschador tragen oder eine ganz eigene Interpretation der islamischen Kleidervorschrift praktizieren. In ihren eng geschneiderten Kurzmänteln, den sogenannten Manteaus, oft in hellen Farben und durch einen Gürtel betont, werden die Körperformen herausgestellt anstatt verborgen. Das Kopftuch bedeckt so gerade noch den Hinterkopf und ist zum modischen Accessoire geworden. Regelbruch ist ein Massenphänomen und Ausdruck eines stillen und hartnäckigen Protests. Das islamische Establishment hat vor dem zivilen Ungehorsam längst resigniert, auch wenn es mit einer gewissen Regelmäßigkeit Kampagnen durchführt als „Kampf gegen die Unzucht" auf den Straßen.

> In Iran achten die offiziellen Sittenwächter darauf, dass die islamischen Kleidungs- und Benimmregeln in der Öffentlichkeit eingehalten werden. Dazu fahren die Agenten der Ershad genannten Moralpolizei regelmäßig Streife und errichten an belebten Stellen auch Kontrollpunkte.
>
> Gerade junge Frauen loten in Großstädte wie Teheran aber aus, wo die Grenzen der Kleiderordnung liegen. Anstatt des Tschadors, eines großen, meist dunklen Tuchs, gibt es locker um den Kopf geschlungene Schals, dazu knielange Mäntel, unter denen enge Hosen getragen werden. Auch Männer können ins Visier der Sittenwächter geraten, und für Paare ist öffentliches Knutschen natürlich tabu. (Meusers 11. Februar 2016)

Verstöße gegen die islamischen Kleidervorschriften werden rigoros geahndet, viele Frauen zur Zahlung von Bußgeldern angehalten, im Wiederholungsfall drohen sogar Haftstrafen und Auspeitschen. Diese Kampagne macht auch nicht vor jungen Männern halt, die sich zu sehr nach westlichem Vorbild kleiden oder frisieren. Anders als in den großen Städten ist die Mode auf dem Land dagegen stärker traditionell orientiert, das heißt Tschador oder Kopftuch und Mantel.

So heißt es in einem Bericht der „Neuen Zürcher Zeitung":

> Iranische Gesellschaftsforscher haben längst erkannt, dass die Einführung islamischer Sitten seit der Revolution von 1979 nicht eine Gesellschaft nach dem Vorbild des Propheten und der Imame geschaffen hat, sondern die Iraner in ein Doppelleben zwingt. Mittlerweile haben es auch die Fundamentalisten eingesehen.
>
> Teenager beider Geschlechter treffen sich zum geselligen Schaufensterbummel in den modernen Einkaufspassagen der Vali-e-Asr-Avenue, und in den Parks können junge Verliebte erste Zärtlichkeiten austauschen, während die Kids im Look von Los Angeles inlineskaten oder Skateboard fahren. Natürlich mahnen die Behörden weiterhin zum ‚Hijab', zu Verhüllung und Zurückhaltung … (Banki 2007).

Wie passen diese Angaben zu den Bildern von den fanatischen Massen, die uns vor nicht allzu langer Zeit fast täglich in den Medien begegneten? Einer Umfrage des Nationalen Vereins der Jugend Irans aus dem Jahr 2005 zufolge wollten damals rund 44 % der Jugendlichen auswandern, darunter 40 % wegen fehlender Berufsperspektiven. Diese Zahlen dürften sich in den vergangenen elf Jahren kaum geändert haben. Mehr als die Hälfte der Befragten „bezeichneten sich als nur wenig gläubig, nur 37 % sagten, sie seien religiös. Besorgniserregende Zahlen für das Regime. Fast zehn Millionen Jugendliche sind auf der Suche nach Arbeit" (Kinderlen 2005).

Die Umfrageergebnisse würden anderswo weniger für Aufsehen sorgen. In Iran werden sie jedoch sehr ernst genommen. Das Land hat eine der jüngsten Bevölkerungen der Welt. Jedes Jahr werden etwa eine Million Iraner geboren. Der Anteil der Menschen im aktiven Alter von 15 bis 64 Jahren liegt bei 70,9 %. Fast 23,4 % der Iraner sind unter 15 Jahren und mehr als zwei Drittel sind unter 25. Viele junge Iraner sind gut ausgebildet. In der Islamischen Republik hat sich die Zahl der Hochschulstudenten verzehnfacht, Frauen stellen an den Universitäten die Mehrheit. Jedes Jahr drängen Tausende von frisch ausgebildeten Akademikern auf den Arbeitsmarkt, obwohl die Chancen, einen Job zu finden, weiterhin sehr schwierig sind. Hier verbirgt sich nicht nur ein gewaltiges demografisches, sondern auch ein politisches Potenzial, das die Zukunft Irans nachhaltig beeinflussen wird.

In keinem anderen Land im Nahen und Mittleren Osten wird der gesellschaftliche Wandel tiefer greifende Veränderungen hervorrufen als in Iran.

Iran ist, nach einer Einschätzung der früheren Bundesagentur für Außenwirtschaft (bfai), aufgrund seiner demografischen Besonderheiten einer der wichtigsten Wachstumsmärkte für Konsum- und Investitionsgüter in der Region. Außerdem prädestiniert die geografische Lage das Land als Drehkreuz für Handelsgeschäfte in die angrenzenden Nachbarstaaten (frühere GUS-Staaten und die Golfregion) mit einem Potenzial von mehr als 300 Mio. Konsumenten. Das Gütesiegel „Made in Germany" genießt unter den westlichen und östlichen Waren aus chinesischer, koreanischer oder japanischer Produktion eine Ausnahmestellung. Deutsche Waren und Produkte haben einen exzellenten Ruf und werden stark nachgefragt (vgl. Bundesagentur für Außenwirtschaft 2006, S. 3).

Diese Einschätzung bestätigt auch der ständige Irankorrespondent von German Trade & Invest, Robert Espey.

> Teheran (gtai) – Die iranische Wirtschaft wartet auf den Sanktionsabbau, mit dem im 1. Quartal 2016 gerechnet wird. Konsumenten und Unternehmen hoffen auf dann bessere Bedingungen und halten sich derzeit zurück. Dies hat 2015 zu einer deutlichen Wachstumsabschwächung geführt, aber ab 2016 dürfte sich ein kräftiger Aufwärtstrend durchsetzen. Ausländische Firmen sehen in Iran große Potenziale und sondieren gegenwärtig ihre Chancen. Iran zeigt ein starkes Interesse an Kooperationen mit deutschen Firmen (Espey 2015, S. 1).

Wichtig für die Geschäftspraxis ist für den „nicht einfachen iranischen Absatzmarkt [...] die Einbeziehung eines lokalen Partners zur Einholung von Auskünften und Genehmigungen zum Einfuhrverfahren etc. ratsam. Industrie- und Handelsministerien sowie Zollbehörden sind beim Import einzubeziehen. Kulturelle Besonderheiten im Geschäftsleben sind stets zu beachten", empfiehlt der frühere Korrespondent der Bundesagentur für Außenwirtschaft (bfai) in Teheran.[1]

Diese *kulturellen Besonderheiten,* die hier beiläufig erwähnt werden, sind im Geschäftsleben mindestens ebenso wichtig wie das angebotene Produkt oder die anzubietende Dienstleistung. Wie wollen Sie etwas erfolgreich verkaufen, wenn Sie nicht wissen, wie Sie richtig handeln und verhandeln, wie Sie auf Ihren Geschäftspartner eingehen müssen, weil Sie die Geschäftskultur vor Ort nicht kennen? Dazu brauchen Sie interkulturelle Kompetenz, die im Zeitalter der Globalisierung zu einer Schlüsselqualifikation geworden ist. Sie eröffnet Ihnen den Zugang zu anderen Kulturen. Und genau diesen Beitrag will das vorliegende Buch leisten, indem es Sie für das Andersartige, das Fremde an der persischen Kultur sensibilisiert und Ihnen Wege aufzeigt, wie Sie Ihre Handlungskompetenz erweitern können. Es soll Ihnen keine standardisierten Verhaltensregeln anbieten, die helfen ohnehin nicht, weil Kommunikation immer individuell, situativ und kontextbezogen ist.

Literatur

Banki, F. (2007). Freizeit im Gottesstaat. *Neue Zürcher Zeitung*, Folio.
Bundesagentur für Außenwirtschaft (bfai). (2006). Branche kompakt, Iran/Bauwirtschaft.
Espey, R. (2015). *Wirtschaftstrends Jahreswechsel 2015/16 – Iran*. Bonn: Germany Trade & Invest.
Kiderlen, E. (10. April 2005). Die leise Flucht der Jugend. Das Mullah-Regime verliert seine Basis. *Frankfurter Allgemeine Sonntagszeitung*.
Meusers, R. (11. Feb. 2016). Warn-App in Iran. Achtung, hier lauert die Moralpolizei. *Spiegel* Online.
Polak, J. E. (1865). *Persien. Das Land und seine Bewohner. Ethnographische Schilderungen*. 2 Teile. Leipzig.

---

[1] Alle Angaben nach Bundesagentur für Außenwirtschaft 2006, S. 3.

Warum der Persische Golf nicht zu Arabien gehört

3

Das Buch ist wie eine Rose, beim Betrachten der Blätter öffnet sich dem Leser das Herz ... (Persisches Sprichwort).

Eine Bemerkung vorab: Der Persische Golf *(Khalij-e Fārs)* war immer schon persisch. Den ältesten Beleg für diese Behauptung findet man bei dem griechischen Geographen *Strabon* (63 v. Chr.–26 n. Chr.), der ihn in seinem Werk „Geographica" zum ersten Mal namentlich als *Persischen Golf* erwähnt. Das war zur Zeit der Parther, die in einem Staatswesen mit einer hochentwickelten Verwaltung regierten und deren Herrschaftsgebiet den größten Teil Irans und Mesopotamiens umfasste, während auf der arabischen Halbinsel nomadisierende Stämme lebten. Auch das Mündungsgebiet von Euphrat und Tigris im Persischen Golf, bei uns besser bekannt als Schatt al-Arab, heißt im Persischen anders, nämlich *Arvandrud* (vgl. Abb. 3.1).

Unterschiede

Achten Sie auf diesen kleinen, aber feinen Unterschied. Wenn Sie in Iran den Persischen Golf als Arabischen bezeichnen, ist das mehr als nur ein kleiner Fauxpas. Es wird Ihnen als Respektlosigkeit und Ignoranz ausgelegt.

Persien oder Iran?

Der Name „Persien" stammt von *Pārs,* das ist der Name einer Provinz im Südwesten Irans. Bei den Griechen wurde daraus die Bezeichnung *Persis*. Weil das arabische Alphabet keine Entsprechung für den Buchstaben „p" hat, wurde sie von den Arabern *Fārs*

Persischer Golf

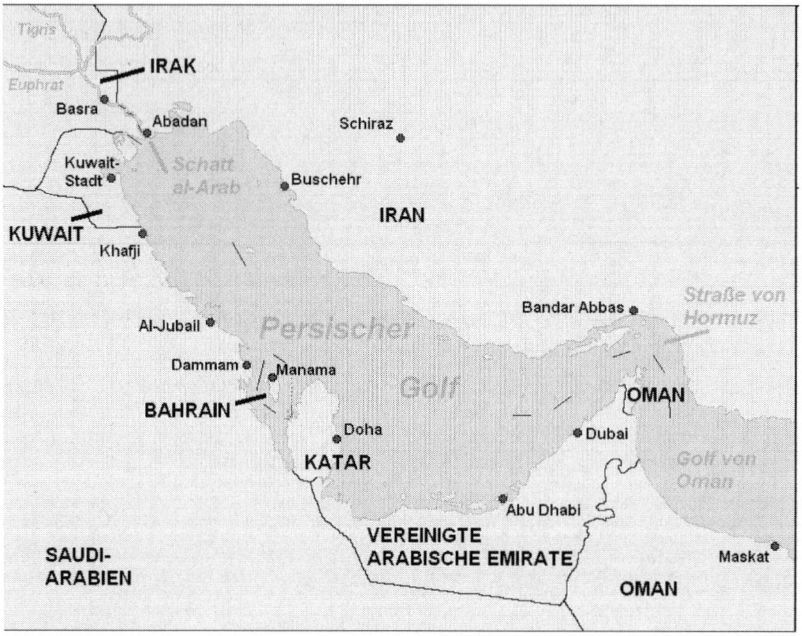

Abb. 3.1 Persischer Golf

genannt. Aus dem Dialekt der Bewohner von Fars wurde das nach ihnen benannte *Fārsi*, heute die offizielle Landessprache Irans. In der westlichen Welt wird der Name Persien seit der Antike für das ganze Land verwendet. Doch die Perser selbst haben diesen Namen nie übernommen. Seit 2500 Jahren verwenden sie für ihr Land die Bezeichnung *Iran*. Der Ausdruck Iran leitet sich von dem altpersischen Terminus *Aryan* (Land der Arier) ab und ist erstmals dokumentiert in den Inschriften des persischen Großkönigs Dareios (*Dariush*, 521 bis 485 v. Chr.) bei Bisotun. Als *Arya*, was Edle bedeutet, bezeichneten sich im 2. vorchristlichen Jahrtausend die indoiranischen Perser, deren Hauptstadt *Persepolis* wurde. Iran bezeichnete früher ein sehr viel größeres Territorium, das einen Teil des Kaukasus, Zentralasiens, Afghanistans und des Irak umfasste.

Richtige Schreibweise

Wenn von Iran die Rede ist, wird meist von *der* Iran gesprochen oder geschrieben, wie der Irak oder der Libanon. Das ist etymologisch gesehen nicht korrekt, weil es im Persischen keinen bestimmten Artikel gibt.

Sprache schafft Identität

Persisch (Fārsi) ist die offizielle Landessprache in Iran und wird von der Mehrheit der Bevölkerung (ca. 61 %) gesprochen. Weltweit sprechen etwa 200 Mio. Menschen Persisch.

Das heutige Persisch kommt in drei Hauptvarianten vor: als *Dari* ist es die offizielle Landessprache Afghanistans, als *Tajik* in Tadschikistan und eben als *Fārsi*. Mit anderen iranischen Sprachen und Dialekten *(Kurdisch, Paschtu)* gehört Farsi zum indoiranischen Zweig der indogermanischen Sprachfamilie. Iranische Sprachen werden neben Iran in Pakistan, in Afghanistan, in Tadschikistan, in Usbekistan, im Irak und in der Türkei gesprochen. Eine Variante des Persischen wird auch in Teilen des Kaukasus *(als Ossetisch)* und in Oman als *Kumzari* gesprochen (vgl. Abb. 3.2).

Die iranischen Sprachen werden in drei Entwicklungsphasen eingeteilt, das Altiranische, das Mitteliranische und die heute gebräuchlichen neuiranischen Sprachen. Das Altiranische der frühen altpersischen Königsinschriften der Achämeniden (6.–4. Jahrhundert v. Chr.) ist nur noch in Keilschriftfragmenten mit historisch-chronistischen Inhalten auf den Felswänden von Bisotun und den Bauwerken von Persepolis oder auf zahlreichen Tontäfelchen, Schalen und Gefäßen, Siegeln und Gewichten überliefert. Ein anderer

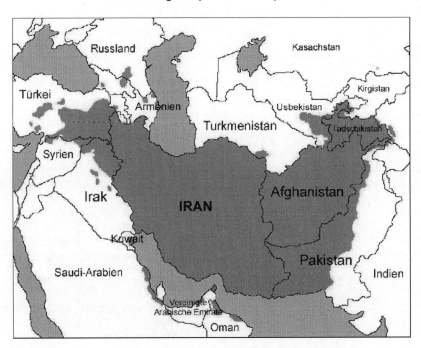

Abb. 3.2 Regionale Verbreitung der Persischen Sprache

Zweig der altiranischen Sprache ist das *Avesta,* in dem die Sakraltexte der Parsen (Zoroastrier) verfasst sind. Unter der Herrschaft der Sassaniden, deren Amtssprache Parsi nach der iranischen Kernprovinz *Pars* (Fars) benannt ist, hat sich das Mitteliranische durchgesetzt. Im Nordwesten Irans wurde eine weitere Variante des Mitteliranischen, das Parthische *(Pahlavi)* gesprochen, im Nordosten Irans dagegen die beiden Dialekte *Soghdisch* und *Sakisch.*

Das moderne Persisch hat sich aus dem Parsi entwickelt und dabei Elemente anderer iranischer Dialekte, vor allem aus dem Parthischen, übernommen. Im Zuge der arabisch-islamischen Eroberung Irans 642 n. Chr. wurden zahlreiche arabische Wörter ins Persische aufgenommen. Die größte Veränderung bestand in der Übernahme der arabischen Schrift. Sie war für die persische Sprache zunächst nicht geeignet und musste um vier Vokalzeichen erweitert werden, um den Lautbestand der persischen Konsonanten darstellen zu können. Das Arabische hat 28, das Persische dagegen 32 Buchstaben (vgl. Abb. 3.3).

Die arabisch-persische Schrift ist größtenteils eine Konsonantenschrift und wird von rechts nach links geschrieben. Für Europäer ist es meist sehr schwierig, unbekannte Wörter im Persischen oder Arabischen richtig zu lesen oder auszusprechen. Im Persischen werden die fehlenden Vokale durch besondere Vokalzeichen ergänzt. Durch den Islam gelangten viele religiöse Termini aus dem Arabischen ins Persische, wo sie unverändert übernommen wurden.

Im Zuge der Eroberung Irans durch die Mongolen und Seldschuken im 13. und 16. Jahrhundert fanden mongolische und türkische Begriffe Eingang in das Persische. Unter lexikalischen Aspekten ist die persische Sprache zwar eine Mischsprache, sie hat

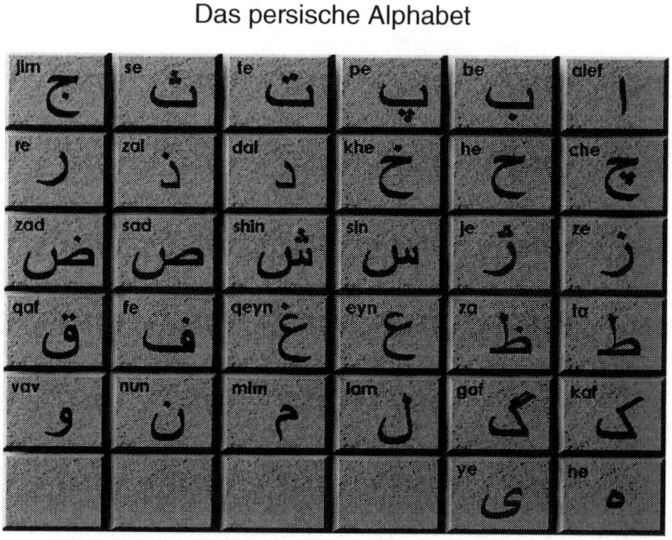

Das persische Alphabet

jim ج	se ث	te ت	pe پ	be ب	alef ا
re ر	zal ذ	dal د	khe خ	he ح	che چ
zad ض	sad ص	shin ش	sin س	je ژ	ze ز
qaf ق	fe ف	qeyn غ	eyn ع	za ظ	ta ط
vav و	nun ن	mim م	lam ل	gaf گ	kaf ک
				ye ی	he ه

Abb. 3.3 Persisches Alphabet

trotzdem einen hohen Grad an Eigenständigkeit behalten, was sich nicht zuletzt in einer vom Arabischen stark abweichenden Grammatik manifestiert.

Über die Jahrhunderte genoss das Arabische als die sakrale Sprache des Islam im arabisch-islamischen Kulturkreis ein weitaus größeres Prestige als die persische Sprache. Dafür entwickelte sich das gesprochene Persisch wegen seiner grammatikalischen Einfachheit besonders im ostiranischen Raum (Afghanistan, Pakistan und Indien) zur Lingua franca. Aus dem Persischen gelangten zahlreiche arabische Wörter ins Türkische *(Osmanisch),* ins Urdu und ins Hindi (Pakistan, Indien). In zahlreichen Dynastien avancierte Persisch zur Hofsprache. Auf dem indischen Subkontinent, wohin sie mit den Mongolen gelangte, war Persisch seit dem 13. Jahrhundert die offizielle Amtssprache und wurde erst 1835 im Zuge der britischen Eroberungen durch Englisch abgelöst.

Die elektronische Massenkommunikation ist heute auch in Iran allgegenwärtig. Fast jeder Iraner besitzt ein Handy. Besonders junge Leute kommunizieren gerne per SMS, um sich zu verabreden oder Informationen auszutauschen. Das ist nicht nur schneller, sondern hat den Vorteil, dass man der Kontrolle der staatlichen Sittenwächter besser entgehen kann. Denn nach dem islamischen Gesetz sind Kontakte zwischen Unverheirateten verboten. Allerdings werden diese Vorschriften im Alltag kaum noch beachtet, man könnte auch sagen: bewusst ignoriert, weil die junge Generation ganz andere Ansprüche, Erwartungen und Vorstellungen an beziehungsweise von einer zukünftigen Gesellschaft hat, als die konservativen religiösen Vertreter des Regimes. Die Mitteilungen werden in *Fenglish* (Farsi und Englisch) verfasst, wobei der persische Text in lateinischen Buchstaben geschrieben und anschließend abgeschickt wird.

Eine Nation von Poeten

> Es ist keine Übertreibung, wenn man Persien das Land der Dichtkunst nennt, denn es besitzt eine der reichsten und ausgedehntesten Literaturen aller Völker der Erde. Die Neigung zur Dichtkunst und die Beschäftigung mit ihr bilden geradezu ein Charakteristikum des Persers (Rosen 1926, S. 68).

Die Einschätzung von *Friedrich Rosen* aus dem Jahr 1926, der als deutscher Diplomat und Orientalist lange in Iran lebte und arbeitete, hat nichts von ihrer Gültigkeit verloren. Iraner sind ein lesehungriges Volk. Es gibt im gesamten Nahen und Mittleren Osten kein einziges Land, das über eine derart hohe literarische Produktion wie Iran verfügt. Ausländische Publikationen, die gerade erst auf den Markt gekommen sind, werden umgehend ins Persische übersetzt und gedruckt, weil die Nachfrage entsprechend groß ist. So wundert es nicht, dass bei dieser Eile das Copyright schon einmal übersehen werden kann. Von den landesweit etwa 2000 Buchhandlungen sind die meisten natürlich in Teheran ansässig.

Von allen Literaturgattungen ist die Poesie traditionell die beliebteste und am häufigsten verwendete Form des literarischen Ausdrucks. Die meisten Iraner, und zwar unabhängig von ihrem Bildungsniveau, können oft ganze Passagen aus den Werken der klassischen persischen Dichter rezitieren. Die klassischen Gedichte eignen sich besonders gut und werden auch häufig genutzt, um bestimmte Gefühlslagen oder Vorstellungen auszudrücken. Welchen hohen Stellenwert die Poesie in Iran genießt, lässt sich daran erkennen, dass viele Iraner häufig selbst Gedichte verfassen und in Zeitungen oder Magazinen veröffentlichen. Es gibt überall im Lande Dichterzirkel, in denen Amateurdichter ihre Werke miteinander austauschen. Wer am gefühlvollsten rezitieren kann, wird bewundert. Wem aber das Talent zum Dichten fehlt, der äußert seine Wertschätzung für die klassische Poesie bei jeder sich bietenden Gelegenheit, damit auch er als kultiviert und gebildet angesehen wird.

Die persische Sprache war im gesamten zentralasiatischen Raum über 1200 Jahre lang *die* Literatursprache. Erst durch den Islam wurde sie praktisch für zweihundert Jahre mundtot gemacht (vgl. Mottahedeh 1987, S. 139). Zu Beginn des 10. Jahrhunderts erlebte die persische Kultur eine Art Renaissance, als große Teile Irans von persisch sprechenden Königen beherrscht wurden, die das Arabische kaum verstanden, weshalb Versdichtungen in Neupersisch verfasst wurden. Das ist die eigentliche Geburtsstunde der klassischen persischen Poesie vom 10. bis zum 15. Jahrhundert.

Der unangefochten wohl bedeutendste persische Dichter ist *Abol* Qasim *Ferdowsi* (940–1021 n. Chr.), der in seinem Buch der Könige *(Shahnameh)* in über sechzigtausend Verszeilen die Geschichte Irans von den Anfängen bis zum Einbruch des Islam beschreibt. Das gewaltige Nationalepos ist eine Prozession iranischer Könige und deren Heldentaten über eine Zeitspanne von mehr als tausend Jahren. Und genauso lange wird das Buch in Iran immer wieder neu aufgelegt. Die ersten Übersetzungen in europäische Sprachen erfolgten erst im 18. Jahrhundert.

Fast alle Dichter nach Ferdowsi sind Mystiker *(Sufi),* die in ihren Versen, die oftmals singend vorgetragen werden, die spirituelle Vereinigung mit Gott suchen, wobei die eigene Identität aufgegeben wird. Der persische Mystizismus *(Irfan)* ist im Gegensatz zum monotheistischen Islam eine pantheistische Lehre, die viele Götter anerkennt. Über die Etymologie des Wortes „Sufi" herrscht Unklarheit. Die geläufigste Version führt den Begriff auf das arabische *suf* (Wolle) zurück, nach den wollenen Gewändern der Derwische. Die persische Mystik ist viel älter als der Islam und hat ihre Wurzeln vermutlich in den altindischen Veden und in der buddhistischen Philosophie, weshalb sie von den islamischen Religionsgelehrten häufig mit Misstrauen betrachtet wird. Sie ist auch vom griechischen Neuplatonismus beeinflusst. Für den Sufi sind Gott und die Welt ein und dasselbe, die Religionen sind im Grunde alle gleich. Er lehnt die buchstabentreue Auslegung ebenso ab wie die Schriftgelehrten. Ein Sufi braucht keine Anleitung, um zu Gott zu finden, und das macht ihn für die Orthodoxie so unberechenbar.

Sufis sind häufig in (Derwisch-)Orden zusammengeschlossen, es gibt sie in allen islamischen Ländern. Von den Anhängern der islamischen Orthodoxie, die in der Mystik stets eine Gefahr für den Islam sahen und weiterhin sehen, wurden sie ständig verfolgt. In Iran finden Übergriffe der staatlichen Organe auf Versammlungsstätten von Sufis auch heute noch regelmäßig statt.

Die Verse der sufischen Lyrik sind häufig doppeldeutig, wie alles in Iran, zentrale Motive sind die Liebe und der Wein. Deshalb ist es meist schwer zu sagen, ob es sich um mystische Allegorien handelt oder um reine Trink- und Liebeslieder. Oft bleiben sie auch mit Absicht zweifelhaft: „Überhaupt liebt der Perser in der Dichtung alles, was eine mehrfache Deutung zulässt" (Rosen 1926, S. 69). In der Nachfolge Ferdowsis schufen große persische Dichter wie *Omar Khayyam* (1048–1138) *Rumi* (1207–1273), *Attar* (142–1220), *Saadi* (1213–1291) und *Hafez* (1325–1389) bedeutende Werke.

Die Sinnsprüche *(Rubaiyat)* von *Omar Khayyam* (dem Zeltmacher), der eigentlich ein berühmter Mathematiker und Astronom war, behandeln die Vergänglichkeit des Menschen. Sie zeigen die angebliche Zwecklosigkeit menschlichen Daseins und sind durchgehend von einer tiefen Skepsis getragen. Omar reflektierte über die großen Rätsel des Menschseins, er wendete sich gegen die weitverbreitete Gutgläubigkeit und die Philosophie seiner Zeit, er ist oft blasphemisch und hedonistisch. Khayyam hinterlässt beim Lesen zwar eine melancholische Stimmung, das tut seiner Beliebtheit bei Iranern aber keinen Abbruch.

Maulana Jajal-e Din Rumi (Rumi) stellte die Dichtkunst ebenfalls in den Dienst der Mystik. In Konya (Türkei) gründete er den Orden der Tanzenden Derwische *(Mevlevi)*, den es heute noch gibt. Rumi ist vor allem bekannt für sein großes Werk *Masnawi*, in dem er die mystische Philosophie erklärt. Das Buch ist sehr komplex und ohne die Hilfe eines entsprechenden Kommentars kaum zu verstehen.

Faridud Din Attar war neben Rumi ein weiterer bedeutender persischer Mystiker, der als Märtyrer der Liebe lyrische Gedichte, zahlreiche Epen und Heiligenbiographien verfasste. Wie Rumi ist auch Attar in seinen Werken oft vieldeutig. Die Werke von Rumi und Attar setzen ein relativ hohes Bildungsniveau voraus, um sie zu verstehen. Gleichsam als Reaktion auf ihre Enttäuschung über die uneingelösten Versprechen und Hoffnungen der islamischen Revolution entdeckten seit den 1980er-Jahren viele iranische Intellektuelle die sufische Lyrik wieder. Die Mystik wurde zu einem Ort der inneren Emigration, zu einem Zufluchtsort, in den man sich vor allem in persönlichen Krisensituationen zurückziehen konnte. Eine ähnliche Bedeutung hat sie für viele im Ausland lebende Iraner noch heute.

Als der volkstümlichste aller persischen Dichter gilt Scheich *Saadi*, auch er ein bedeutender Mystiker. Seine Werke *Bustan* (Baumgarten) und *Golestan* (Rosengarten) sind von der Türkei über Zentralasien hinaus bis nach Indien bekannt. Saadis *Ghazalen*, das sind kurze Gedichte, sowie seine Erzählungen, gehören zum traditionellen Lehrstoff an iranischen Schulen. Die Werke von Saadi wurden bereits im 18. Jahrhundert in europäische Sprachen übersetzt. Er ist wie Hafez in Shiraz begraben, ihre Mausoleen sind beliebte Wallfahrtsorte.

Hafez gilt als der größte und auch bekannteste Lyriker Irans. Seine Sammlung von Liedern *(Diwan)* gehört zu den meist zitierten Werken. Von Hafez inspiriert hat Goethe seinen „West-Östlichen Diwan" verfasst, in dem er die west-östlichen Gegensätze thematisiert. Hafez' Lieder sind eine Mischung aus Liebessehnsucht, Trinkfreudigkeit und mystischer Philosophie in vollendeter Versform. Es gibt praktisch keinen iranischen

Haushalt, der nicht über eine Ausgabe seiner Gedichte verfügt. Ähnlich wie die Ghazalen von Saadi sind seine Gedichte im ganzen Orient verbreitet.

Die persische Literatur der klassischen Epoche wurde zum Vorbild der türkischen, der zentralasiatischen und der indischen Literaturen. Interessant ist in diesem Zusammenhang, dass selbst Ayatollah Khomeini in seinen späteren Jahren als Autor in der Tradition des Sufismus stehende Gedichte verfasst hat, in denen es hauptsächlich um die (unerfüllte) Liebe, den Rausch und die Trunkenheit geht. Auch das ist im Grunde ein Spiegelbild der Doppeldeutigkeit der persischen Kultur. Diese Gedichte wurden jedoch nach erst seinem Tod 1989 veröffentlicht.

Literatur

Mottahedeh, R. (1987). *Der Mantel des Propheten oder das Leben eines persischen Mullah zwischen Religion und Politik*. München: Beck.
Rosen, F. (1926). *Persien in Wort und Bild*. Berlin: Schneider.

4 Könige und Propheten: Die Wurzeln der persischen Kultur

> *So erstaunlich die Lebensweise der alten Perser ihren hellenischen Nachbarn vorkam – noch erstaunlicher ist die Beharrungskraft, mit der sich viele Züge dieser Lebensweise fast unverändert bis in unsere Tage forterhalten haben. Diese Beharrungskraft eignet allen Bereichen der persischen Kultur. Merkwürdigerweise war und ist der Perser zugleich allem Neuen gegenüber aufgeschlossen. Diese Vereinigung des eigentlich Unvereinbaren macht den unnachahmlichen Reiz der ganzen Kultur Irans aus (Hinz 1976, II., S. 218).*

Was sind die Wurzeln der persischen Kultur und wie bestimmen sie das Denken und Verhalten der Iraner bis in die Gegenwart? Es gibt zwei Quellen, die unterschiedlicher nicht sein könnten: das altiranische Königtum und der schiitische Islam.

Das altiranische Königtum

Über die Herkunft der alten Iraner sagen die Quellen wenig aus. Man weiß lediglich, dass sie als indoeuropäische Reiternomaden um 1400 v. Chr. vom Norden aus den zentralasiatischen Steppengebieten kommend in Iran eingewandert sind. Die Vorfahren der Perser kamen im 9. Jahrhundert v. Chr. und ließen sich in der späteren iranischen Provinz Fars nieder.

Die erste überlieferte Erwähnung findet sich in den Annalen des Assyrerkönigs Salmanassar III., der 843 v. Chr. von einem bis dahin unbekannten Volk mit Namen *Parsa* berichtet. Parsa bezeichnet sowohl die Angehörigen dieses Volkes als auch deren Siedlungsgebiet (vgl. Koch 1992, S. 7). Die Perser errichteten unter ihrem König Kyros II. (559–529 v. Chr.) und seinen Nachfolgern (Dynastie der Achämeniden

559–330 v. Chr.) in den folgenden Jahrzehnten das erste Großreich der Weltgeschichte, das zeitweise von der Ägäis bis nach Indien reichte. Sein Nachfolger Dareios I. (521–485 v. Chr.) erbaute später die Palastanlage Persepolis *(Takht-e Djamshid)* und machte sie zu seiner Sommerresidenz. Für Iraner ist Persepolis der Thron (Takht) des *Djamshid,* so benannt nach dem sagenhaften König aus der altpersischen Mythologie. In den Geschichten von Djamshid wird ein Symbol für das Königtum eingeführt, das alle späteren weltlichen und geistlichen Herrscher übernommen haben: das der „Göttlichen Gnade" *(bakhshesh-e khodā'i).* Sie ist Teil einer entstehenden Königsideologie, die dem König Charisma zuschreibt und ihn zur göttlichen Person mit einer unantastbaren Stellung erklärt.

Die Göttliche Gnade ist die ultimative Begründung für die königliche Herrschaft. Die Institution eines *charismatischen Königtums* hat sich bis in das 20. Jahrhundert hin fortgesetzt. Selbst Khomeini kam nicht umhin, für sein Konzept des anerkannten Rechtsgelehrten auf dieses Symbol zurückzugreifen. Bei ihm hat allein der „Verborgene Imam" Charisma.

Djamshid verliert seine Herrschaft nach dreihundert Jahren, als er aufhört, an die göttliche Macht zu glauben, weil er sich selbst für den einzigen und höchsten Herrscher hält. Nachdem er vom Glauben abgefallen ist, beginnt das Zeitalter der Finsternis und der Ungerechtigkeit. Das Böse kommt in die Welt in der Gestalt *Ahrimans.* Es vergehen tausend Jahre der Herrschaft des Bösen, bis das Volk sich dagegen auflehnt und der adelige *Faridun* Ahriman im Kampf besiegt. Das Volk lebt für weitere fünfhundert Jahre in Frieden und Eintracht. So schließ sich der Kreis (vgl. Curtis 1994, S. 53).

Djamshid gilt als Erbauer zahlreicher Städte. Er teilte die Gesellschaft in verschiedene Kasten (Priester, Kriegerkaste, Bauern, Landarbeiter) ein und legte eine neue Zeitrechnung fest. Der Tag seiner Krönung *(Nowruz)* ist zugleich Frühlingsanfang und Jahresbeginn. Für Iraner ist dies der wichtigste Tag im Jahr. Die Feierlichkeiten für Nowruz beginnen am 21. März anlässlich der Tagundnachtgleiche und dauern dreizehn Tage. Weder Despoten noch Mullahs haben das iranische Volk je von dieser Tradition abhalten können, denn Persepolis und Nowruz sind mächtige identitätsstiftende Symbole. Sie geben Iranern das Gefühl von kultureller Überlegenheit aus einer Zeit, als das altiranische Königtum allen anderen Völkern überlegen war.

Davon kündet auch die Inschrift am Palast von König Dareios dem Großen in Persepolis: „Dareios, der große König, König der Könige, König der Länder, des Hystaspes Sohn, der Achämenide, welcher diesen Palast machte" (Koch 1992, S. 7).

Diese ausgeprägte Traditionsfixierung der Iraner erkennt man im Ausland vor allem an den altiranischen Namensbezeichnungen wie Persepolis oder Zarathustra für persische Restaurants und andere Geschäfte.

In dem historischen Bewusstsein vergangener Größe liegt die eigentliche Ursache und die Kraft, aus der sich der stark ausgeprägte iranische Nationalismus speist, der immer dann wachgerufen wird, wenn auf der Metaebene die Nation sich real oder vermeintlich bedroht fühlt oder der Einzelne sich auf der Mikroebene in seiner nationalen Ehre angegriffen fühlt.

Die persische Sprache und mehr noch die persische Literatur von Dichtern wie Ferdowsi, Hafez, Saadi oder Rumi waren kulturprägend. Ihr Einfluss reichte weit über die Grenzen Irans hinaus. Türken in Anatolien und Zentralasien, Muslime in Indien, Malaysia und Indonesien schufen nach persischem Vorbild ihre eigenen Volksliteraturen.

Aus allen Werken in persischer Sprache ragt ein Buch ganz besonders hervor: das Buch der Könige *(Shahnameh)* von Ferdowsi. Es ist *das* iranische Nationalepos, eine Mischung aus Mythos und authentischer Reichsgeschichte, das die glorreiche vorislamische Zeit und die Taten der frühen persischen Großkönige besingt, ähnlich den Epen Homers. Es liefert die Quelle für die Legitimation und die Ausgestaltung des traditionellen Königskultes. Aus ihr haben alle nachfolgenden Monarchen geschöpft. Der durchgehende Handlungsstrang ist der Kampf der Iraner gegen Nicht-Iraner (vor allem Muslime), deren Versuche, Iran zu erobern als Akte des Bösen geschildert werden. Es ist eine Allegorie in Zeiten muslimischer Vormundschaft und Unterdrückung. Obwohl Ferdowsi selbst Muslim war, vermied er die Verwendung arabische Wörter. Das gab seinem Epos eine stark nationalistische Note, die auf nachfolgende Generationen bewusstseinsbildend gewirkt hat. Die Sprache wird zum Träger der altiranischen Kultur. Anders als in Deutschland, wo kaum noch jemand die Geschichte der Nibelungen kennt, sind Iranern die Geschichten aus dem Shahnameh immer gegenwärtig. Die bis heute anhaltende Begeisterung für die Poesie hat hier ihre historischen Wurzeln.

Unter den frühen Achämeniden wurde die königliche Herrschaft zu einer festen Institution mit einem Hofzeremoniell und mit Hofsitten. Diese Elemente haben alle späteren Könige übernommen, sie haben auch den Islam beeinflusst. Mit *Artaxerxes I.* (465–425 v. Chr.) legt ein König sich das erste Mal bei der Thronbesteigung einen Herrschernamen zu, der dem Regenten eine besondere Eigenschaft oder Fähigkeit zuschreibt. Für die Vornehmen des Reiches ebenso wie für das einfache Volk war diese Titulatur ein Merkmal der sozialen Distinktion, der König stand weit über ihnen. Der Islam hat diese Sitte übernommen, indem er dem Propheten und seinen Gefährten Beinamen zugelegte, die bestimmte charakterliche Wesensmerkmale ausdrücken. Die Schiiten gaben ihren Imamen Ehrenbezeichnungen wie „Befehlshaber der Gläubigen", so für den Gründervater der Schiiten, Ali ibn Abi Talib. Die römischen Päpste praktizieren diese Sitte bis heute.

Dareios führte als Großkönig „Gebärden der Ehrerbietung" ein, das sind verschiedene Grußformen wie das Heben der rechten Hand mit gebeugtem Ellbogen. Mit dieser Geste grüßte und segnete Gott *(Ahura Mazda)* seine Untertanen. Sie kommt in der christlichen Liturgie (als Segen des Priesters) vor und als militärischer Gruß. Ayatollah Khomeini praktizierte sie bei seinen öffentlichen Auftritten.

Wer vor Dareios erschien, wurde von einem persischen oder medischen Stabträger vor den König geführt, indem der rechte Arm senkrecht nach unten gehalten wurde, mit zusammengepressten Fingern und die Handfläche nach innen weisend. An der anderen Hand wurde der Besucher vom Stabträger geführt. Diese Geste war zum Schutz des Königs gedacht. Auch heute ist es bei Monarchen oder Staatsoberhäuptern Brauch, bei Audienzen oder Empfängen den Besucher durch einen Protokollbeamten vorzustellen.

Dem Besucher wurde später vorgeschrieben, im Angesicht des Königs die Hände in den Ärmeln seines Gewandes zu verbergen. Zunächst als Maßnahme zur Sicherheit gedacht, wurde sie mit der Zeit zu einer Reinheitsvorschrift. Niemand durfte sich dem Gott oder dem König mit bloßen Händen nähern. Diese „Ärmelsitte" ist heute noch üblich. Sie wurde von den Römern übernommen und kam mit ihnen nach Europa. Wir finden sie bei byzantinischen Kaisern und christlichen Mönchen, aber auch beim iranischen *Klerus*. Auch diese Sitte hat der Islam übernommen. In vielen islamischen Staaten verweigern strenggläubige Muslime Nicht-Gläubigen die Hand, weil sie befürchten, sich dabei zu verunreinigen.

Das altiranische Hofzeremoniell wurde von König *Xerxes I.* (486–465 v. Chr.) um eine besondere Variante erweitert. Wer vor dem Großkönig erschien, musste die *Proskynese* vollziehen, das Sichniederwerfen vor dem Herrscher. Die Spannbreite devoter Verhaltensweisen reichte vom Niederfallen auf den Boden, der mit der Stirn berührt werden musste über das Niederknien auf einem Knie bis zum leichten höfischen Verbeugen. Der griechische Historiker *Herodot* schildert als Zeitzeuge, dass die Griechen, die vor dem persischen König erschienen, die Proskynese aus Prestigegründen ablehnten: „Als sie nun (…) vor das Angesicht des Königs traten, befahlen ihnen die Leibwächter, vor dem König niederzufallen, und wollten sie mit Gewalt dazu zwingen. Aber die Spartaten weigerten sich: und wenn man sie mit dem Kopf auf den Boden stieße, würden sie es doch nicht tun, denn bei ihnen sei es nicht Brauch, sich vor Menschen niederzuwerfen, auch kämen sie aus einem anderen Grunde" (Herodot 1971, S. 483).

Die Griechen lehnten die Proskynese als Geste der Unterwürfigkeit ab, während sie im gesamten Orient und im Byzantinischen Reich populär wurde. Alexander der Große, den Sitten der von ihm unterworfenen Völker ohnehin zugeneigt, hat sie gegen den Widerstand seiner griechischen Soldaten schließlich übernommen. In Rom wurde die Proskynese erst unter der Herrschaft von Kaiser Diokletian (284–305) Teil des Hofzeremoniells. Über die Römer findet die Proskynese Eingang in das Christentum und wird Teil der christlichen Liturgie. Als *Adoratio Purpurae,* als Anbetung des Purpurs, wird sie zu einem Ritual der Huldigung des neu gewählten Papstes durch die Kardinäle. Seitdem ist die „Prostration", der lateinische Ausdruck für die Proskynese, ein wesentlicher Bestandteil der christlichen Messezeremonie (Priesterweihe, Karfreitag, Weihe des Papstes). Der Purpur-Umhang galt ein als ein besonderes Würdezeichen, das den Edlen vom persischen Großkönig verliehen wurde. Die Proskynese als Geste der Unterwerfung ist im Laufe der Jahrhunderte weiter modifiziert worden. Am Hofe des Safaviden Schah *Abbas I.* (1587–1629) war es unüblich, den Herrscher anzusprechen, bevor man nicht dreimal den Boden geküsst hatte. Anschließend mussten alle Vasallen, unabhängig von ihrem eigen gesellschaftlichen Status als Sultan oder Khan, dem Schah die Füße küssen.

Aus der Zeit der Achämeniden stammt ein weiteres Merkmal, das heute noch im Geschäftsalltag üblich ist: das „Gewicht der persönlichen Entscheidung". Es ist ein exklusives Privileg des Königs, alle anderen Entscheidungen sind nachrangig. Um seinen Entscheidungen besonderes Gewicht zu verleihen, wurden sie meist öffentlich während einer Audienz getroffen. Heute obliegt dieses Privileg dem Revolutionsführer, dem Firmeninhaber oder Geschäftsführer. Was der Entscheidungsträger sagt, ist bindend und wird meist nicht weiter hinterfragt. Deshalb gibt es selten Widerspruch. Der Herrscher hält Hof und alle Interaktionen folgen bestimmten Kommunikationsregeln. Das zeichnet autoritären Führungsstil aus.

Die Achämeniden regierten Iran fast 200 Jahre lang und ihr Einfluss bei der Herausbildung der persischen Kultur ist immens. Nach der Eroberung Irans durch Alexander den Großen 330 v. Chr. wurde diese Traditionslinie für die nächsten 450 Jahre unterbrochen, auch wenn die nachfolgenden Herrscher zahlreiche Merkmale der Achämeniden übernahmen. Erst mit dem Aufstieg der Sassaniden, die 226 n. Chr. nach einer Revolte gegen die regierenden Parther an die Macht kamen, entstand das zweite große Perserreich, das bis zur arabisch-islamischen Eroberung (642 n. Chr.) Bestand hatte. Die Dynastie der Sassaniden knüpfte politisch und kulturell an das Erbe der Achämeniden an und übernahm auch deren Hofzeremoniell.

Die altiranischen Großreiche waren multikulturelle Staatswesen, die den Prozess der ethnischen Vermischung förderten. Toleranz und Aufgeschlossenheit gegenüber fremden Sitten und Bräuchen, Religionen, Sprachen und Traditionen waren für die iranische Gesellschaft überlebensnotwendig. Toleranz wurde von den persischen Großkönigen praktiziert, wenn auch im Sinne einer wohlerwogenen Politik. Aufgrund seiner Größe war es im persischen Reich unmöglich, einen „Einheitsstaat" zu schaffen.

In jener Zeit entwickelte sich die Institution der „Gastfreundschaft", die Toleranz und Aufgeschlossenheit voraussetzt und besonders an den Königshöfen gepflegt wurde. In diesen Zusammenhang gehören die Tischsitten, die ein kultiviertes Benehmen voraussetzen. Die Verwendung von Besteck wie Messer, Gabel und Löffel sind persische Erfindungen. Die persische Kochkunst und das Mobiliar (Stühle, Tische) gehören dazu. Die Sitte, beim Essen auf dem Boden zu sitzen, wurde erst mit dem Islam eingeführt, als der Tisch durch das *Sofreh,* ein auf dem Boden ausgebreitetes Tuch, ersetzt wurde (die sprichwörtliche persische Gastfreundschaft wird in Kap. 14 eingehender behandelt).

Vor dem Einbruch des Islam existierten im Persischen Reich zwei autochthone Religionen: der *Zoroastrismus* und der *Manichäismus*. Von beiden hat der Islam eine Vielzahl von Inhalten und Traditionen übernommen. Unter den Achämeniden wurde die Lehre des Propheten *Zarathustra* (um 800 v. Chr.), der Zoroastrismus, zur Staatsreligion. Zentraler Kern dieser Lehre ist der Dualismus von Gut und Böse, die Auseinandersetzung zwischen dem Gott *Ahura Mazda* als Schöpfer und Herrn der Welt und *Ahriman,* dem Geist des Bösen. Wir erinnern uns: Ahriman ist in der persischen Mythologie die Verkörperung des Bösen. Die Aufgabe des Menschen bestehe darin, sich zwischen Gut und Böse, zwischen Wahrheit und Lüge, ständig neu zu entscheiden. Wenn das Böse überwunden sei, breche das Reich Ahura Mazdas an. Nach schiitischer Lesart ist damit die Wiederkehr des verborgenen Imam *Mahdi* gemeint, der das Reich der Gerechtigkeit auf Erden errichten wird. Diese eschatologische Vorstellung ist übrigens auch Teil der christlichen Lehre (das Jüngste Gericht).

Der Manichäismus des Propheten *Mani* (216–276) entstand Mitte des 3. Jahrhunderts unter den Sassaniden. Er war eine Universalreligion, die gnostische, synkretistische und christliche Elemente miteinander verband und sich zeitweise von der Türkei bis nach China erstreckte, bevor er schließlich in der Auseinandersetzung mit dem Zoroastrismus unterlag. Mani predigte den Glauben an die Erlösung durch die Aneignung eines Fundus an geoffenbartem Wissen (Gnostizismus). Kern dieser Lehre war die Vorstellung, dass die stoffliche Welt böse und die Seele in der Materie gefangen sei. Der einzige Ausweg aus dieser Gefangenschaft sei das geoffenbarte Wissen. Mit diesem Anspruch wollte Mani die ganze Welt zu bekehren. Er verfasste als Erster einen Kanon, eine in sich geschlossene Sammlung von Schriften. Damit war er seiner Zeit weit voraus, da weder Juden, Zoroastrier noch Christen zu jener Zeit heilige Schriften hatten. Das Wirken Manis beeinflusste sowohl das Entstehen von Volksliteraturen als auch die vorislamische persische Sprache.

Als der Islam sich ausbreitete, verlor das iranische Staatswesen seine nationale und territoriale Souveränität. Iran geriet bis ins späte Mittelalter unter häufig wechselnde Fremdherrschaft. Die Bewohner Irans konvertierten zum Islam weniger aus Überzeugung als vielmehr aus praktischen Gründen, nachdem die muslimischen Herrscher Kopf- und Grundsteuern eingeführt hatten, die alle Nichtmuslime entrichten mussten. Ein weiterer Grund war die Angst vor sozialer und wirtschaftlicher Benachteiligung. Zum Islam zu konvertieren bedeutete nicht einfach, sich zum muslimischen Glauben zu bekennen und die vorgeschriebenen rituellen Handlungen zu vollziehen. Es bedeutete vor allem sozialer Abstieg, weil die Unterlegenen ein Klientelverhältnis *(mawali)* zu einem prominenten arabischen Stammesmitglied eingehen mussten. Sie wurden somit Muslime zweiter Klasse. Aus diesem Klientelverhältnis ergab sich jedoch eine gegenseitige Abhängigkeit. Iraner brachten ihre spezifischen Kenntnisse aus Verwaltung, Wirtschaft und Wissenschaft mit ein und erhielten so die Chance, in hohe Ämter aufzusteigen. Den Arabern wiederum erleichterte dieses Wissen die Herrschaft über die eroberten Gebiete. Für die Iraner war es ferner wichtig, ihre autochthone Kultur zu bewahren und an die Nachkommen weitergeben zu können. So übernahm der Islam eine Vielzahl von iranischen Elementen, die sein Erscheinungsbild bis heute prägen. Wer als Iraner dennoch nicht bereit war zu konvertieren, verließ meist das Land und wich nach Indien aus, wo die Nachkommen der Zoroastrier als *Parsen* leben. Insgesamt führte die Eroberung Irans durch die arabisch-islamischen Heere zu einer historischen und kulturellen Zäsur, zu einem Bruch der alten Traditionslinie, und es ist diese frühe Erfahrung, die bis heute das angespannte Verhältnis zu den arabischen Nachbarn bestimmt. Die Bildung eines neuen iranischen Nationalstaats erfolgte erst im 16. Jahrhundert unter Schah *Ismail I.* (1501–1524), dem Gründer der Safaviden-Dynastie (1501–1722). Unter seiner Herrschaft wurde der schiitische Islam zur Staatsreligion erhoben.

Der Islam

Als der Islam im siebten Jahrhundert zu seiner Eroberung ansetzte, konnte er auf dem Fundament alter Kulturen aufbauen. Mit den Worten des französischen Historikers Fernand Braudel war der Islam eine Transformations- und eine transformierbare Kraft, die den eroberten Völkern einerseits ihre kulturelle Eigenständigkeit zugestand. Andererseits übernahm der Islam die Sitten und Bräuche der eroberten Völker, wie der Orientalist Friedrich Rosen 1922 schieb: „Es ist eine geradezu auffallende Tatsache, daß alle Eroberer, die aus dem mittleren Asien als Mongolen oder Türken in Persien Fuß faßten, nach kurzer Zeit das persische Wesen annahmen und in den meisten Fällen sogar schon in der zweiten Generation zu hervorragenden Förderern der persischen Kunst und Wissenschaft wurden" (Rosen 1922, S. 104).

Der Gründer der Pahlavi-Dynastie, *Reza Schah* (1926–1941), legte sich bei seiner Thronbesteigung den altiranischen Namen *Pahlavi* zu und berief sich aus Gründen der Legitimation auf die altiranischen Achämeniden. Seine Krone ließ er nach dem Vorbild der alten Sassaniden anfertigen. Er übernahm das höfische Zeremoniell und die Titulatur *(Shah-an-Shah Aryamehr,* König der Könige, Licht der Arier) der persischen Großkönige und gab sie an seinen Sohn *Mohammad Reza Schah* (1941–1979) weiter. Dem Volk verordnete er die Verwendung altiranischer Namen für Neugeborene. Frauen wurde das Tragen des Tschadors verboten. Auf Bildern aus jener Zeit ist zu erkennen, wie Reza Schah bei Empfängen oder beim Besuch seiner Untertanen auf dem Lande, ganz gleich, ob es Bauern, Angestellte oder Regierungsmitglieder waren, sich als Zeichen der Unterwürfigkeit Hände und Füße küssen ließ. Nach der islamischen Revolution wurde dieses Ritual keineswegs abgeschafft, obwohl Ayatollah Khomeini das ganze höfische Zeremoniell zuwider war. Khomeini kannte die hohe Symbolkraft, die dieser Geste innewohnt, und ließ sich von seinen Anhängern ebenfalls Hände und Füße küssen. Auch dessen Amtsnachfolger, Ayatollah Khamenei, setzt diese Tradition unbeirrt fort.

Unterwürfigkeitsbezeugungen sind ein fester Bestandteil der Alltagskommunikation in Iran. Sie finden sich in Redewendungen oder Floskeln: „Ich bin der Staub zu Ihren Füßen" oder „Ich bin Ihr Opfer".

Auch im Islam hat die altiranische Proskynese, das Niederwerfen vor dem Herrscher, Eingang gefunden. Sie ist immanenter Bestandteil der täglichen religiösen Handlungen und der Pflichterfüllung aller Muslime. Aufstehen, Knien und Niederwerfen *(Sojud)* sind typische Bewegungsabläufe beim Beten. Damit soll Gott Verehrung und Ergebenheit erwiesen werden. Ein weiteres Erbe aus vorislamischer Zeit ist die traditionelle Kleidung des islamischen Klerus. Vom einfachen Mullah bis zum Ayatollah kleiden sich die religiösen Würdenträger in lange braune oder schwarze Roben *(Aba),* einem schwarzen oder einem weißen Turban *(Ammameh)* und hellbraunen Lederpantoffeln *(Nalain).* Es gibt weitere präislamische Elemente, die als iranisches Erbe in den schiitischen Islam, besonders in die Zwölferschia, eingegangen sind. Neben populären Vorstellungen und Bräuchen des Aberglaubens und der Magie gehört hierzu die „Art der Wahrnehmung ritueller Pflichten", gerade im Bereich der vom Islam vorgeschriebenen rituellen Reinheit, bei denen Iraner sich durch eine „extreme Umsicht" in deren Ausübung von ihren sunnitischen Glaubensbrüdern unterscheiden. Iranische Vorstellungen von Reinheit und Hygiene haben ihren Ursprung in den Lehren des Propheten Zarathustra, die sich auch heute noch bei den von den Zoroastriern praktizierten Riten beobachten lassen. Viele der heute üblichen Rituale im Jahresverlauf (Feste und Feiern) oder im Lebenszyklus eines Menschen (Geburt, Heirat und Tod) sind altiranischen Ursprungs. Daran lässt sich das starke Beharrungsvermögen der persischen Kultur entgegen allen Versuchen seitens der islamischen Machthaber erkennen. Mit den Worten des französischen Historikers Georges Duby, ist die Mentalität eines Volkes das, was sich zuletzt ändert.

Geschichtsbild

Wenn Sie mit Iranern kommunizieren, laufen Sie immer Gefahr, aus Unkenntnis oder durch eine beiläufige Bemerkung die nationalistische Saite ihres Gesprächspartners zu treffen. Das sorgt meist für Verstimmungen. Sie sind dann überrascht, dass Verhandlungen unnötig lange dauern (aus deutscher Sicht) oder der Kontakt erst einmal untergebrochen wird. Ihr iranischer Geschäftspartner fühlt sich respektlos behandelt, weil er glaubt, nicht ernst genommen zu werden. Empfehlenswert in solchen Situationen ist es meist, der persischen Sichtweise kommentarlos zuzuhören. Mit Rechthaberei oder dem Insistieren auf historisch verbürgte Fakten gewinnen Sie absolut nichts. Die Wahrheit ist immer aufseiten des Iraners, schließlich kennt er die Geschichte seines Landes besser als jeder Außenstehende.

Literatur

Curtis, V. S. (1994). *Persische Mythen*. Stuttgart: Reclam.
Herodot (1971). *Historien*. Stuttgart: Kröner.
Hinz, W. (1976). *Darius und die Perser*. Baden-Baden: Holle.
Koch, H. (1992). *Es kündet Dareios der König. Vom Leben im persischen Großreich*. Mainz: Zabern.
Rosen, F. (1922). Der Einfluß geistiger Strömungen auf die politische Geschichte Persiens. *Zeitschrift der Deutschen Morgenländischen Gesellschaft, 76*, 101–125.

Deutschland und Iran 5

Lass einen alten Freund nicht fahren, denn der neue kommt ihm nicht gleich (Persisches Sprichwort).

Im Rückblick auf mehr als 400 Jahre deutsch-iranische Geschichte lässt sich feststellen, dass die Beziehungen zwischen beiden Ländern vor allen Dingen wirtschaftlicher Art waren und es auch heute noch sind. Ein *Dialog der Kulturen,* also die geistige Auseinandersetzung, wie von dem früheren iranischen Präsidenten *Khatami* vorgeschlagen, ist nie wirklich geführt worden.

Die Beziehungen zwischen Europa und dem Orient reichen bis in die europäische Frühgeschichte der Bronzezeit im 2. Jahrtausend vor Christus. Bereits damals führten verschiedene Handelswege (Bernsteinstraße) vom Orient bis in den Süden Skandinaviens. Es kam zum Austausch wirtschaftlicher und kultureller Güter. Diese Beziehungen setzten sich während der großen Völkerwanderung vom 4. bis zum 6. Jahrhundert fort.

Die frühesten Kenntnisse über Persien gelangten zunächst durch griechische *(Strabon, Herodot, Xenophon)* und später durch römische Historiker *(Isidorus)* nach Europa. Durch die Eroberungszüge Alexanders des Großen sowie die späteren kriegerischen Auseinandersetzungen zwischen dem Römischen Reich und den iranischen Großreichen der Parther und Sassaniden wurde das Wissen über diesen fernen Kulturkreis erweitert. Zur Zeit der Perserkriege kämpften im römischen Heer germanische Söldner auf iranischem Boden, von wo aus sie den „Mithras-Kult" bis nach Germanien brachten. Im Mittelalter führte der Orienthandel auf dem Landweg von Deutschland über Russland sowie über die oberitalienischen Städte Venedig, Pisa und Genua nach Persien und von dort weiter nach Asien. Zwischen deutschen und persischen Kaufleuten gab es immer wieder vereinzelte Handelskontakte. Dennoch blieb das Handelsvolumen eher gering, weil diese Unternehmungen kostspielig und äußerst riskant waren.

Der erste deutsche Augenzeugenbericht über Persien ist das „Reisebuch" des bayerischen Landsknechts Hans Schiltberger, der nach einer abenteuerlichen Odyssee aus Asien 1427 in seine Heimat zurückkehrte. Schiltberger diente zunächst im Heer von König Sigismund von Ungarn (1361–1437) und geriet nach dessen Niederlage in der Schlacht von Nikopolis (1396) zunächst in türkische Gefangenschaft, anschließend an den Hof des Mongolen *Timur Leng* (Tamerlan) in Samarkand und nach dessen Tod schließlich nach Persien. Von dort gelang ihm er auf abenteuerlichen Umwegen die Flucht nach Deutschland.

Erste offizielle Kontakte

Es dauerte lange bis zur ersten offiziellen Kontaktaufnahme zwischen einem deutschen Königshaus und einem iranischen Herrscher. Im Oktober des Jahres 1600 traf die erste persische Delegation im Auftrage von *Schah Abbas I.* (1587–1629) am Hofe des deutschen Kaisers *Rudolf II.* (1576–1612) in Prag ein. Die persischen Gesandten sollten dem deutschen Kaiser ein militärisches und politisches Bündnis gegen das Osmanische Reich anbieten. Der Expansionsdrang der türkischen Sultane war seit dem Ausgang des Mittelalters zu einer ernsthaften Bedrohung für die mitteleuropäischen Fürsten und Könige geworden. Im Osten fühlten sich die in Iran regierenden Herrscher der Safaviden bedroht.

Nach ihrer Ankunft in Prag vollzogen die persischen Gesandten, wie es das persische Hofzeremoniell vorschrieb, auch vor dem deutschen Kaiser die Proskynese: „Als bei der kaiserlichen Audienz am 20. Juli 1604 das Gefolge des persischen Gesandten dem Kaiser in huldigender Form den Fuß küsste, belustigte Rudolf II. diese ungewohnte Zeremonie so lebhaft – wie eine zeitgenössische Quelle berichtet –, daß er, den man sonst seit zwei Jahrzehnten öffentlich nur mit ernster Mine gesehen hatte, schallend auflachte" (Kochwasser 1961, S. 30).

Zwei Jahre später (1602) wurde der Besuch der persischen Delegation durch die Entsendung einer deutschen Gesandtschaft nach Iran erwidert. Die beschwerliche Reise auf dem Landweg über Russland zunächst nach Astrachan, dann weiter mit dem Schiff über das Kaspische Meer dauerte ein ganzes Jahr und stand unter keinem guten Stern. Unterwegs starben einige Mitglieder der Mission, sodass nur zwei Überlebende schließlich den persischen Kaiserhof erreichten. Dieser erste Besuch und die nachfolgenden Reisen dienten nicht nur dem Austausch diplomatischer Noten, sondern – neben der Erkundung des Landes durch mitreisende Gelehrte – auch dem Ausbau der gegenseitigen Handelsbeziehungen.

Die Erforschung Irans

Im 16. und 17. Jahrhundert begann die eigentliche Erforschung Irans durch europäische Abenteurer und Forschungsreisende. Im Gefolge der Reisenden kamen auch die ersten römisch-katholischen Mönche (der Kapuziner, Karmeliter, Franziskaner und Augustiner) nach Iran, wo sie sich dauerhaft niederlassen und eigene Kirchen einrichten durften. Allerdings waren ihnen Bekehrungsversuche bei Muslimen untersagt.

Iran erlebte unter der Herrschaft von Schah Abbas I. eine Phase der politischen Stabilität und der Verkehrssicherheit. Die wichtigsten Reisewege wurden im Auftrage des Schahs von Straßenwächtern kontrolliert. Für ausländische Reisende gab es genügend Unterkunftsmöglichkeiten. Aus den Berichten Engelbert Kaempfers geht hervor, dass zu jener Zeit zahlreiche Ausländer in Isfahan ungestört ihren Geschäften nachgehen konnten. Die Regierungszeit von Schah Abbas war vor allem geprägt durch die Förderung der Wissenschaften und der Kultur, einer regen Bautätigkeit sowie einer toleranten Einstellung gegenüber nicht-muslimischen Fremden.

Berichte deutscher Forschungsreisender

Das Persienbild des 17. Jahrhunderts wurde durch die Berichte deutscher Forschungsreisender geprägt. Aus deutscher Sicht sind zwei Reisen besonders hervorzuheben: die des schlesischen Edelmanns *Heinrich von Posener* und die holsteinische Gesandtschaftsreise von 1633/34 des *Herzogs von Holstein-Gottorp*. Von Posener verfasste ein Tagebuch über seine fünfjährige Reise nach Iran und Indien, in dem er eine gut detaillierte Landeskunde lieferte. Die Reise der holsteinischen Gesandtschaft diente dagegen dem Aufbau günstiger Handelsbeziehungen zu Iran und Russland und stand daher in einem scharfen Wettbewerb mit anderen europäischen Staaten. Engländer und Holländer besaßen bereits ständige Handelsvertretungen, während Franzosen und Portugiesen gerade dabei waren, sich zu etablieren. Neben ökonomischen Gründen diente die Reise allerdings auch wissenschaftlichen Zwecken. Das war vornehmlich die Aufgabe des Gelehrten *Adam Olearius* (1599–1671), der nach der Rückkehr von seiner vierjährigen Reise einen ausführlichen Bericht verfasste. Das Buch ist eine detailgetreue ethnografische Beschreibung des Alltags der Perser, ihrer Lebensweise und Glaubensvorstellungen, dem Leben am Hofe und korrigierte das bis dahin gängige Persienbild in Deutschland.

Neben dem Reisebericht von Olearius ragt vor allem das Werk des deutschen Arztes und Naturwissenschaftlers *Engelbert Kaempfer* (1651–1716) hervor, der 1683 mit einer schwedischen Gesandtschaft nach Persien aufbrach. Ziel des Unternehmens war – neben dem Aufbau von Handelsbeziehungen zwischen dem schwedischen und dem persischen Königshaus – die Schaffung eines Bündnisses gegen das Osmanische Reich. Kaempfers zehnjährige Reise führte ihn schließlich bis nach Indien und Japan. In seinen *Amoenitates exoticae* von 1712 beschrieb er die Kulturen der von ihm besuchten Völker in einer vorurteilsfreien Art und Weise.

Neben diesen beiden Klassikern der frühen Reiseliteratur steht das Werk des Wiener Arztes und Ethnografen *Jakob Eduard Polak* (1818–1891), der 1851 mit einer österreichischen Offiziers-Delegation nach Persien kam. Der reformorientierte Ministerpräsident *Mirza Taqi Khan Amir Kabir* (1804–1853) begann in der zweiten Hälfte des 19. Jahrhunderts mit der Modernisierung des Landes. Die Niederlagen in den Kriegen gegen Russland (1813 und 1828) hatten nicht nur die Unterlegenheit der persischen Armee eindrucksvoll demonstriert. Das ganze Land war im Vergleich zu Europa ein Entwicklungsland.

Amir Kabir begann mit dem Aufbau einer regulären Armee und holte zu diesem Zweck österreichische Militärausbilder ins Land. Zur Verbesserung des Erziehungswesens wurden erste Hochschulen gegründet, darunter das 1851 eingerichtete Polytechnikum *(Dar-al-Fonun)* in Teheran, das damals die erste höhere Lehranstalt für die Ausbildung von Offizieren und Ministerialbeamten war. Am Polytechnikum arbeitete Eduard Polak als Professor für das Fach Medizin und wurde wenig später von dem Qajarenherrscher *Schah Naser ad-Din* (1848–1896) zum Leibarzt berufen. Polak verfasste während seines neunjährigen Aufenthaltes Lehrbücher der Anatomie und Chirurgie und gilt als Pionier der modernen Medizin in Iran.

Neben seinem Beruf als Arzt betrieb er ethnografische Studien, die er einige Jahre nach seiner Rückkehr nach Wien 1865 in einem zweibändigen Werk „Persien. Das Land und seine Bewohner" veröffentlichte. Polak war ein aufmerksamer Beobachter und bemühte sich, ein möglichst detailgetreues Bild der persischen (höfischen) Gesellschaft zu vermitteln, auch wenn er dabei nicht ganz frei ist von einigen eurozentrischen Einsprengseln. Wirkliche Einblicke in das Alltagsleben der einfachen Leute blieben ihm ebenso verwehrt wie den anderen Ausländern. Polak verkehrte am Hofe des Schahs. Dennoch vermittelt sein Buch wichtige Erkenntnisse über die persische Kultur.

Intensivierung der Handelsbeziehungen

Die deutsch-persischen Handelsbeziehungen wurden im 19. Jahrhundert weiter intensiviert. Dazu trugen vor allem die Messestandorte Leipzig, Frankfurt und Hamburg bei, die regelmäßig von persischen Kaufleuten besucht wurden. Die persischen Geschäftsleute konnten hier ihren Bedarf an deutschen Erzeugnissen decken und gleichzeitig ihre eigenen Produkte absetzen.

Persien geriet im 19. Jahrhundert zunehmend in die Auseinandersetzung zwischen den beiden damaligen Großmächten England und Russland, die um die Vorherrschaft im Mittleren Osten konkurrierten. Für die beiden Konfliktparteien waren es die Jahre des *Großen Spiels* oder „The Great Game", wie es die Engländer nannten. Nach zwei verlorenen Kriegen musste Persien seine Gebiete im Norden des Landes (Georgien, Transkaukasien und einen Teil von Armenien) an Russland abtreten. England war auf dem Vormarsch nach Indien und begann seinen Einfluss in Afghanistan weiter auszuweiten. Angesichts dieser bedrohlichen außenpolitischen Konstellationen suchte die persische Regierung verstärkt um Unterstützung beim Kaiserlichen Hofe in Berlin.

Im Juni 1857 wurde der preußisch-persische Freundschafts- und Handelsvertrag zwischen den Staaten des Deutschen Zoll- und Handelsvereins und Persien abgeschlossen. Mit diesem Vertrag erhielt Preußen die Privilegien einer meistbegünstigten Nation. Der Vertrag sah unter anderem vor, zunächst ein preußisches Generalkonsulat einzurichten, weitere Konsulate sollten später folgen. Der Anteil deutscher Waren an der Gesamteinfuhr Persiens war – im Vergleich zum Handelsvolumen der anderen europäischen Staaten – zu jenem Zeitpunkt noch relativ gering. Hinzu kam, dass preußische Handelshäuser bis 1857 dort keine eigenen Niederlassungen hatten. Genau das sollte sich mit diesem Vertragsabschluss ändern. Durch den Staatsbesuch von *Shah Naser ad-Din* 1873 in Berlin erhielten die deutsch-persischen Beziehungen ein besonderes Gewicht. Der Schah war der erste persische Regent, der Auslandsbesuche (1873, 1878, 1882) unternahm.

Die „Provinzial-Correspondenz" in Berlin berichtete am 4. Juni 1873: „Der Schah von Persien ist am Sonnabend (31. Mai) gegen Abend zum Besuche an unserem Kaiserlichen Hofe in Berlin eingetroffen und mit den höchsten fürstlichen Ehren empfangen worden. Se. Majestät der Kaiser und König, umgeben von den Prinzen und den höchsten Würdenträgern des Staates, begrüßte den Monarchen auf dem Bahnhofe und geleitete ihn in offenem Wagen in feierlichem, glänzendem Aufzuge, welchem mehrere Schwadronen der Garde-Kavallerie vorausritten und folgten durch das Brandenburger Thor nach dem Königlichen Schlosse.

Die Bevölkerung Berlins war in dichten Massen herbeigeströmt, um den seltenen Gast zu sehn und zu begrüßen, den ersten Monarchen eines der großen asiatischen Reiche, welcher Europa besucht, um persönlich, sowie auch seine ihn begleitenden vornehmsten Beamten unsere Kulturverhältnisse kennen zu lernen und Verbindungen anzuknüpfen. Diese Reise eines einsichtigen und strebsamen Fürsten, dessen Reich an Ausdehnung dreimal so groß, wie Deutschland (bei einer Bevölkerung von allerdings nur 8 bis 10 Mio.) und durch die Mannichfaltigkeit seiner natürlichen Erzeugnisse einer glänzenden Entwickelung fähig ist, wird voraussichtlich von großer Bedeutung für sein Land selbst, sowie für den Verkehr desselben mit den europäischen Staaten werden".

Das gute Einvernehmen zwischen den beiden Regierungen fand seinen Niederschlag in einem weiteren Abkommen. Am 11. Juni 1873 wurde der deutsch-persische Freundschafts-, Handels- und Schifffahrtsvertrag unterzeichnet, der in Artikel 18 „im Falle eines Krieges (…) mit einer anderen Macht" den Vertragspartner zur Unterstützung verpflichtete. Das Beistandsabkommen sah jedoch keine militärische Unterstützung vor.

Die Beziehungen wurden in den folgenden Jahren weiter ausgebaut, wobei die persische Regierung wegen des latenten Konflikts mit Russland vor allem an militärischen Beratern interessiert war. Eine Delegation des Schahs ersuchte 1885 Bismarck um militärischen Beistand gegen Russland. Der Reichskanzler lehnte mit Blick auf die guten Beziehungen zu Russland ab und schickte stattdessen die beiden deutschen Offiziere Fellmer und Weth als militärische Berater nach Teheran. Als ein weiteres Ergebnis der Gespräche wurden am 28. März 1885 eine ständige deutsche Gesandtschaft in Tehcran und die erste Deutsche Schule (1906) eröffnet. Deutsche Ärzte verwalteten das staatliche Krankenhaus in Teheran, in mehreren Städten gab es deutsche Apotheken. Bismarck unternahm jedoch mit Rücksicht auf die Interessen Englands und Russlands nichts, um das deutsche (wirtschaftliche) Engagement weiter zu fördern. Die Reichsregierung forderte deutsche Geschäftsleute, die Rechte oder Konzessionen erworben hatten, vielmehr dazu auf, diese zurückzugeben, „um des lieben Friedens mit England und Rußland willen" (Litten 1925, S. 241).

Dagegen wurde das Projekt der „Bagdad-Bahn", die über eine Strecke von 2500 km von Konya in der Türkei bis nach Bagdad im Irak geplant war, von der Reichsregierung nicht behindert. Unter Federführung der Deutschen Bank, welche die Konzession zum Bau erworben hatte, wurde zunächst eine Teilstrecke gebaut. Nach dem heftigen Widerstand Englands, Russlands und Frankreichs, die um ihre „Marktanteile in Persien" fürchteten, wurde die Fortführung des Projekts bis 1940 blockiert.

Andere europäische Nationen hatten sich dagegen frühzeitig in Persien arrangiert. An den wichtigsten staatlichen Schaltstellen saßen Berater aus europäischen Staaten. Die Verwaltung des Justizministeriums oblag den Franzosen. Die Finanzverwaltung und die persische Post kontrollierten belgische Berater. Die wichtigsten Offiziersstellen waren mit russischen Offizieren besetzt. Im englischen Besitz befanden sich die „Imperial Bank of Persia", die Telegrafenlinien, die „Anglo-Persian Oil-Company", in deren Besitz die riesigen Ölvorkommen in Khuzestan waren sowie die wichtigsten Schifffahrtsverbindungen vom Persischen Golf nach Europa.

Der Erste Weltkrieg

In der anglo-russischen Konvention von 1907 hatten die beiden Großmächte sich „auf die Schaffung einer Pufferzone geeinigt, die von Iran über Afghanistan nach Tibet reichte" (Mehner und Gehrke 1976, S. 155). Persien war damit praktisch in eine russische Zone (Norden) aufgeteilt, „angeblich nur zum Schutze der wenigen dort tätigen russischen Kaufleute", und in eine englische Zone (Süden), „in der die britische Marine nicht nur Truppen landete, sondern auch Seebefestigungen anlegte" (Schulze-Holthus 1980, S. 1). Der schmale neutrale Streifen dazwischen blieb dem iranischen Herrscher.

> In diese neutrale Zone drangen im I. Weltkrieg nicht nur türkische Truppen ein, sondern auch die zahlenmäßig ganz schwachen Einheiten eines „Deutschen Asienkorps" unter Führung des (...) späteren Generals Oskar Ritter von Niedermayer und des (...) späteren Botschafters Otto von Hentig, die von Iran aus die (...) Expedition nach Afghanistan unternahmen, die versuchen sollte, den Krieg gegen das britische Kolonialreich an die Grenzen des unruhigen Indien zu tragen. Der Versuch schlug fehl (...) Aber an dem „Durchbruch an den Persischen Golf" hinderte sie ein einzelner Deutscher, der deutsche Konsul Wilhelm Waßmuß (Schulze-Holthus 1980, S. 2).

Bis zum Ausbruch des ersten Weltkriegs 1914 stand die Persien-Politik des Deutschen Reichs unter der Prämisse, möglichst alles zu vermeiden, was zu einem Konflikt mit England und Russland führen könnte. Das hinderte deutsche Unternehmer nicht daran, sich auf dem persischen Markt zu engagieren, wenn auch nicht in dem Maße wie die englische, französische und amerikanische Konkurrenz. Nur wenige Firmen unterhielten eigene Produktionsstätten im Land (Textilproduktion). Die meisten waren im

Exportgeschäft (Baumwoll- und Seidenstoffe, Drogen und Chemikalien, Eisen- und Lederwaren, Maschinen, Papier- und Glaswaren) tätig. Die Hamburg-Amerika-Linie lief einmal im Monat die Häfen des Persischen Golfes an.

Nach dem Ausbruch des Ersten Weltkrieges waren die deutschen Handelshäuser gezwungen, ihre geschäftlichen Aktivitäten einzustellen und ihre Niederlassungen in Iran zu schließen. Die persische Regierung hielt zwar strikte Neutralität, das Land wurde dennoch in die kriegerischen Auseinandersetzungen hineingezogen. Auf persischem Territorium kämpften deutsch-türkische und iranische Freiwilligenverbände gegen englische und russische Truppen. Die iranischen Verbände waren von dem deutschen Konsul *Wilhelm Waßmuß* (1880–1931) aufgebaut worden. Waßmuß hatte im Südwesten des Landes den Widerstand unter iranischen Nomadenstämmen (Luren, Bakhtiaren, Qashqa'i) gegen die britischen Truppen organisiert. Mit der zuvor entsandten deutsch-türkischen Afghanistanexpedition (Niedermeyer-von-Hentig-Expedition) sowie der Tolerierung der Aktivitäten von Waßmuß, hatte die Reichsregierung in Berlin ihre bis dato offiziell gepflegte Neutralitätspolitik in Persien aufgegeben. Sie verfolgte ganz andere Ziele, nämlich die „Djihadisierung" der muslimischen Welt gegen England, Russland und Frankreich. Waßmuß scheiterte an der Uneinigkeit und am Unvermögen der Stammeschefs; er wurde von den Engländern 1918 verhaftet und konnte 1920 zurück nach Berlin reisen. Seine Popularität ist in Iran bis heute ungebrochen. In Iran wird er für seinen Einsatz gegen die Engländer als der „deutsche Lawrence" bezeichnet, in Anlehnung an den britischen Lawrence von Arabien. Im iranischen Fernsehen wurde 2005 eine dreizehnteilige Serie über das Leben und Wirken von Wilhelm Waßmuß ausgestrahlt.

> Der Engländer Christopher Sykes (…) erzählt, wie er auf seiner Reise durch Südpersien, wenn immer er in ein Dorf kam und den Namen Waßmuß nannte, freudig begrüßt und höchst ehrenvoll behandelt wurde. Die Bewohner strömten zusammen und bestürmten ihn mit Fragen, ob Waßmuß wirklich tot wäre oder ob er noch lebe und wo er sich jetzt aufhalte. Die Scheichs hatten ihren Lohn dahin; sie waren ihrer Macht enthoben und saßen wegen Mord und Plünderung im Gefängnis (Mikusch 1937, S. 332).

Im „Constantinople Agreement" von 1915 hatten die beiden Großmächte die verbliebene neutrale mittlere Zone unter sich aufgeteilt. Nach dem Ausbruch der Oktoberrevolution in Russland (1917) und dem Zusammenbruch des zaristischen Regimes wollte England auch diesen Teil in ein englisches Protektorat eingliedern. 1919 wurde mit dem letzten Qajarenherrscher *Sultan Ahmad Schah* (1909–1925) ein entsprechendes Abkommen geschlossen, das jedoch den Widerstand des Parlaments hervorrief. Bereits einige Jahre zuvor hatte es immer wieder Volksaufstände gegeben, die sich gegen den Ausverkauf des Landes durch die leichtfertige Vergabe von Konzessionen an die Engländer richteten. Nur wenige Jahre später, 1921, trat *Reza Khan* mit dem Marsch auf Teheran die Nachfolge des letzten Schahs an, nachdem er von England und Russland die territoriale Unabhängigkeit zurück erkämpft hatte.

Iran unter den Pahlavis

Nach dem Ende des ersten Weltkriegs war die wirtschaftliche und politische Situation Deutschlands und Persiens „fast gleichartig" (Kochwasser 1961, S. 103). Deutschland befand sich in einer Phase des politischen, gesellschaftlichen und wirtschaftlichen Umbruchs. Vor ähnlichen Herausforderungen stand Persien zu Beginn der Herrschaft Reza Khans.

Reza Khan (1925–1944) begann seine Karriere als Führer einer Kosakenbrigade und putschte sich 1919 durch einen Staatsstreich an die Macht. Zunächst als Kriegsminister (1921) errichtete er eine Militärherrschaft, die ihn 1923 in das Amt des Premierministers und Obersten Befehlshabers der Armee (1925) brachte. Mit dieser Machtfülle ausgestattet ließ er sich am 25. April 1926 durch die persische Nationalversammlung zum Schah mit erblicher Kaiserwürde krönen und legte sich den altiranischen Namen *Pahlavi* zu. Um die Mitte der 1930er-Jahre begann er eine an seinem Vorbild *Kemal Atatürk* (Türkei) orientierte Modernisierungs- und Säkularisierungspolitik. Am 20. März 1934, einen Tag vor dem traditionellen persischen Neujahrsfest *(Nowruz),* wurde Persien, in Anlehnung an die altiranische Dynastie der Sassaniden, offiziell in *Iran* umbenannt. Gegen den Widerstand des schiitischen Klerus, dessen Einfluss er massiv einzudämmen versuchte, verfolgte Reza Khan eine streng an den Westen orientierte Politik. Für die Reorganisation des Rechts- und Finanzwesens, vor allem jedoch für die Wirtschaft, brauchte er ausländische Berater und Experten, die aus Belgien, Schweden, den USA und ebenso aus Deutschland kamen.

Die deutsch-iranischen Wirtschaftsbeziehungen der 1920er-Jahre vollzogen sich, wie Friedrich Kochwasser schreibt, „in einem bescheidenen, aber sicheren Rahmen (…) und erfuhren (…) im Gefolge einer Reise des deutschen Wirtschaftsministers nach Iran eine besondere Belebung" (Kochwasser 1961, S. 103).

Die Regierung schloss am 17. Februar 1929 mit Deutschland eine Reihe von Verträgen ab. Der Freundschaftsvertrag regelte die diplomatischen und konsularischen Beziehungen beider Länder. Das Niederlassungsabkommen (10 Artikel) gewährte den Angehörigen beider Staaten Schutz der Person und ihrer Güter, Freizügigkeit, Rechtsschutz, Aufenthalts- und Niederlassungsfreiheit. Das Handels-, Zoll- und Schifffahrtsabkommen regelte die Ein- und Ausfuhr von Boden- und Gewerbeerzeugnissen. Schließlich regelte ein weiteres Abkommen den gemeinsamen Schutz von Erfindungspatenten, Fabrik- und Handelsnamen. Diese vier Abkommen bestimmten die deutsch-iranischen Handelsbeziehungen bis zum Ausbruch des Zweiten Weltkriegs, wo sie infolge der Kriegsereignisse suspendiert wurden.

Für den Sprung in die Moderne waren vor allem technologisches Know-how, Industrieanlagen und Maschinen gefragt. Reza Khan war besonders an deutschen Fachleuten interessiert, weil sie besser arbeiteten, und weil sie keine kolonialen Absichten hegten. Der hervorragende Ruf, den Produkte und Dienstleistungen mit der Herkunftsbezeichnung „Made in Germany" seither in Iran genießen, stammt aus jener Zeit.

Auf Staatskosten wurden iranische Studenten zur Ausbildung auf deutsche technische Hochschulen geschickt.

Der deutsche Beitrag bei der Modernisierung Irans beschränkte sich nicht nur auf das Gebiet der Ingenieurleistungen. Deutsche Pädagogen richteten Gewerbe- und Höhere Schulen ein und gründeten die Technische Hochschule in Teheran. Die Zusammenarbeit zwischen beiden Ländern wurde durch die Gründung der „Deutsch-Iranischen Handelskammer" 1936 in Berlin weiter ausgebaut. Sie diente vor allem der Bereitstellung von Wirtschaftsinformationen, um „den deutschen Ein- und Ausfuhrkaufleuten den noch weithin unerschlossenen persischen Markt" näher zu bringen. Die Arbeit der DIHK war bis zum Ausbruch des Zweiten Weltkriegs erfolgreich und Ende der 1930er-Jahre war eine Reihe namhafter deutscher Unternehmen in Iran tätig. Die Firma Junker unterstützte den Aufbau einer inneriranischen Fluglinie, Telefunken richtete den iranischen Rundfunk ein und baute das Telefonnetz auf. Deutsche Unternehmen waren am Bau von inneriranischen Eisenbahnstrecken beteiligt und die Leitung der Bank Melli erfolgte durch deutsche Bankiers.

Iran im Zweiten Weltkrieg

Mit dem Ausbruch des Zweiten Weltkriegs erlitt das Engagement deutscher Unternehmen erneut einen herben Rückschlag. Iran bezog offiziell zwar eine neutrale Position, unterhielt aber weiterhin gute Beziehungen zu Hitler-Deutschland, dessen Agenten im Lande tätig waren.

Als Reaktion auf den deutschen Russland-Feldzug besetzten sowjetische und britische Truppen Iran im August 1941. Schah Reza Pahlavi musste abdanken. *Bernhardt Schulze-Holthus,* der damals in besonderer Mission nach Iran entsandt worden war, beurteilt diesen Einmarsch aus seiner Sicht etwas anders: „Und nun wurde Ende August 1941 die Freiheit und Unabhängigkeit Irans wiederum auf das Schwerste bedroht, als völlig überraschend englische und sowjetische Divisionen in Iran einmarschierten, den Widerstand der iranischen Armee in blutigen Kämpfen brachen, Kaiser Reza Schah wegen seiner kompromißlosen Neutralitätspolitik zur Abdankung zwangen und nach Afrika deportierten, wo er 1944 an gebrochenem Herzen starb" (Schulze-Holthus 1980, S. 2).

Die Neutralitätspolitik des Schahs war keineswegs so neutral und auch nicht kompromisslos, ganz im Gegenteil. Hitlers Agenten, darunter der Autor des obigen Zitats, operierten mit Wissen und Zustimmung der deutschen Regierung in Iran. Der größte Teil der in Iran ansässigen Deutschen kam in britische Gefangenschaft, viele wurden in die Sowjetunion verschleppt. Kurz nach der Abdankung Reza Schahs bestieg sein Sohn Mohammed Reza Schah Pahlavi mit Unterstützung der beiden Großmächte den Thron. 1943 erklärte Iran Deutschland formal den Krieg und trat den Vereinten Nationen bei. Auf der Konferenz von Teheran (1943) erhielt Iran die politische Souveränität und Unabhängigkeit von den drei Großmächten USA, Sowjetunion und Großbritannien zugebilligt, ihre Truppen räumten das Land allerdings erst 1946 endgültig.

Der Neuanfang

Nach dem Ende des Zweiten Weltkriegs setzte Mohammed Reza Schah die Säkularisierungs- und Modernisierungspolitik seines Vaters in einem forcierten Tempo fort. Die USA und Großbritannien wurden zu seinen wichtigsten Verbündeten. Im März 1951 beschloss das iranische Parlament unter Premierminister *Mohammed Mossadegh* die Verstaatlichung der Ölindustrie gegen den Widerstand der USA und Großbritanniens. Durch den anschließend von Großbritannien verhängten Boykott kollabierte die iranische Wirtschaft, der Schah floh vorübergehend ins Ausland und konnte nach einem Putsch der CIA (1953) unter Beteiligung Englands gegen Mossadegh die Macht wieder übernehmen. Der iranische Premier Mossadegh wurde für Jahre unter Hausarrest gestellt.

Die offizielle Wiederaufnahme der diplomatischen Beziehungen mit Westdeutschland erfolgte im Oktober 1953 im Rahmen der Eröffnung einer deutschen Gesandtschaft in Teheran, die 1955 in den Rang einer Botschaft erhoben wurde. Im gleichen Jahr wurde in Köln die iranische Gesandtschaft eröffnet (ab 1955 Botschaft). Konsulate in Hamburg und München folgten. Auf wirtschaftlicher Ebene wurden die Beziehungen durch den Abschluss einer Reihe wichtiger bilateraler Verträge wieder in Gang gesetzt. Bereits 1949 war ein Handels- und Zahlungsabkommen unterzeichnet worden, das nach Gründung der Bundesrepublik durch neue Verträge (1950, 1952) abgelöst wurde. Ein Vertrag über die wirtschaftliche und technische Zusammenarbeit zwischen beiden Ländern kam 1954. Durch Beschluss des iranischen Ministerrats erhielt die Bundesrepublik 1955 wieder die Meistbegünstigungsklausel. Eine Reihe weiterer Abkommen (1959) regelte die Erweiterung und Verwaltung deutscher Gewerbeschulen in Iran, ein deutsch-iranisches Luftfahrtabkommen (1960) und einen deutsch-iranischen Auslieferungsvertrag.

Mit den gestiegenen Einnahmen aus dem Ölgeschäft der 1960er-Jahre sollte nach den ehrgeizigen Plänen des Schahs die iranische Wirtschaft und die Infrastruktur ausgebaut werden. Der Schah ließ Siebenjahrespläne aufstellen, deren Budgets mit der Zeit außer Kontrolle gerieten. Für die Träume des Herrschers von einer militärischen Großmacht am Golf wurden Milliarden US-Dollar in die Aufrüstung des Militärs investiert.

Der wirtschaftliche Aufschwung begünstigte auch deutsche Unternehmen. Seit 1952 war die Bundesrepublik Irans wichtigster Handelspartner, mehr als 1000 deutsche Firmen aus Industrie und Handel waren im Lande tätig. Die Beziehungen zwischen Deutschland und Iran entwickelten sich nach dem Staatsbesuch des Schahs 1955 in der Bundesrepublik und dem Gegenbesuch von Bundeskanzler Adenauer 1957 in Teheran prächtig. Die Besuche wurden durch Wirtschaftsdelegationen ergänzt, in deren Folge deutsche Experten für eine Vielzahl von Projekten (Forstwirtschaft, Eisenbahn, Kraftwerksbau, Textilindustrie) entsandt wurden. Im Bereich der Kulturarbeit wurde 1958 das „Goethe-Institut" in Teheran eröffnet, eine deutsche Schule war bereits drei Jahre zuvor eingerichtet worden. Die Entsendung iranischer Studenten zum Studium nach Deutschland wurde intensiviert. Bis zur Revolution (1979) waren 20.000 Iraner an deutschen

Universitäten als Ingenieure, Ärzte, Techniker und Beamte ausgebildet worden (vgl. Dönhoff 1979).

In den 1970er-Jahren unternahm der Schah das, was das Nachrichtenmagazin „Der Spiegel" in einem Artikel als den „lahmen großen Sprung nach vorn" bezeichnete. Die Wirtschaftspolitik der Regierung war zu einem Staatsmonopolkapitalismus geworden („für 15000 Güter und Dienstleistungen herrschte strikte Preiskontrolle") mit Fehlplanung, Verschwendung und Inflation. Sie ging an den Bedürfnissen und Erwartungen der 35 Mio. Iraner vorbei.

„Als 1974 das große Öl-Geld zu fließen begann, verkündete der Schah, binnen einer Generation werde der Iran zu einem der fünf mächtigsten Staaten der Welt werden. Doch schon nach drei Jahren schrumpft die Vision eines der letzten absolut regierenden Monarchen zur unerreichbaren Fata Morgana (…) beim Energie-Giganten Iran gehen die Lichter aus" (Der Spiegel Nr. 34, 1977, S. 80).

Hinzu kamen die Verelendung eines Großteils der Bevölkerung (die Analphabetenquote lag bei 70 %) und eine ausufernde Korruption. Auf die zunehmenden Proteste reagierte das Regime mit willkürlichen Verhaftungen, Folter und weiteren Einschränkungen der Bürgerrechte. Die iranische Gesellschaft befand sich unaufhaltsam auf dem Weg in die islamische Revolution, die sich vielen Iranern als Alternative zu den bedrückenden sozialen und politischen Verhältnissen anzubieten schien.

Für die deutschen Unternehmen, und nicht nur für sie, waren die 1970er-Jahre in Iran wirtschaftlich gesehen die erfolgreichsten. Das Land war zum wichtigsten Absatzmarkt im Nahen Osten geworden. Bis 1978 arbeiteten etwa 15.000 Deutsche in Iran, davon allein 3000 an Kernkraftprojekten. „Fast 500 Millionen Mark investierten 30 westdeutsche Firmen in ihre persischen Fabriken, Aufträge im Gesamtwert von 15 bis 20 Milliarden Mark sind noch in der Abwicklung, mit acht Milliarden Mark Bürgschaften steht auch die Bundesregierung voll im Risiko" (Der Spiegel Nr. 4, 1979, S. 104).

Nach der Islamischen Revolution

Ende 1978 brach die islamische Revolution aus, die für die meisten Beobachter und Experten völlig unvorbereitet kam. Der Shah musste am 16. Januar 1979 abdanken und verließ das Land. Der greise *Ayatollah Khomeini* kehrte am 1. Februar 1979 in einem Triumphzug aus seinem französischen Exil zurück. Wie groß das Ausmaß der Fehleinschätzungen war, verdeutlicht nicht nur der Bericht der „Frankfurter Allgemeinen Zeitung" vom 29. Januar 1979, die unter der Überschrift, „Der Bundeskanzler (Helmut Schmidt) rechnet mit einem ‚islamischen Sozialismus' in Iran", berichtete: „Erst im vergangenen Frühjahr (1978) hatte der Bundespräsident (Walter Scheel) einen Staatsbesuch in Teheran absolviert; im Herbst war Bundeswirtschaftsminister Graf Lambsdorff in die iranische Hauptstadt gereist. In beiden Fällen wurde dem Schah Respekt und Hochachtung bezeugt."

Vermutlich hatte die Bundesregierung den „Spiegel-Bericht" aus dem Jahre 1977 noch nicht gelesen. In jenem Jahr kam es zu einer Zuspitzung der Auseinandersetzungen zwischen der Regierung und den oppositionellen Kräften. Fast täglich ereigneten sich bewaffnete Auseinandersetzungen mit zahlreichen Toten. Eine Umkehr dieser Entwicklung war zu jenem Zeitpunkt bereits nicht mehr möglich. 1978, dem letzten Jahr vor Ausbruch der Revolution, beliefen sich allein die Aufträge zum Bau von Kernkraftwerken und Kriegsschiffen auf rund 20 Mrd. DM.

Nach der Revolution äußerten die Experten ihre Einschätzung über die politische und wirtschaftliche Zukunft des Landes. Die „Süddeutsche Zeitung" schrieb am 23. Januar 1979 unter der Überschrift: „Iran-Experten: Kein Rückfall ins Mittelalter": „Präsident der deutsch-iranischen Handelskammer legt vorsichtigen Optimismus an den Tag: Sowohl Kammerpräsident Röntgen als auch der Hauptgeschäftsführer der Teheraner Auslandshandelskammer, Martin, zeigten sich von den Ereignissen des vergangenen Wochenendes überrascht. Mit einer derart überstürzten Entwicklung habe noch in der vergangenen Woche niemand in Teheran gerechnet (…) Zwar seien mögliche Veränderungen in der Wirtschaftspolitik der neuen Regierung noch nicht erkennbar, doch könne die Prognose gewagt werden, daß es unter keinen Umständen einen wirtschaftlichen Rückfall ins Mittelalter geben werde."

In den kommenden Wochen und Monaten kamen die Geschäfte praktisch mehr und mehr zum Erliegen. Die meisten deutschen Firmen schlossen ihre Niederlassungen oder beschränkten sich darauf, nur noch eine Repräsentanz zu unterhalten. Als dann ein Jahr später (1980) der Krieg gegen den Irak ausbrach, blieben von den ursprünglich mehr als 1000 deutschen Firmen in Iran nur noch 40 ständig im Lande. Das ist insofern bemerkenswert, weil gerade für Iraner der persönliche Kontakt zu ihren Geschäftspartnern außerordentlich wichtig ist!

„Hilflos mußte die westdeutsche Industrie zusehen, wie einer ihrer vielversprechendsten Kunden Stück für Stück demontiert wurde, mußten Kernkraftwerkbauer und Schiffbaumanager registrieren, wie sicher geglaubte Milliardenaufträge, für die es keinen anderen Nachfrager im internationalen Geschäft gibt, für immer verlorengingen" (Der Spiegel Nr. 4, 1979, S. 104). Fast alle ausländischen Unternehmen verließen Iran. Für viele galt die Devise: „Wir halten Kontakt und warten ab."

Die 1980er-Jahre waren sowohl für ausländische Firmen als auch für die Situation im Lande selbst eine Phase der wirtschaftlichen Stagnation. Geschäfte wurden nur noch auf Sparflamme betrieben. In dieser Phase betrieb die Regierung ihre Kampagne zur *Re-Islamisierung* der iranischen Gesellschaft. Sowohl das Vorgehen der iranischen Regierung als auch der Irakkrieg (1980–1988) hatten fatale Folgen. „Die iranische Wirtschaft befindet sich Mitte 1986 in einer tiefen Rezession, die sich zusehends verstärkt. Einerseits beansprucht der Krieg mit Irak einen immer größeren Teil menschlicher und finanzieller Ressourcen, andererseits leidet Iran erheblich unter dem Verfall der Rohölpreise und dem relativ niedrigen Dollarkurs" (Aachener Nachrichten vom 27.08.1986).

Nach dem Ende des achtjährigen Krieges begann unter der Regierung von Präsident *Rafsanjani* (1989–1997) eine Phase der wirtschaftlichen und politischen Konsolidierung.

Der Pragmatismus von Rafsanjani führte zu einer vorsichtigen Annäherung an den Westen. Die Wende in den Beziehungen zwischen der Bundesrepublik und Iran setzte ein mit dem offiziellen Besuch von Bundesbauminister Oskar Schneider in Teheran in der zweiten Dezemberwoche 1988.

Die „Frankfurter Allgemeine Zeitung" meldete am 21.12.1988: „Bundesdeutsche Wirtschaft wittert Chancen beim Wiederaufbau in Iran: (…) zweimal hat die iranische Regierung den deutschen Bauminister dringend gebeten, nach Teheran zu kommen (…) Die islamische Regierung kennt deutsche Firmen und schätzt das Made in Germany." Das klang vielversprechend, erwies sich in der Praxis dennoch als ein schwieriger Neuanfang, der einen langen Atem verlangte.

Die Ära Khatami

„Das Geschäft mit den Mullahs ist in den vergangenen Jahren drastisch geschrumpft. Von 1992 bis 1994 gingen die deutschen Exporte um fast 70 Prozent zurück" (Der Spiegel Nr. 19, 1995, 148).

Die Beziehungen zwischen Deutschland und Iran überschattete 1997 der „Mykonos"-Prozess, der nach einem Berliner Lokal benannt ist, indem „am 17. September 1992 vier iranisch-kurdische Oppositionelle (…) brutal liquidiert" worden waren (Kölner Stadtanzeiger Nr. 83 vom 10.04.1997). Nach dem Beschluss des Berliner Kammergerichts waren die Morde „auf Anordnung der iranischen Führung" durchgeführt worden (vgl. Ulfkotte 1997). Zwei der Attentäter erhielten lebenslange Freiheitsstrafen. Die Bundesregierung setzte den von Außenminister Kinkel initiierten „kritischen Dialog" mit Teheran aus.

„Statt den Iran völlig zu isolieren, sollte durch diesen Dialog ‚kritisch' auf das Land eingewirkt werden: den internationalen Terrorismus nicht zu unterstützen, die Menschenrechte zu achten und das Todesurteil gegen Salman Rushdie aufzuheben. Auf diese Haltung hatte die Bundesregierung die Union 1992 eingeschworen" (Blome 1997).

Iran drohte mit Konsequenzen und Präsident Rafsanjani nannte das Urteil einen „schamlosen Akt". Ayatollah Khamenei kommentierte die Aussetzung des *kritischen Dialogs* mit den Worten: „Uns stört es überhaupt nicht, wenn ihr den kritischen Dialog abbrecht. Wir haben diese Art des Dialogs nie gesucht, und wir könnten überhaupt mehr Kritik an euch üben als ihr an uns" (Der Spiegel Nr. 19, 1997).

In Teheran gab es antideutsche Proteste. Demonstranten skandierten vor der deutschen Botschaft: „Nieder mit Deutschland". Das war ein Novum in den Beziehungen zwischen beiden Ländern. Der Umfang der Handelsbeziehungen war von dem der Schahzeit meilenweit entfernt (Iran nahm die 42. Stelle bei den deutschen Exporten ein und Rang 49. bei den Importen).

Bis zum Ende der 1990er-Jahre war der iranische Markt ausländischen Investoren praktisch verschlossen. Das änderte sich erst mit der Regierungsübernahme durch den im Westen als „liberal" verstandenen Präsidenten *Mohammed Khatami* (1997–2005). Unter Khatami erfolgte eine Kurskorrektur der bisher praktizierten strengen isolationistischen

Politik. Die „Frankfurter Allgemeine Zeitung" titelte am 25.05.1997: „Gemäßigter Mullah wird neuer iranischer Staatspräsident. Fast 70 Prozent der Stimmen für Chatami. Die Vereinigten Staaten reagieren zurückhaltend."

Die Verantwortlichen in Teheran hatten erkannt, dass sie sich den großen sozialen und ökonomischen Problemen ihres Landes stellen mussten. Durch eine Politik der vorsichtigen ökonomischen Liberalisierung versuchte die Regierung Khatami, Anschluss an die internationale Entwicklung zu gewinnen und warb verstärkt um private (iranische) und ausländische Investoren. Parallel dazu sollten eine Reihe notwendiger gesetzlicher Rahmenbedingungen geschaffen werden, um den iranischen Markt für ausländisches Kapital weiter zu öffnen.

Für den neu gewählten Präsidenten war es vor allem wichtig, die internationale Isolation des Landes aufzubrechen, in die Iran sich durch seine kompromisslose und rücksichtslose Islamisierungspolitik in den Jahren nach der Revolution hineinmanövriert hatte. Zu diesem Zweck initiierte Khatami einen „Dialog der Kulturen", der für mehr Verständnis für die „Besonderheiten" des iranischen Systems warb. In die Präsidentschaft von Mohammed Khatami, der im Ausland – wohl eher aus Unkenntnis der wahren Machtverhältnisse in Iran – zu den „reformorientierten Kräften" gezählt wurde, wurden große Hoffnungen auf eine Wiederbelebung der (wirtschaftlichen) Beziehungen gesetzt: „Knapp ein Jahr nach dem Einfrieren der politischen Beziehungen zu Iran strebt die Europäische Union wieder hochrangige Kontakte mit Teheran an. Die EU-Außenminister beschlossen am Montag in Brüssel, gegenseitige Ministerbesuche wieder zu erlauben. Damit sollen die als gemäßigt geltenden Kräfte um Irans Präsidenten Mohammed Khatami gestützt werden" (Frankfurter Rundschau vom 23.02.1998).

Die deutsch-iranischen Beziehungen wurden erneut getrübt, als der deutsche Geschäftsmann Helmut Hofer 1997 wegen angeblicher sexueller Beziehungen zu einer unverheirateten Iranerin von einem Gericht in Teheran zum Tode verurteilt wurde. Der Deutsche Hofer war in die Auseinandersetzung um das „Mykonos"-Urteil geraten und wurde von den Hardlinern im iranischen Herrschaftssystem als Faustpfand benutzt. Auf Drängen der Bundesregierung wurde er später begnadigt, dann zu einer mehrjährigen Haftstrafe verurteilt.

Im Februar 1998 reiste Bundeswirtschaftsminister Jürgen W. Möllemann, „als Vorsitzender der ‚Projektgruppe Iran' der deutschen Wirtschaft zu Gesprächen mit iranischen Regierungsmitgliedern und Vorsitzenden großer staatlicher Unternehmen (nach Teheran). Iran wolle in den Bereichen Autobau, Stahlproduktion sowie Transport und Verarbeitung von Rohöl mit deutschen Firmen kooperieren" (Frankfurter Allgemeine Zeitung vom 06.02.1998).

Während Khatami mit seiner Politik des „Dialogs der Kulturen" auf internationaler Ebene einige „Erfolge" (Verbesserung der Beziehungen zu den USA und Europa) verzeichnen konnte, kam kaum Bewegung in die Umsetzung notwendiger Wirtschaftsreformen. Die Privatisierung der ehemals verstaatlichten Unternehmen kam genauso wenig voran wie der Kampf gegen die ausufernde Korruption. Innenpolitisch begann die schleichende Erosion der Macht der Mullahs.

Im April 1999 reiste Kanzleramtsminister Bodo Hombach nach Teheran, um sich persönlich für die Freilassung des Deutschen Hofer einzusetzen, der noch am gleichen Tag nach 18 Monaten Haft freikam. Die Regierenden in Iran erwarteten als Gegenleistung für diese großzügige Geste vor allem eine Verbesserung der deutsch-iranischen Beziehungen, die Hombach „zu neuer Blüte bringen (sollte). Die Perser brauchen dringend Kapital, um ihre marode Wirtschaft in Fahrt zu bringen. Und die deutschen Konzerne drängen auf den Absatzmarkt mit 70 Millionen Menschen" (Der Spiegel Nr. 16, 1999, 75).

In den folgenden Monaten nahmen die deutschen Exporte nach Iran wieder kräftig zu. Im April 1999 empfing der deutsche Außenminister Fischer seinen iranischen Amtskollegen, und bereits ein Jahr später (Juli 2000) kam der iranische Präsident Khatami zu einem Staatsbesuch in die Bundesrepublik. Deutschland und Iran beschlossen einen Neuanfang in ihren Beziehungen nach der Affäre um den „Mykonos"-Prozess und der Freilassung des Geschäftsmanns Hofer. Die Hermesbürgschaften für deutsche Exporte wurden verfünffacht, damit konnte der Export richtig Gas geben. Auch das deutsch-iranische Kulturabkommen wurde neu belebt. In der Goethe-Stadt Weimar hielt *Khatami* „die wichtigste Rede seines Deutschlandbesuchs ... (und sprach) im Beisein von Bundespräsident Johannes Rau über das Verhältnis von Ost und West, von Tradition und Moderne (...). Im Mittelpunkt des zweiten Tages des Deutschlandbesuchs von Chatami standen gestern die Wirtschaftsbeziehungen beider Länder. Der Staatspräsident äußerte die Hoffnung auf eine ‚neue Phase' in der Zusammenarbeit" (taz vom 06.02.1998).

In Weimar wurde anlässlich des Besuchs ein Denkmal zu Ehren von *Goethe* und dem persischen Dichter *Hafez* eingeweiht, der Goethe zu seinem „West-Östlichen Diwan" inspiriert hat. Die deutsche Öffentlichkeit erwartete jedoch mehr als nur symbolische Gesten, nämlich einen politischen Wandel in Iran, und in letzter Konsequenz, einen Regimewechsel. Wie wenig diese Erwartungen mit den politischen Realitäten in Iran übereinstimmten, zeigt die Entwicklung nach der Wahl von Mahmud Ahmadinejad. Dabei wird vor allem eines deutlich, nämlich eine erschreckende Unkenntnis der persischen Kultur und Mentalität sowie eine kontinuierliche Fehleinschätzung der wahren Machtverhältnisse im Gottesstaat. Insgesamt gesehen war die achtjährige Regierungszeit von Mohammed Khatami ein Glücksfall für die deutsch-iranischen Handelsbeziehungen.

Ankunft in der Gegenwart

„Die ausländischen Lieferanten reiben sich die Hände. Lange hatten sie auf diese Auftragswelle warten müssen (...) Der hohe Ölpreis ermöglicht Iran, seine lange vernachlässigte Infrastruktur zu modernisieren und auszubauen. Eingesetzt hat dieser Prozess vor zwei Jahren (...) Iran ist damit (...) einer der attraktivsten Märkte überhaupt geworden. Alle großen deutschen Unternehmen sind mit Großaufträgen vertreten" (Hermann 2005).

Die Geschäfte liefen gut für deutsche Firmen in Iran, bis die Politik wieder eingriff. Seitdem bestimmten zwei Themen das Verhältnis Deutschlands zu Iran: der sogenannte „Atomstreit" und damit verbunden die umstrittene Person „Ahmadinejad".

Die letzten beiden Amtsjahre von Khatami waren einerseits geprägt von starken gesellschaftlichen Erwartungen nach mehr persönlicher Freiheit, nach dem Recht auf ungehinderte Meinungsäußerung und nach einer Lockerung der strikten islamischen Vorschriften. Andererseits verschärften sich die internen Machtkämpfe zwischen den rivalisierenden Gruppierungen der *Ossulgaran* (Fundamentalisten um Khamenei) und den *Eslahtalaban* (Gemäßigte um die früheren Präsidenten Rafsanjani und Khatami) und ihrer Klientel innerhalb des Machtapparats. Hinzu kam im Dezember des Jahres 2003 das verheerende Erdbeben in der ostiranischen Stadt Bam mit mehr als 40.000 Toten.

Im Frühsommer 2004 kam das iranische Atom-Programm auf die internationale Agenda. Am 14. Juni 2004 schrieb die Frankfurter Allgemeine Zeitung: „Iran will Anerkennung als Nuklearstaat. IAEA-Gouverneursrat will über Resolutionsentwurf beraten." Damit war die Richtung für die bis heute andauernden und von gegenseitigem Misstrauen geprägten Beziehungen zwischen Iran und dem Rest der Welt mit Ausnahme von China, Russland und Indien quasi vorgegeben. Die USA warfen Iran Unterstützung der Terrororganisation *al-Qaida* vor, ohne entsprechende Beweise vorlegen zu können. Eine Fehleinschätzung, denn drei Jahre später bedrohte al-Qaida Iran, wie die „Financial Times Deutschland" meldete: „Der irakische al-Kaida-Ableger ‚Islamischer Staat im Irak' hat mit Anschlägen auf Iraner gedroht, falls Teheran die Regierung in Bagdad weiter unterstützt. Die Drohung richte sich auch gegen Banken und Finanzorganisationen im Irak, die mit dem Nachbarland Geschäfte tätigten" (10.07.2007).

Währenddessen unternahm die iranische Führung im vorletzten Jahr der Präsidentschaft von Khatami eine vorsichtige Annäherung an die USA und an den Westen (Financial Times Deutschland vom 19.07.2004) und signalisierte nach Jahrzehnten des Stillstands in den gegenseitigen Beziehungen die Bereitschaft zum Dialog, auch über das iranische Atom-Programm. Von der Regierung Bush wurde dieser Versuch mit der Veröffentlichung des Vorwurfs konterkariert, Iran unterstütze die Terrororganisation al-Qaida. Im Rückblick betrachtet wurde hier wahrscheinlich eine historische Chance vertan, ob aus Unkenntnis oder aus politischem Kalkül, wird vermutlich erst in Jahrzehnten zu beurteilen sein. Nach dieser politischen Steilvorlage der US-Regierung unter George Bush verschärften sich die Auseinandersetzungen zwischen den USA, der EU und Iran, deren Hardliner dann im September konterten („Iranische Bedrohung. Wir werden Israel vom Erdboden fegen", Frankfurter Allgemeinen Zeitung vom 06.09.2004). Der Konflikt entwickelte sich zu einer angeblichen Bedrohung der freien Welt durch das iranische Nuklearprogramm.

Die UNO sah noch im November „keine Beweise für Atomwaffen in Iran" und die Regierung in Teheran erklärte, die Urananreicherung würde ausgesetzt (FTD vom 16.11.2004). Mitte Januar wurde berichtet, die „USA sondieren Ziele für Angriffe auf Iran. Die ‚Zivilisten' im Pentagon wollen so viel der militärischen Infrastruktur zerstören wie möglich" (Wetzel 2005).

Angesichts der in Iran allgegenwärtigen Verschwörungstheorien war diese Ankündigung der Tropfen, der das Fass schließlich zum Überlaufen brachte. In dieser aufgeheizten Atmosphäre fanden die Präsidentschaftswahlen statt. Der iranische Wähler konnte sich zwischen zwei Kandidaten entscheiden, die beide dem konservativen Lager entstammten: dem früheren Präsidenten Hashemi Rafsanjani und dem Newcomer Mahmud Ahmadinejad. Die Wähler hatten also die Wahl zwischen Teufel und Beelzebub. Rafsanjani, dem viele eine weitere Öffnung des Landes zum Westen zutrauten, wurde nicht gewählt, weil er zu den größten Profiteuren des Regimes gehört (laut Forbes-Liste ist er der reichste Mann Irans).

Ahmadinejad gewann die Stichwahl mit 61,9 % bei einer Wahlbeteiligung von 59,7 %. Rafsanjani unterlag mit 35,9 % der Stimmen. Am 26. Juni 2005 verkündete die Frankfurter Allgemeine Sonntagszeitung: „Ein Fundamentalist wird Irans Präsident. Sorge im Westen. Ahmadinedschad kündigt neue Ölpolitik an." Das Ausland reagierte mit Ablehnung und harscher Kritik, die der neue Präsident durch seine öffentlichen Äußerungen zum Holocaust (Ahmadinedjad leugnete die Existenz der Konzentrationslager ebenso wie er die Zahl der durch die Nazis getöteten Juden in Frage stellte), zur Existenzberechtigung Israels, zum iranischen Atomprogramm, zur Außenpolitik (Anspruch Irans als Führungsmacht im Mittleren Osten) und zur Innenpolitik (Krieg den Feinden des Islam) auch prompt bestätigte.

Seither war das Verhältnis Irans auch zu Deutschland mehr als nur angespannt. Ahmadinedjads Äußerungen zu den (angeblichen) Fortschritten des iranischen Nuklearprogramms, seine gezielten Provokationen in Richtung internationale Staatengemeinschaft, trugen nicht gerade zu einer Lösung der Konflikte bei. Die iranische Gesellschaft hatte derweil ganz andere Sorgen: die Zahl der Arbeitslosen stieg auf 35 % an, die Inflationsrate lag zunächst bei 15 %, gegen Ende seiner Amtszeit sollte sie auf 45 % klettern, ständig steigende Preise und eine Verschärfung der staatlichen Repression. Die deutschen Unternehmen reagierten auf diese Rahmenbedingungen wieder sehr zurückhaltend, zumal:

> die Bundesregierung die Förderung von Exporten in den Iran durch Hermes-Bürgschaften erheblich beschnitten hat. Hinzu kommt, dass die USA Deutschland und andere EU-Länder vehement auffordern, die staatliche Förderung von Exporten in den Iran zu drosseln oder zu stoppen. […] Zwar vergibt Berlin noch neue Bürgschaften für Iran-Geschäfte. Der starke Rückgang im vorigen Jahr ist aber zumindest zum Teil politisch begründet (Wetzel 2007).

Obwohl Ahmadinedjad zu Beginn seiner Präsidentschaft noch verkündet hatte, die dringendsten wirtschaftlichen und sozialen Probleme des Landes lösen zu wollen, wurde keines dieser Probleme ernsthaft angegangen. Eine der Hauptursachen ist die von ihm betriebene Klientelpolitik (Nepotismus) in Verbindung mit wirtschaftspolitischer Inkompetenz und einer alles übergreifenden Korruption, die durch diese Politik begünstigt wurde. Im Korruptionsindex von Transparency International rangiert Iran daher auch auf Rang 130 von 168 gelisteten Staaten (vgl. Corruption Perceptions Index 2015, www.transparancy.org).

Unter Ahmadinedjad wurden viele ehemalige Kommandeure der Revolutionstruppen *(Pasdaran)* in staatliche Ämter und in wirtschaftliche Führungspositionen gehievt, vor allem bei den *Bonyads,* die als parastaatliche Unternehmen fast drei Viertel der iranischen Volkswirtschaft kontrollieren. Bonyads sind der Regierung gegenüber weder steuer- noch rechenschaftspflichtig und werden vom Revolutionsführer Khamenei persönlich kontrolliert. Das System der Bonyads, ursprünglich von Ayatollah Khomeini geschaffen, ist – neben häufigem Missmanagement – als einer der wesentlichen Gründe für die permanente Schwäche der iranischen Volkswirtschaft verantwortlich, weil es den freien Wettbewerb behindert. Bonyads werden in der Literatur häufig als *religiöse* Stiftungen bezeichnet, was jedoch falsch ist. Die traditionellen religiösen Stiftungen in Iran heißen *Auqaf* und haben vorwiegend karitative Aufgaben. Während Ahmadinedjad außenpolitisch auf Konfrontation setzte, verfolgte er innenpolitisch konsequent das iranische Nuklearprogramm, indem die Zahl der zur Herstellung von waffenfähigem Plutonium erforderlichen Zentrifugen stark erhöht wurde. Der Westen reagierte mit den Instrumenten der Sanktionspolitik, die den Handel mit Iran stark einschränkte und der Wirtschaft des Landes erheblich zusetzte. Im Juni 2009 wurde Ahmadinedjad in einer umstrittenen Wahl erneut zum Präsidenten gewählt. Nach offizieller Lesart entfielen 62,6 % aller Wählerstimmen auf ihn. Das Wahlergebnis wurde von seinen Mitbewerbern, *Mir Hussein Musavi, Mehdi Karrubi* und *Mohsen Rezai,* wegen des Vorwurfs der Wahlfälschung nicht anerkannt. Infolge dieser Ereignisse kam es zu zahlreichen Protesten, die sich in tagelangen Unruhen und Straßenschlachten von Oppositionellen mit den Sicherheitskräften (Pasdaran, Polizei, Bassidji) entluden. Trotz zahlreicher Indizien, die auf eine Wahlfälschung hindeuteten, erklärte der Wächterrat, nachdem auf Druck der Opposition ein Teil der Stimmen erneut ausgezählt worden war, Ahmadinedjad zum Wahlsieger. Einige Jahre später wurde der Vorwurf der Wahlmanipulation offiziell dann doch bestätigt.

In seiner zweiten Amtszeit setzte Ahmadinedjad seine konfrontative Politik unbeirrt fort. In Teheran wurden sogenannte „Holocaust-Konferenzen" veranstaltet, auf denen der Präsident seine antisemitischen Äußerungen zum Besten gab. Die Regierung setzte die finanzielle und militärische Unterstützung für die *Hezbollah* im Libanon, für die *Hamas* im Gaza-Streifen und für das syrische Regime von *Bashir al-Assad* fort. Innenpolitisch wurde die Repression gegen Oppositionelle der Unruhen vom Juni 2009 fortgesetzt ebenso wie gegen Aktivistinnen für die Rechte von Frauen und die Rechte religiöser Minderheiten. Wirtschaftspolitisch wenig erfolgreich verlief zum Beispiel das Re-Privatisierungsprogramm der Regierung, das den privaten Sektor stärken und die Initiative von privaten Investoren fördern sollte. Sozialpolitische Projekte wie der soziale Wohnungsbau, der vorsah, jährlich ca. 800.000 Wohneinheiten zu bauen, blieben hinter den Vorgaben der Regierung zurück. Die Ziele des Fünfjahresplans waren bereits nach Inkrafttreten Makulatur. Diese Vorhaben scheiterten an den Hürden der staatlichen Bürokratie, am fehlenden politischen Willen und an der allgegenwärtigen Korruption. Gegen Ende seiner Regierungszeit war Iran außenpolitisch isoliert und stand wirtschaftlich quasi am Abgrund. Milliarden Dollar aus den Einnahmen der Öl- und Gasindustrie waren aus dem Staatshaushalt verschwendet und verschwunden. Vor diesem Hintergrund setzten viele Iraner ihre Hoffnungen auf einen weiteren, als gemäßigt geltenden, Präsidentschaftskandidaten.

Hassan Rohani als neuer Hoffnungsträger

Das Handelsblatt titelte am 03. August 2013 nach der Wahl Rohanis zum neuen iranischen Präsidenten:

> *Irans neuer Präsident Ruhani steht vor einem Scherbenhaufen.* […] Darüber hinaus sind die Probleme des neuen Präsidenten auch äußerst kompliziert. Die Wirtschaftskrise zum Beispiel, unter der die Menschen derzeit am meisten leiden: Sie ist hauptsächlich ein Ergebnis des umstrittenen Atomprogramms und der damit verbundenen internationalen Sanktionen. Daher kann sie auch nicht nur mit Korrekturen am Wirtschaftskurs, sondern in erster Linie über die Diplomatie gelöst werden. Mit seinem kompromisslosen Kurs und seiner provokativen Rhetorik hat Ahmadinedschad den Gottesstaat international total isoliert. Der Iran steht nun nicht mehr nur in den USA und Israel auf einer schwarzen Liste, sondern auch in der Europäischen Union sowie in den islamischen Ländern wie der Türkei, Ägypten und Saudi-Arabien. Als Verbündete geblieben sind nur das in einem blutigen Krieg verwickelte Syrien sowie Ahmadinedschads sozialistische Freunde in Bolivien, Nicaragua und Venezuela.

Gleich nach seiner Amtsübernahme kündigte Irans neuer Präsident *Hassan Rohani* an, sich von der Politik seines Vorgängers im Amt abzusetzen. Im Gegensatz zu Ahmadinedjad schlug Rohani in seinen ersten Äußerungen zu außenpolitischen Themen versöhnlichere Töne an. Er wolle die Atomverhandlungen mit dem Westen zügig wieder aufnehmen und betonte, dass es den politischen Willen gebe, „die Angelegenheit zu lösen und die Sorgen der anderen Seite zu berücksichtigen." Die Gespräche mit den USA und der Europäischen Union könnten „ohne Verzögerungen" beginnen. Interessant ist in diesem Zusammenhang, dass Rohani von 2003 bis 2005 selbst einmal Atomunterhändler unter der Regierung *Khatami* gewesen war.

Rohani machte zugleich aber auch klar, Iran werde sein umstrittenes Nuklearprogramm fortsetzen, „das friedliche Atomprogramm Irans ist eine nationale Angelegenheit", sagte der Geistliche. „Wie werden die Rechte des iranischen Volkes nicht aufgeben." Dazu gehöre auch die Urananreicherung. Innenpolitisch werde die Wirtschaftspolitik im Mittelpunkt seiner Amtszeit stehen (vgl. Der Spiegel vom 06.08.2013).

Ein weiterer Aspekt seiner Regierungszeit sei die Verbesserung der Meinungsfreiheit in Iran, die Förderung von Kunst und Kultur sowie der verstärkte Kampf gegen die weitverbreitete Korruption. Im September 2013 kündigten Rohani und der oberste religiöse und politische Führer, Ali Khamenei, an, die iranischen Revolutionsgarden *(Pasdaran)* künftig aus der Politik fernzuhalten. Unter Ahmadinedjad waren zahlreiche Ex-Befehlshaber der Pasdaran mit lukrativen Jobs versorgt worden und hatten einen entsprechenden Einfluss auf die Politik. Dessen ungeachtet wurden im Januar 2014 auf Anordnung Rohanis 70 Menschen in Iran hingerichtet (vgl. Amnesty International 2016).

In einer viel beachteten Rede vor der UN-Vollversammlung in New York am 24.09.2013 bekräftigte Rohani erneut die friedliche Nutzung der Kernenergie in Iran und die Bereitschaft seiner Regierung, mit dem Westen in ernsthafte Gespräche zur Lösung des Atomkonflikts zu treten mit dem Ziel einer Aufhebung der Wirtschaftssanktionen.

Im November 2013 erzielten die fünf ständigen Mitglieder im UN-Sicherheitsrat (USA, Russland, China, Großbritannien und Frankreich sowie Deutschland) mit Iran eine historische Einigung im Atomstreit. Ein Übergangsabkommen sah vor, dass Iran sechs Monate zentrale Teile seines Atomprogramms aussetzt und verschärfte Kontrollen seiner Anlagen zulässt. Im Gegenzug gewährte der Westen Iran eine Lockerung bei gewissen Sanktionen und sagte zu, keine neuen Wirtschaftssanktionen zu verhängen. Das Übergangsabkommen wurde von Iran am 20. Januar 2014 in Kraft gesetzt. „Daraufhin kündigte Washington an, ab Februar schrittweise die bislang eingefrorenen Gelder freizugeben. Das Abkommen sah überdies vor, dass die Schranken für die Exporte der petrochemischen Industrie wegfallen und der Goldhandel wieder erlaubt wird" (Handelsblatt vom 16.01.2014).

In den folgenden Monaten der Jahre 2014 und 2015 fanden mehrere Verhandlungsrunden über das iranische Atomprogramm zwischen den Delegationen Irans und der fünf UN-Vetomächte und Deutschlands an verschiedenen Standorten zunächst in Genf und Wien statt. Es gab immer wieder Verzögerungen, sodass der ursprünglich vereinbarte Zeitplan weiter nach hinten verschoben wurde. Im April und Mai 2015 einigten sich die Unterhändler nach langwierigen Verhandlungen in Lausanne auf ein Rahmenabkommen. Nach 18-tägigen Gesprächen einigten sich am 14. Juli 2015 die Verhandlungsparteien (USA, Russland, Frankreich, England, China sowie Deutschland, E3/EU+3 und auf der anderen Seite Iran) in Wien auf einen endgültigen Vertragstext, das sogenannte *Joint Comprehensive Plan of Action* (JCPOA). Das Abkommen ist am 18.10.2015 *(Adoption Day)* in Kraft getreten. Im Kern haben sich die Vertragsparteien auf folgende Punkte geeinigt: Iran wird seine Atomkraft ausschließlich für zivile Zwecke nutzen und sein Atomprogramm schrittwiese abbauen. Iran erklärt sich ferner bereit, der Internationalen Atomenergiebehörde (IAEA) substanzielle Zugangs- und Kontrollrechte einzuräumen, um die Fortschritte Irans bei der Umsetzung seiner Zugeständnisse überprüfen zu können. Im Gegenzug werden die von den Vereinten Nationen, den USA und der EU verhängten Sanktionen zurückgenommen und Iran finanzielle Hilfen gewährt. Nachdem der JCPOA vereinbart wurde, verabschiedeten die Vereinten Nationen die UN-Resolution Nr. 2231/2015, in der die schrittweise Aufhebung der UN-Sanktionen gegen Iran beschlossen wurde (für einen Überblick über die gegen Iran verhängten Sanktionen siehe Anhang). Das entscheidende Datum, von dem die zukünftige Entwicklung Irans, und vielleicht auch die des gesamten Mittleren Ostens abhängen wird, war der „Implementation Day" am 16. Januar 2016. An diesem Tag warteten die Regierungen der Vertragsparteien auf den Bericht der IAEA, dass Iran seine Verpflichtungen aus dem JCPOA erfüllt hat. Nachdem die Internationale Atomenergiebehörde bestätigte, dass die iranische Regierung die vereinbarten Auflagen erfüllt habe, wurden die verhängten Wirtschafts- und Finanzsanktionen von der EU außer Kraft gesetzt. Für Präsident Rohani ist dieses Abkommen sein bislang größter außenpolitischer Erfolg.

„Mit diesem ‚Implementation Day' fallen die ersten Sanktions-Mauern und machen den Weg frei für eine ungehinderte Betätigung der deutschen Wirtschaft im Iran. [...] Für die deutschen Exporteure bedeute die neuerliche Entwicklung nun die Chance, dass ihre

Produkte gefragt seien", schätzt der Autor Stefan Lange vom Dow Jones Newswires ein. (vgl. Dow Jones Newswires 2015).

Eine eher irankritische Haltung nimmt ungeachtet der positiven Entwicklungen die Berliner taz ein: „Von dem Wüten der schiitischen Milizen im Irak bis zur – in Kooperation mit der libanesischen Hisbollah – politischen und militärischen Unterstützung für das Regime von Baschar al-Assad fehlen die Anzeichen für eine ‚neue' Politik der Islamischen Republik. Gleichzeitig hat sich die Lage der Menschenrechte im Iran nicht gebessert. Iran ist das Land mit den meisten Hinrichtungen nach China. Kritiker und Kulturschaffende landen schnell hinter Gittern. Bis zu wirklich freundschaftlichen Beziehungen zwischen den USA und der EU mit dem Iran ist es noch ein weiter Weg" (taz vom 18.01.2016).

Die Unternehmensberatung Roland Berger sieht Iran als die „letzte große Volkswirtschaft", die sich dem Weltmarkt öffnet.

In weiser Voraussicht unternahm der deutsche Wirtschaftsminister Sigmar Gabriel nur wenige Tage nach Unterzeichnung des *Joint Comprehensive Plan of Action* eine erste Reise nach Iran, um das Terrain für deutsche Unternehmen vorzubereiten. Das Handelsblatt schrieb:

> Gabriel ist der erste Vertreter des Westens dieses Ranges, der nach Unterzeichnung des historischen Atomabkommens mit einer ausgesuchten Wirtschaftsdelegation in den Iran gereist ist. Für wie wichtig die Iraner den Besuch des Vizekanzlers einschätzen, zeigen die Treffen, die anberaumt wurden (Heide 2015).

Abgesehen von den wirtschaftlichen Implikationen dieser historischen Vereinbarung, ist

> das Abkommen jedoch nicht bloß relevant für die Atomwaffenpolitik. Es hat vor allem auch diplomatische Implikationen. Mit dem Deal ist der Iran nach einer langen Verbannung wieder als Mitglied in die Weltgemeinschaft aufgenommen. Dieser ist für Teheran nicht nur eine Eintrittskarte in den Club der Mächtigen. Das Abkommen mit den Weltmächten festigt auch die regionale Position Teherans (Heumann 2015).

Iran ist zurück „im Club der Mächtigen" und damit zu einem wichtigen Kooperationspartner für den Westen im Mittleren Osten geworden. Ob diese neue Rolle und die damit verbundene Verantwortung erfüllt werden kann, bleibt abzuwarten.

Literatur

„Adoption Day" ebnet Weg für deutsche Wirtschaft im Iran. (17. Oktober 2015). *Dow Jones Newswires*.

Amnesty International. (2016). http://www.amnesty.org/en/news/iran-hnags-40-people-two-weeks-amid-surge-executions-2014-01-16.

Blome, N. (12. April 1997) Kinkels „kritischer Dialog" traf ohnehin auf wenig Begeisterung. *Rheinische Post*.

Corruption Perceptions Index. (2015). www.transparancy.org.

Dana Heide. „Erster! Sigmar Gabriel in Iran. (21. Juli 2015). *Handelsblatt*.

Der Iran kürzt seine Einfuhren. Krieg und Ölpreisverfallstürzen Wirtschaft in die Rezession. (27. August 1986). *Aachener Nachrichten*.

Der lange Schatten der Mullahs. Heute wird in Berlin das Urteil im „Mykonos"-Prozeß gesprochen. Folgt eine deutsch-iranische Krise?. (10. April 1997). *Kölner Stadtanzeiger, 83*.

Dönhoff, M. Gräfin. (26. Januar 1979). Marx oder Mullahs. Kommunistische Chance in Iran. *Die Zeit*.

Dunkle Wolken ziehen am Horizont auf. (1979). *Der Spiegel, 4*, 104.

EU verstärkt Kontakte zu Iran. Ministerbesuche geplant. (23. Februar 1998). *Frankfurter Rundschau*.

Gehrke, U., und Mehner, H. (1976). *Iran. Bevölkerung-Geschichte-Kultur-Staat-Wirtschaft*. Kohlhammer: Tübingen.

Glückliche Mullahs. Clintons Handelsembargo stärkt die Fundamentalisten in Iran und spaltet den Westen. Bonn will weiter in den Golfstaat liefern lassen. (1995). *Der Spiegel, 19*, 148.

Hubert Wetzel. (18. Januar 2005). USA sondieren Ziele für Angriff auf Iran. Bericht des Magazins „The New Yorker" wird allerdings mit Skepsis aufgenommen. Hardliner haben sich in Washington durchgesetzt. *Financial Times Deutschland (FTD)*.

Hubert Wetzel. (16. Februar 2007). Berlin drosselt Förderung für Iran-Exporte. *Financial Times Deutschland*.

Iran. Der lahme große Sprung nach vorn. (1977). *Der Spiegel, 34*, 80.

„Irans neuer Präsident steht vor einem Scherbenhaufen…". (3. August 2013). *Handelsblatt*.

Kleinkrieg in der Nacht. Die Freilassung Helmut Hofers aus iranischer Haft erwirkte Kanzleramtsminister Hombach mit einem starken Argument: Kapital aus Deutschland. (1999). *Der Spiegel, 6*, 75.

Kochwasser, F. (1961). *Iran und Wir. Geschichte der deutsch-iranischen Handels- und Wirtschaftsbeziehungen*. Herrenalb: K. Erdmann.

Kollektiv blamiert. Gemeinsame Außenpolitik? Teheran führt beispielhaft vor, wie sich die Europäische Union ausmanövrieren läßt. (1997). *Der Spiegel, 19*, 35.

Litten, W. (1925). *Persische Flitterwochen*. Berlin: Georg Stilke.

von Mikusch, D. (1937). *Waßmuß, der deutsche Lawrence*. Leipzig: Paul List.

Möllemann: Fall Hofer „nicht zu hoch hängen". (6. Februar 1998). *Frankfurter Allgemeine Zeitung*.

„Neuer Präsident Rohani. Iran will Atom-Gespräche wieder aufnehmen." (06. August 2013). *Der Spiegel*.

„Obama spricht sich gegen neue Sanktionen aus." (16. Januar 2014). *Handelsblatt*.

Pierre Heumann. (14. Juli 2015). „Irans Eintrittskarte in den Klub der Mächtigen". *Handelsblatt*.

Rainer Hermann. (31. Januar 2005). Trotz innenpolitischer Machtkämpfe steigen die Geschäftschancen für Ausländer. Der hohe Ölpreis hilft bei der Modernisierung der Infrastruktur. *Frankfurter Allgemeine Zeitung*.

Schulze-Holthus, B. (1980). *Aufstand in Iran*. München: Walter Angerer.

„Teheran noch lange kein Freund des Westens." (18. Januar 2016). *Taz*.

Über den Dialog der Kulturen. Vortrag des Präsidenten der Islamischen Republik bei einem Treffen mit den Denkern und Kulturschaffenden Deutschlands in Weimar. (12. Juli 2000). *Die Tageszeitung (taz)*.

Ulfkotte, U. (10. April 1997). Das Urteil: Der Mykonos-Mordanschlag in Berlin auf Anordnung der iranischen Führung. Bonn setzt „kritischen Dialog" mit Teheran aus. Lebenslange Haftstrafen für zwei der Attentäter. *Frankfurter Allgemeine Zeitung*.

Die geölten Räder der persischen Etikette 6

> *Überall auf der Welt funktionieren Banken wie Banken, Bibliotheken wie Bibliotheken und Flughäfen wie Flughäfen. Aber da ist noch ein alltäglicher Rest, der dem Beobachter das Ganze als fremdartig und erstaunlich erscheinen lässt. Das ist die Kultur (Bude 1995, S. 775).*

Interkulturelle Handlungskompetenz

Nur, was ist Kultur? Es gibt hunderte von verschiedenen Definitionen, was Kultur sei. Fast jeder Mensch hat eine eigene Erklärung für das *Phänomen* Kultur. Es ist ein oft und leicht verwendetes Wort, ein abstrakter Begriff, dessen Bedeutung abhängig ist vom jeweiligen Kontext des Benutzers.

Von Leibniz, Voltaire über Herder, Humboldt, Kant bis zu Adorno, Marcuse und Luhmann haben zahlreiche große Denker sich mit dem Begriff Kultur beschäftigt. Man unterscheidet zwischen primitiven Kulturen und sogenannten Hochkulturen, zwischen National- und Regionalkulturen, es gibt eine Alltagskultur und eine Subkultur, eine materielle und eine geistige Kultur, eine politische Kultur.

Es gibt sogar eine *Kultur der Niederlage*, wie uns der Titel eines Buches über klassische militärische Niederlagen suggerieren will. Die beiden amerikanischen Anthropologen Alfred L. Kroeber und Clyde Kluckhohn haben 1952 in einer Studie mehr als 300 verschiedene Definitionen von Kultur erfasst. Seither sind zahlreiche weitere hinzugekommen.

Jeder Mensch wird in eine spezifische Kultur hineingeboren und in ihr und durch sie sozialisiert. Diesen Prozess der *Enkulturation,* die langsame Aufnahme kultureller Verhaltensformen und erlernbaren Praktiken einer Gesellschaft, durchlaufen alle ihre Mitglieder. Kulturen werden erlernt, sie sind weder statisch noch deterministisch, sondern verändern sich. Solange jemand sich in seiner eigenen Kultur bewegt, kennt er sich in seiner sozialen Umwelt aus. Er verfügt über ein Repertoire an soziokulturellen Gemeinsamkeiten (Regeln, Normen, Werte und Verhaltensweisen seiner Gesellschaft) und weiß darüber Bescheid, was er tun darf oder was er zu lassen hat. In jeder Kultur wird abweichendes Verhalten und werden Regelverstöße von den anderen Mitgliedern der Gesellschaft nicht toleriert, sondern erfahren Ablehnung, Missbilligung oder Strafe. Für die meisten Menschen ist die eigene Kultur der Mittelpunkt der Welt und der Maßstab aller Dinge. Diese *ethnozentrische* Einstellung spielt in der interkulturellen Begegnung eine außerordentlich bedeutsame Rolle. Ethnozentrismus besagt, dass die eigenen Regeln, Normen, Werte und Sitten zum Standard *aller* Beurteilungen gemacht werden, sei es bewusst oder unbewusst. Das Fremde, das Unbekannte, wird häufig abgelehnt und gering geschätzt. In der interkulturellen Kommunikation kann das fatale Folgen haben.

Den Zusammenhang zwischen dem Individuum und seiner Kultur veranschaulicht sehr eindrucksvoll das *Eisberg-Modell* (Abb. 6.1).

Das ursprünglich auf den Begründer der Psychoanalyse, *Sigmund Freud,* zurückgehende Modell verdeutlicht, dass immer nur ein kleiner Teil einer Kultur bewusst wahrnehmbar ist. Die jeder Interaktion zugrunde liegenden „Antriebskräfte" bleiben dagegen meist unter der Oberfläche verborgen.

Erst unter Einbeziehung derartiger konzeptioneller Hintergründe wird eine Kultur erklärbar und verständlich. Auf der Organisationsebene lässt sich beschreiben, *was* eine Kultur ausmacht, während auf der Kulturebene erklärt wird, *warum* bestimmte Eigenarten und Funktionszusammenhänge für eine bestimmte Kultur charakteristisch sind. Damit eröffnen sich letztendlich immer auch historische Perspektiven, die ihrerseits Verknüpfungsmöglichkeiten bieten und Kulturen als offene Netzwerke von – sowohl in der

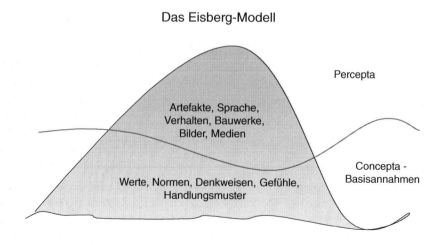

Abb. 6.1 Das Eisberg-Modell

Gegenwart als auch in der Vergangenheit – unendlich vielen untereinander verbundenen Handlungen verstehen lassen.

Wenn Menschen aus verschiedenen Kulturen zusammentreffen, sei es im privaten oder geschäftlichen Rahmen, treffen immer auch unterschiedliche Kulturen aufeinander. Probleme entstehen meist dann, wenn man in eine fremde Gemeinschaft gerät, deren soziokulturelle Gemeinsamkeiten man nicht kennt, auch nicht kennen kann. Bei solchen *interkulturellen* Begegnungen kommt es unweigerlich zu Fehlwahrnehmungen, Fehlinterpretationen und Missverständnissen bei der Einschätzung der fremden Person und seines Verhaltens. Kurz, der Kulturkontakt steckt voller Fallen.

Die wenigsten internationalen wirtschaftlichen Kooperationen scheitern an technischen oder aus wirtschaftlichen Gründen. Sie enden meist vorzeitig, weil die Akteure auf beiden Seiten nicht oder nur unzureichend auf diese interkulturellen Begegnungen vorbereitet sind, das heißt: sensibilisiert worden sind. Es fehlt ihnen schlichtweg an *interkultureller Handlungskompetenz*.

Interkulturelle Kompetenz meint die Fähigkeit und Bereitschaft:

- kulturspezifische Wert- und Orientierungssysteme adäquat wahrzunehmen,
- fremde Denk- und Verhaltensweisen richtig einzuordnen,
- das eigene Verhalten zielführend zu erweitern.

Um interkulturell kompetent handeln zu können, braucht man solide Kenntnisse sowohl der eigenen als auch der jeweils anderen Kultur und ihrer Wirkungszusammenhänge. Man braucht eine entsprechende Sensibilität sowie die Fähigkeit, diese Komponenten in kompetentes Handeln umzusetzen, letztendlich also Handlungskompetenz. Diese Anforderungen lassen sich gezielt im Rahmen eines interkulturellen Trainings erlernen.

Kulturstandards dienen als Orientierungssysteme

Einer heute populären und zeitgemäßen Definition zufolge, lässt sich Kultur nach *Geert Hofstede* als „die mentale Software" eines Menschen verstehen. Jede Kultur verfügt über ein bestimmtes Repertoire an unterschiedlichen Kulturstandards, die von den Mitgliedern einer Gesellschaft während der Sozialisation erworben und geteilt werden. Sie werden ihnen mit der Zeit selbstverständlich, verbindlich und müssen nicht mehr hinterfragt werden. Von jemandem, der zu sehr in seinen eigenen kulturellen Grenzen befangen ist, sagt man, er könne „nicht über den eigenen Tellerrand hinausblicken". Kulturstandards umfassen die in einer Gesellschaft geteilten gemeinsamen Werte, Normen, Regeln und Einstellungen, die für die Ausführung und Beurteilung von Verhaltensweisen ihrer Mitglieder erforderlich sind. Sie sind praktisch die von allen anerkannten Spielregeln. Kulturstandards vereinfachen die komplexe Wirklichkeit einer Kultur und machen sie übersichtlicher. Nach *Alexander Thomas* (1999) dienen Kulturstandards in dieser Eigenschaft als Orientierungssysteme, die uns praktisch vorschreiben, wie wir etwas wahrnehmen, wie wir es zu bewerten und wie wir zu denken haben. Sie helfen den Mitgliedern einer Gesellschaft, sich in ihr richtig, also *normal,* zu verhalten und zeigen zugleich die Grenzen dieses Handlungsrahmens, den Toleranzbereich auf. Abweichendes Verhalten wird als befremdend erfahren, das irritiert und abgelehnt wird. Fremde Kulturstandards können, abhängig vom jeweiligen Kenntnisstand oder der Erwartungshaltung, Unsicherheit und Aggressionen auslösen und das eigene Feindbild verstärken. Im besten Fall erzeugen sie nur Unverständnis und Kopfschütteln.

Die Kulturstandards einer Gesellschaft sind miteinander verflochten, sie können auf unterschiedlichen Hierarchie- oder Wertebenen angesiedelt sein mit „sehr spezifischen kontextabhängigen Verhaltensregeln". Sie sind nie völlig statisch, sondern unterliegen gesellschaftlichen Veränderungsprozessen und können sich neuen Situationen anpassen. Kulturstandards können auch aus einer fremden Kultur übernommen werden. Ein Beispiel aus der jüngeren Zeit ist die *inoffizielle* Einführung des *Valentinstages* in Iran. Nach einem Bericht der iranischen Zeitung *Sharg* vom 14. Februar 2004 wurde „Iran von dieser importierten Tradition geradezu überschwemmt", obwohl sie keinen Bezug zur persischen Kultur hat. In Deutschland werden seit Anfang der 1990er-Jahre in allen Städten *Halloween*-Partys gefeiert, obwohl der Brauch keltischen Ursprungs ist und aus England stammt. Auch dies ohne jeglichen Bezug zur deutschen Kultur. Kulturstandards einer Kultur können in einer anderen fehlen, ähnliche Kulturstandards können unterschiedlich ausgelegt werden. Diese Erfahrung machen wir bereits bei unseren nächsten europäischen Nachbarn, mit denen wir doch das gemeinsame kulturelle Erbe teilen. Wer zu Hause gewohnt ist, direkt zur Sache zu kommen, hat damit andernorts wie beispielsweise in Iran schon verloren. Was in unserer Kultur als ehrlich gilt, wird in einer anderen Kultur als unhöflich und beleidigend empfunden. Wer als Deutscher in Iran zu einem geschäftlichen Termin schlecht vorbereitet erscheint, weil er davon ausgeht, dass der iranische Geschäftspartner die ersten Treffen nur zum Kennenlernen ansetzt, unterminiert seine Verhandlungsposition. Von Deutschen wird überall erwartet, dass sie optimal vorbereitet sind.

Wer im Ausland beruflich erfolgreich sein will, muss über eigene und fremde Kulturstandards gleichermaßen Bescheid wissen und mit ihnen situationsadäquat umgehen können.

Persische und deutsche Kulturstandards

Der Bereich der interkulturellen Kommunikation/Interaktion ist in den letzten Jahren verstärkt in das Blickfeld der Managementtheorien geraten. Es gibt mittlerweile eine Vielzahl von Veröffentlichungen von interkulturell arbeitenden Wissenschaftlern, die mit verschiedenen Modellen arbeiten, und häufig zu eher generalisierenden Aussagen über Kulturstandards gelangen

Bei der Beschreibung der für eine Gesellschaft typischen Kulturstandards läuft man immer Gefahr, diese stark zu verallgemeinern. Gesellschaften sind weder explizit homogen noch sind ihre Kulturen statisch. Sie unterliegen vielmehr, bedingt durch eine Vielzahl unterschiedlicher Umwelteinflüsse, stetigen Veränderungsprozessen. Das gilt in diesem Zusammenhang auch für die iranische Gesellschaft.

Die Tab. 6.1 fasst die für die deutsche und die iranische Gesellschaft typischen Verhaltensmerkmale zusammen:

Die aufgelisteten Kulturstandards können als repräsentativ gelten für Deutschland und Iran. Sie sind das Ergebnis wissenschaftlicher Studien (u. a. G. Hofstede) als auch eigener empirischer Erhebungen in Iran und Deutschland. Sie sind ferner persönliche Einsichten aus meiner langjährigen Tätigkeit in einem iranischen Unternehmen sowie den Erfahrungen, die ich in meinen Seminaren in Iran machte. Sie zeigen, welche unterschiedlichen Einstellungen Menschen zu ihrer Arbeit haben, wie sie Dinge erledigen, wie sie miteinander kommunizieren oder wie sie mit ihrer Zeit umgehen. Wenn Sie das Verhalten von Iranern besser verstehen und einschätzen wollen, ist die Kenntnis dieser Merkmale unerlässlich. Zu beachten ist allerdings, dass die für eine spezifische Kultur typischen Verhaltensmuster auf lange Sicht immer Veränderungen ausgesetzt sind, *à la longue durée* (Fernand Braudel), wohlgemerkt.

Einige ausgewählte persische Kulturstandards

Kulturstandards sind Teil des kollektiven Gedächtnisses eines Volkes und werden durch historische Erfahrungen geprägt (s. hierzu Kap. 4). Das gibt ihnen eine Beständigkeit und Verlässlichkeit, die für die Mitglieder einer Gesellschaft wichtig sind. Ich habe im Folgenden weitere typische persische Kulturstandrads aufgelistet, die Ihnen in der Interaktion mit Iranern begegnen werden.

Typisch persische Kulturstandards:

- Nationalstolz (Melliat-e Parasti)
- Hierarchiebewusstsein (hierfür gibt es keinen entsprechenden persischen Ausdruck)
- Unsicherheitsgefühl (Na-motma'en)
- Misstrauen (Bad gomani)
- Schlauheit, List (Zirangi)
- *Ta'rof*
- Gesicht wahren (Aberu hefz kardan)

Tab. 6.1 Übersicht über deutsche und persische Kulturstandards

Deutschland	Iran
Regelorientierung	*Beziehungsorientierung*
Sache wichtiger als Person	Person wichtiger als Sache, Loyalität
Verträge sind bindend	Verträge müssen modifizierbar sein
Eher abschlussorientiert	Stärker prozessorientiert
Verhandlungen sachbezogen	Verhandlungen beziehen sich eher auf die handelnde Person
Eindimensionales Wahrheitsverständnis	Multiple Sichtweisen
Stärker methodische Vorgehensweise	Stärker intuitive Vorgehensweise
Konsequentes Handeln wichtig	Ausnahmen sind nötig
Individualismus	*Kollektivismus*
Größere Unabhängigkeit des Individuums	Stärkere Abhängigkeit von der Gruppe
Selbstständiges Handeln	Entscheidungen nach Rücksprache
Aktives Lernen, kritisches Hinterfragen	Eher reaktives (Auswendig-)Lernen
Persönliche Verantwortung	Verantwortung des Vorgesetzten, Ranghöchsten
Persönliche Meinung wichtig	Ansicht der Gruppe, Familie wichtiger
Motivation durch Ehrgeiz, Leistungsanreize (= intrinsisch)	Motivation durch Anerkennung, Ansehen (= extrinsisch)
Geringeres Harmoniebedürfnis, größere Konfliktbereitschaft	Ausgeprägtes Harmoniebedürfnis, Konflikte vermeiden
Ausgeprägtes Distanzverhalten, Körperkontakt tabu (beruflich)	Geringes Distanzverhalten, häufiger Körperkontakt (beruflich/privat)
Zurückhaltung bei Ansichten, Gefühlen	Zurückhaltung bei Ansichten, Gefühlen (meist nur beruflich)
Stärkeres Agieren	Meist reagieren
Kühles, selbstbeherrschtes Auftreten wird bewundert	Eher zurückhaltendes, vorsichtiges Herantasten
Spezifisch	*Diffus*
Direkt an eine Sache herangehen, Möglichkeiten abklären	Vorsichtiges, indirektes Umkreisen, Ausloten
Eindeutiges Zuordnen wichtig	Ausweichendes, taktvolles Agieren
Transparenz, Klarheit sind wichtig	Dinge, Ansichten im Unklaren lassen
Prinzipien und Moralvorstellungen sind weniger personengebunden, Werte an sich	Prinzipien und Moralvorstellungen sind stark an die jeweilige Person gebunden, Urteile werden situationsbezogen getroffen
Leistungsorientierter Status	*Zugeschriebener Status*
Sozialer Aufstieg abhängig von der eigenen Leistung, Qualifikation, seltener von Beziehungen	Sozialer Aufstieg abhängig von der Herkunft (Zugehörigkeit zu einer Klasse, Gruppe), weniger von der Qualifikation

(Fortsetzung)

Einige ausgewählte persische Kulturstandards

Tab. 6.1 (Fortsetzung)

Deutschland	Iran
Verwendung von Titeln abhängig von Kompetenz	Verwendung von Titeln abhängig von der Position
Respekt vor Vorgesetzten abhängig von deren Leistungen, Kenntnissen, nicht Alter	Respekt vor Vorgesetzten abhängig von Seniorität, Position
Sozialer Aufstieg für Frauen abhängig von Qualifikation	Kaum sozialer Aufstieg für Frauen
Kultur der (persönlichen) Schuld	*Kultur der Scham*
Hoher Stellenwert der Eigenverantwortung	Ablehnung jeglicher Eigenverantwortung, delegieren an den Vorgesetzten, die Gruppe
Selbstrespekt äußerst wichtig	Das Gesicht wahren ist wichtiger, ausgeprägter Ehrenkodex
Hohe Wertschätzung des persönlichen Gewissens	Ausgeprägtes Schamempfinden gegenüber anderen
Eigene Überzeugung wichtiger	Eigene Überzeugung abhängig von den Normen der Gruppe
Konflikte werden direkt gelöst	Konfliktlösung durch Vermittlung Dritter
Starkes Rechts- bzw. Unrechtempfinden	Bemühen um Ausgleich
Direkte Kommunikation (Low-Context)	*Indirekte Kommunikation (High-Context)*
Wahrhaftigkeit und Ehrlichkeit wichtig	Vermeiden von peinlichen Situationen
Offenheit in der Kommunikation	Vorsichtiges, respektvolles kommunizieren
Direktheit in der Sache	Indirektes Herangehen, Negatives oder Wichtiges kommt am Schluss
Integer bedeutet: sagen, was man denkt	Integer heißt: Harmonie erhalten, Konsens
Direkte, offene Kritik an einer Person, Sache	Offene Kritik wird vermieden, geringe Konfliktbereitschaft
Stark formalisierte Kommunikation	Kommunikation meist auf persönlicher Ebene
Klare, eindeutige Aussagen	Dinge umschreiben, Rhetorik
Monochrone Zeitorientierung	*Polychrone Zeitorientierung*
„Time is Money"	„Time is no Problem"
Aufgaben werden sequenziell abgearbeitet	Mehrere Dinge werden gleichzeitig getan
Fristen und Deadlines sind verbindlich	Fristen und Deadlines sind eher Richtlinien
Effizientes Zeitmanagement wichtig	Kein Zeitmanagement
Pünktlichkeit ist verpflichtend	Persönliche Beziehungen wichtiger als Einhalten von Terminen
Planungen sind langfristig und vorausschauend angelegt	Flexible Planungen, meist Ad-hoc-Reaktionen
Reagieren auf Unterbrechungen eher ungehalten	Sind anfällig für Unterbrechungen

Nationalstolz

Iraner haben ein ausgeprägtes Nationalgefühl. Das Wissen um ihre mehr als zweieinhalb Jahrtausende alte Kultur macht sie besonders stolz und verleiht ihnen ein Gefühl von Überlegenheit. Laut einer iranischen Umfrage von 2005 gaben 70 % der befragten Jugendlichen an, Iran jedem anderen Land vorzuziehen, 86 % sind stolz, Iraner zu sein. Das sind erstaunliche Werte für ein Land, in dem Jugendliche weniger persönliche Freiheiten genießen als ihre Altersgenossen in westlichen Staaten. Die Kehrseite dieses Nationalstolzes ist ein latenter Chauvinismus (Anspruch auf politische Führungsrolle in der Region, Atomprogramm) und Überheblichkeit gegenüber den arabischen Nachbarn. Den Arabern wird Kultur grundsätzlich abgesprochen.

Hierarchiebewusstsein

Die iranische Gesellschaft ist von alters her eine patriarchalische Gesellschaft. Hierarchien, Standesunterschiede und analoge Verhaltensweisen (verbale und nonverbale Gesten der Unterwerfung) werden als natürlich angesehen. Herkunft und Zugehörigkeit zu einer bestimmten sozialen Gruppe entscheiden stärker über sozialen Aufstieg als Qualifikation. Das gilt für die Ära des letzten Schahs und hat sich auch nach der Revolution nicht grundlegend geändert mit dem einen Unterschied, dass heute die Führungskräfte in Politik und Wirtschaft vorwiegend aus dem religiösen Milieu stammen.

Unsicherheitsgefühl

Iraner schwanken relativ oft in ihrer Selbstsicherheit. Sie ist stimmungsabhängig und schwankt zwischen Übertreibung und Unsicherheit. Dieses Unsicherheitsgefühl ist Teil der historischen Erfahrungen, die in ihre Sozialisation eingeflossen sind. Am auffälligsten zeigt sich das Bedürfnis nach Sicherheit in der verbalen und nonverbalen Kommunikation, bei der es eine Vielzahl von Formen sprachlicher Rückversicherungen und Gesten der Unterwerfung im nonverbalen Bereich gibt. In der iranischen Gesellschaft ist das Bedürfnis nach Unsicherheitsvermeidung relativ schwach (in Deutschland dagegen hoch) ausgeprägt. Unsicherheitsvermeidung meint, dass Unsicherheit (Ungewissheit) als eine normale Erscheinung im Leben und als Alltagserscheinung hingenommen wird.

Misstrauen

Iraner sind grundsätzlich sehr misstrauische Menschen. Das ist einer der Gründe, warum Verschwörungstheorien fast allgegenwärtig sind. Sie lassen sich als einfache und wirksame Erklärungsmuster instrumentalisieren, und zwar unabhängig vom sozialen Status.

Das permanente Misstrauen ist natürlich auch historisch begründet. Jahrhunderte der Fremdherrschaft haben ein Bild geschaffen, in dem Ausländer als Ausbeuter gelten, deren Denken nur auf Profit hin orientiert ist. Iraner dagegen sehen immer die Gemeinschaft, für die es zu sorgen gilt. Viele Iraner sehen bei einem unerwarteten Ereignis oder bei einem, das sie nicht einschätzen können, konspirative Kräfte am Werk. In diesem Punkt unterscheiden sie sich in keinem Punkt von ihrer Regierung. Die meisten Karikaturen in iranischen Zeitungen thematisieren Verschwörungstheorien. Die Einstellung zu Ausländern generell ist ambivalent. Sie schwankt zwischen Bewunderung und Ablehnung.

Schlauheit

Die sprichwörtliche Schlauheit oder Listigkeit von Iranern verkörpert am besten die literarische Figur des *Mullah Nasreddin,* ein populärer persischer Volksheld aus dem 14. Jahrhundert. Er ist ein Philosoph des Alltags und meistert die Herausforderungen des Lebens mit Witz und Schlauheit. Von ihm haben Generationen junger Iraner gelernt. Anders als Deutsche sehen Iraner das Leben nicht als eine bloße Abfolge kausaler Ereignisse nach einem Ursache-Wirkungs-Prinzip. Das Leben gestaltet sich für sie viel komplexer. Dinge sind *nie* vorhersehbar. Daraus ergibt sich die Einsicht, dass man stets mit allem rechnen muss. Dieses Denken führt keineswegs zu einer passiven Lebenseinstellung. Iraner glauben vielmehr, es sei besser, Dinge und Ereignisse *positiv* zu beeinflussen. Dazu ist auch der Einsatz trickreicher Mittel legitim, solange es nicht auffällt. Sie denken, durch ein gehöriges Maß an Schlauheit ließen sich Menschen und Situationen erfolgreich manipulieren und günstig stimmen. Wahrheit ist immer in einem doppeldeutigen Sinne zu verstehen und wird nie statisch gebraucht.

Ta'rof

Wenn Menschen miteinander interagieren, müssen sie bestimmte Regeln beachten und anwenden können. In jeder Gesellschaft beinhaltet Kommunikation zudem die Zuschreibung sozialer Rollenmuster. In Iran sind diese Rollenzuschreibungen stärker ausgeprägt als in Deutschland. Eines der sonderbarsten Phänomene im Bereich der Kommunikation ist hier der Kulturstandard *Ta'rof,* dessen Sinn sich Ausländern allein schon wegen der sprachlichen Barrieren kaum erschließen lässt. Ta'rof ist mehr als nur *ein iranisches Gesprächsverhalten,* wie die Amerikanerin Betty Mahmoody in ihrem 1987 erschienenen Buch „Nicht ohne meine Tochter" nach einem relativ kurzen Aufenthalt in Iran meinte. Es ist vielmehr ein kompliziertes Geflecht stark ritualisierter Verhaltensweisen mit dem Ziel des beiderseitigen Gesichtswahrens. Als Kommunikationsstrategie dient es der Durchsetzung der eigenen Interessen (in Kap. 9 werde ich darauf ausführlicher eingehen).

Das Gesicht wahren

Die persische Kultur erwartet von einem Individuum, dass es Autorität anerkennt und sie respektiert. Dafür wird ihm ein großes Maß an Würde und Selbstrespekt zugestanden. In Iran wird eine Person viel häufiger als in Deutschland nach Kriterien wie Aussehen, Herkunft und Lebensweise beurteilt. Will jemand von anderen respektiert werden, muss er besonders auf sein Verhalten achten. Ein zentraler Aspekt interpersonaler Beziehungen ist das Bedürfnis, das Gesicht zu wahren. Umgekehrt wird Gesichtsverlust als starke Demütigung empfunden, die unter allen Umständen zu vermeiden ist. Man schämt sich. Hier kommt der Kulturstandard der *Schamkultur* zur Geltung. Das Gesicht verliert man durch eigenes *falsches* Handeln oder durch das falsche Handeln eines nahe stehenden Menschen, das nicht den Erwartungen der Gesellschaft entspricht. Einen Fehler zu begehen wird mit dem Eingeständnis von Unwissenheit oder Unkenntnis gleichgesetzt. Unwissend zu sein gilt als Schande, die nicht nur auf die betreffende Person, sondern auf die gesamte Familie zurückfällt. Die Bereitschaft, das eigene Verhalten selbstkritisch zu beurteilen, fehlt. Deshalb reagieren Iraner sehr sensibel auf jede Form von Kritik, sei sie offen oder verdeckt.

▶ Um Konflikte zu vermeiden, sollten Sie niemanden öffentlich und nie in direkter Form kritisieren. Das Schlimmste, was einem Iraner passieren kann, ist, wenn er beim Begehen eines Fehlers erwischt wird. Wenn dies auch noch im Beisein eines Ausländers passiert, macht es die Sache noch schlimmer. Nach derartigen Vorfällen ist eine weitere Kooperation nicht mehr möglich.

Hinter allem lauert der Feind: Verschwörungstheorien

Verschwörungstheorien sind in Iran nicht nur sehr populär und allgegenwärtig. Sie dienen vor allem als leicht und überzeugend zu instrumentalisierende Erklärungsmuster für die Unwägbarkeiten des Lebens. Die in Iran populären Verschwörungstheorien haben den Charakter von festen Überzeugungen, die im kollektiven Gedächtnis tief verankert sind. Sie werden einerseits historisch begründet aufgrund der Erfahrungen, die Iraner unter jahrhundertelanger Fremdherrschaft gemacht haben. Andererseits werden sie dem verborgenen Wirken geheimer Organisationen zugeschrieben. Die meisten dieser Theorien basieren auf einem simplen Dualismus, dem zufolge die Welt zwischen guten und bösen Mächten aufgeteilt ist, wobei das Böse den Gang der Geschichte bestimmt. Dieser Dualismus ist Teil des vorislamischen zoroastrischen Erbes. Die politische Funktion von Verschwörungstheorien besteht darin, dass sie Erklärungen liefern für Misserfolge, militärische Niederlagen, Revolutionen und die allgemeine Rückständigkeit und Unterlegenheit gegenüber dem Westen. Das iranische Atomprogramm hat hier eine seiner Ursachen.

Wichtiger ist dagegen die soziale Funktion von Verschwörungstheorien. Individuelle Ängste lassen sich mit ihnen beschwichtigen. Dadurch schränken sie allerdings auch den Handlungsspielraum gegenüber externen und internen sozialen und politischen Herausforderungen ein.

Verschwörungstheorien erklären Iranern so ziemlich alles. Auch die Geschichte ihres Landes seit dem Beginn des 20. Jahrhunderts. Sie erklären nicht nur, sondern ihre Akzeptanz leitete stets das Handeln der politischen Akteure. Die daraus resultierenden Erfahrungen im Zusammenspiel mit den mutmaßlichen Aktivitäten ausländischer Verschwörer schaffen ein diffuses Gefühl von Unsicherheit und Unterlegenheit. Dieses Gefühl ist dann der Boden, auf dem das Misstrauen wächst. Damit schließt sich der Kreis.

Die *modernen* Verschwörungstheorien lassen sich in zwei Kategorien einteilen: in jene, die sich auf die die westlichen Kolonialmächte beziehen und in Theorien, denen der Glaube an das Wirken satanischer Mächte zugrunde liegt, die Iran seit den Anfängen bis heute bedrohen.

Zu den prominentesten Theorien gehören:

- Verschwörungstheorien über die Kolonialmächte des frühen 19. Jahrhunderts (Aufteilung Irans zwischen England und Russland)
- Verschwörungstheorien, die sich auf die Briten beziehen (Besetzung Irans im Zweiten Weltkrieg)
- Verschwörungstheorien über die CIA (Putsch gegen den Premierminister Mossadegh 1953)
- Verschwörungstheorien über Mächte, die mit dem Satan im Bunde stehen (Hellenismus der frühen Griechen, Freimaurertum, Zionismus, Baha'i)
- Verschwörungstheorien über die USA, Israel und die Vereinten Nationen (im aktuellen Atomstreit)

Die Popularität und Hartnäckigkeit dieser Theorien ist das Ergebnis einer Kombination aus politischen, psychologischen, sozialen und kulturellen Faktoren. Da sind vor allem die negativen historischen Erfahrungen, die die iranische Gesellschaft mit den europäischen Großmächten (England, USA, Russland) vom Beginn des 19. Jahrhunderts bis zur Islamischen Revolution gemacht hat. Hinzu kommt das Erbe tiefverwurzelter vorislamischer (zoroastrischer) und schiitischer Glaubensvorstellungen über das Wirken böser Mächte. Es ist erstaunlich, wie diese Theorien sich in Zeiten gesellschaftlicher und politischer Unruhen als ein wirksamer Mechanismus zur Verteidigung bewiesen haben.

Anders als die Mehrheit der Bevölkerung wittert die Regierung überall im Lande Spionageaktivitäten. Dieser Vorwurf bezieht sich auf *(angebliche)* Versuche ausländischer Mächte (USA und Großbritannien), die iranische Gesellschaft zu unterwandern und sie für ihre *dunklen* Zwecke zu instrumentalisieren. Ziel sei die

Abkehr vom rechten Weg des Glaubens und Sturz der islamischen Regierung. Das ist nicht ganz unbegründet, wie die folgende Pressenotiz zeigt:

> Teheran/Wien – Das nicht ordnungsgemäße Tragen des islamischen Schleiers, des Tschador, ist nach Überzeugung des iranischen Ayatollah Mohammad Emami Kashani die Folge einer „von den USA angeführten westlichen Verschwörung." Mit ihr solle die Islamische Revolution und deren Wert bekämpft werden, erklärte Emami Kashani in seiner Eigenschaft als Freitagsprediger an der Universität von Teheran, wie die amtliche iranische Nachrichtenagentur IRNA am Freitag berichte. (11. Mai 2007)

Mit dem Vorwurf der Spionage werden auch die häufigen Verbote liberaler Zeitungen gerechtfertigt, die als angebliche Sprachrohre des Westens dessen kulturelle Invasion vorantreiben. Einer der häufigsten Anschuldigungen gegen Regimegegner ist der Vorwurf der Spionage. Darauf steht die Todesstrafe.

▶ Sie sollten beim Umgang mit Behörden diese Ängste vor angeblichen Spionen sehr ernst nehmen. Grundsätzlich gilt für alle öffentlichen Gebäude, Flughäfen und militärische Anlagen ein absolutes Fotografierverbot. Sie sollten auch Personen nicht ohne deren ausdrückliche Einwilligung fotografieren.

Was auf Europäer eher wie Zufall wirken mag, wird von Iranern häufig für bare Münze genommen. Viele alltägliche Handlungen werden durch verbale und nonverbale Rituale abgesichert. Auch wenn man diese Verhaltensweisen eher in den Bereich des Aberglaubens ansiedeln würde, sollte man ihnen mit dem nötigen Respekt begegnen. Und so ganz frei von abergläubischen Vorstellungen ist unsere moderne Gesellschaft auch nicht. Man denke nur an die Bedeutung, die ein Freitag für viele Menschen hat, der auf den Dreizehnten eines Monats fällt. Oder die symbolische Bedeutung des Schornsteinfegers oder des Schweins als Glücksbringer.

Literatur

Bude, H. (1995). *Kultur als Problem,* Merkur 558/559 (S. 775). Stuttgart: Klett-Cotta.
Mahmoody, B. (1987). *Nicht ohne meine Tochter.* Bergisch-Gladbach: Bastei-Lübbe.
Thomas, A. (1999). *Kultur als Orientierungssystem und Kulturstandards als Bauteile.* IMIS-Beiträge H 10 (S. 91–130). Osnabrück: Universität Osnabrück.

7 Doing Business – Wie Sie Ihr Geschäft aufbauen

> *‚Das war eine tolle Sache. Jetzt können wir die Abteilung Mittlerer Osten gezielt in Iran einsetzen,' sagt Gerd Luberichs, Vorstandsmitglied des Baumaschinenherstellers Hanomag in Hannover. […] Doch dann fährt er fort: ‚Ich habe zwei Tage in einen Markt investiert, der für uns unbekannt war.' Insgesamt sei er zufrieden, obwohl er noch keinen Auftrag verbuchen könne. (Frankfurter Allgemeine Zeitung vom 21.12.1997).*

Richtige (mentale) Vorbereitung

Es wäre mehr als nur optimistisch, nach zwei Tagen schon mit handfesten Aufträgen zu rechnen. So schnell gehen die Geschäfte nun wirklich nicht, vor allem nicht auf einem Markt wie Iran, den man als Unternehmer zum ersten Mal betritt. Seit der Veröffentlichung des Artikels sind fast zwanzig Jahre vergangen. Geändert hat sich seitdem, was die Anbahnung von Geschäftsbeziehungen betrifft, in Iran nur wenig. Grundsätzlich gilt, dass der Aufbau geschäftlicher Beziehungen nicht nur zeit- und kostenintensiv ist, sondern vor allem einen langen Atem verlangt. Sie sollten bedenken, dass hier zwei unterschiedliche *Geschäfts*kulturen aufeinandertreffen, für die als erstes eine gemeinsame Basis gefunden werden muss, auf der man handeln und verhandeln kann. Als deutscher Geschäftsmann kommen Sie aus einer sachorientierten Kultur, sind abschlussorientiert und interessieren sich relativ wenig für Ihren Geschäftspartner. In Iran treffen Sie dagegen auf einen Geschäftspartner, für den der Kulturstandard *Beziehungsorientierung* einen hohen Stellenwert hat. Für ihn ist es selbstverständlich, zu einem Geschäftspartner eine dauerhafte persönliche Beziehung, die über das rein Geschäftliche hinausgeht, aufzubauen und zu unterhalten. Geschäfte in Iran sind immer auch Grenzüberschreitungen, nicht nur im geografischen Sinne, sondern auch auf der persönlichen Ebene.

Dabei verwischen leicht die Grenzen zwischen Geschäftsleben und Privatsphäre (in dem Kap. 14 über Gastlichkeit werde ich darauf weiter eingehen). Wer nicht bereit ist, sich auf diese Dinge einzulassen und diesen mit einem gewissen Stoizismus zu begegnen, wird in Iran keinen (dauerhaften) Erfolg haben.

Vor Ihrem wirtschaftlichen und persönlichen Engagement in Iran sollten Sie versuchen, möglichst viel an Informationen über Ihren zukünftigen Geschäftspartner in Erfahrung zu bringen. Im Zeitalter des Internets verfügen zahlreiche iranische Unternehmen über eine eigene Homepage.

Wo gibt es Hintergrundinformationen?

- Außenhandelskammer Teheran
- Unternehmerverbände
- Deutsche Botschaft in Teheran
- Agenten vor Ort
- auf Iran spezialisierte Beratungsfirmen
- Iranisches Wirtschaftsministerium
- Iranische Botschaft
- Teilnehmer früherer Handelsdelegationen

Das erste Treffen

Beziehungen lassen sich aus iranischer Sicht nur in einem langwierigen und oft auch (aus deutscher Sicht) ermüdenden Prozess der Vertrauensbildung aufbauen. Das Ziel ist klar: Wie in einer Ehe will man erst einmal wissen, mit wem man sich einlässt. Gesucht wird ein Geschäftspartner, mit dem man auf lange Sicht und ohne umständliche Verhandlungen Geschäfte betreiben kann. Ein Partner, der jederzeit, auch nach Geschäftsschluss oder an Wochenenden direkt erreichbar ist, ohne dass man den Umweg über seine Sekretärin nehmen muss. Geschäfte sollen auf Augenhöhe getätigt werden, wie dies bei gleichberechtigten Partnern so üblich ist. Das Gleiche gilt für den deutschen Geschäftspartner. Von ihm wird erwartet, dass er sich diesen Gepflogenheiten anpasst und die Regeln ebenso umsetzt.

Wenn Sie einen Termin mit Ihrem zukünftigen iranischen Geschäftspartner vereinbart haben, sollten Sie vor dem eigentlichen Treffen stets schriftlich *und* telefonisch eine Bestätigung einholen. Iraner handhaben Terminvereinbarungen etwas *flexibler* als Deutsche. In Iran sind außerdem drei unterschiedliche Kalender im Gebrauch (Einzelheiten s. im Anhang), und Sie können nicht wissen, ob Ihr Geschäftspartner religiöse Feiertage einhält, oder ob die Regierung einen zusätzlichen (religiösen) Feiertag verordnet hat.

Das erste Treffen dient, ähnlich wie in den arabischen Ländern, dem gegenseitigen Kennenlernen, das relativ viel Zeit in Anspruch nehmen kann. Sie sollten deshalb für diesen Tag keine anderen Verabredungen treffen und ohne konkrete Erwartungen in Richtung auf erste mögliche Verhandlungen in das Gespräch gehen. Beim Small Talk wird versucht, soviel wie möglich über Sie und über Ihr Unternehmen in Erfahrung zu bringen, wobei die Themen nahtlos ineinander übergehen können. In der Regel wird das übliche Spektrum abgefragt: Herkunft, Ausbildung, beruflicher Werdegang, Familie, Sport, Einstellung zu Politik und Religion. Das ist alles noch relativ unverfänglich. Brisant wird es erst, wenn Sie nach Ihrer Meinung zur aktuellen politischen Situation in Iran, in der Golfregion (Saudi-Arabien), zu Syrien oder zum Thema Atomstreit gefragt werden. In solchen Fällen können Sie ausweichen und erklären, dass Politik für Sie als Geschäftsmann nicht so relevant ist. Versuchen Sie, das Gespräch auf ein anderes Thema zu lenken. Sie sind schließlich als Geschäftsmann und nicht als Politiker nach Iran gereist. Der Small Talk sollte ein Dialog sein, keine Einbahnstraße. Daher wird von Ihnen erwartet, dass Sie mit dem gleichen Interesse Ihr Gegenüber befragen (vgl. Abb. 7.1).

Für Iraner ist das erste Treffen auch deshalb wichtig, weil es der Selbstvergewisserung dient. Man möchte natürlich Fehlentscheidungen bereits im Vorfeld ausschließen und wissen, ob man auf der persönlichen Ebene kooperieren kann. Das ist insofern wichtig, weil sich potenzielle Konflikte dadurch leichter und ohne größeren Reibungsverlust (weniger Stress) lösen lassen. So können beide Parteien ihr Gesicht wahren.

Natürlich sind Iraner auch sachorientiert und an guten Geschäftsabschlüssen interessiert. Das ist aber nur der zweite Schritt. Vorher will/muss man wissen, mit wem man in eine geschäftliche Beziehung tritt (vgl. Abb. 7.2). Die Sache wird erst am Schluss behandelt.

Die persische Gastlichkeit sieht vor, dass Sie entsprechend bewirtet werden. Das beginnt mit Tee und/oder Kaffee, anschließend werden Obst und Gebäck serviert. Die Höflichkeit gebietet es, dass Sie von allem etwas probieren. Das sollten Sie auf jeden

Abb. 7.1 Wie Iraner beim ersten Treffen in der Regel vorgehen

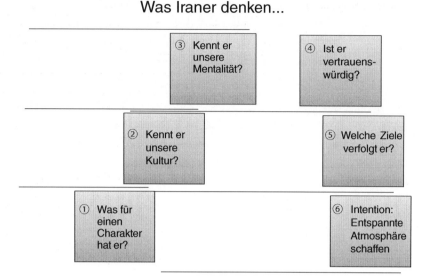

Abb. 7.2 Was Iraner bei der ersten Begegnung denken

Fall tun. Werden Sie spontan zum Essen eingeladen, nehmen Sie die Einladung unbedingt an. Alles andere wäre ein Affront. Außerdem zeigt Ihr Verhalten, wie flexibel Sie auf unerwartete Situationen reagieren können. Eine Absage, egal welche Gründe Sie anführen, kann in der Regel bereits das Ende Ihres Geschäfts bedeuten. Wenn Sie einer Einladung partout nicht nachkommen können, bitten Sie um einen späteren Termin oder bieten Sie eine Gegeneinladung an. Ihr iranischer Geschäftspartner erwartet von Ihnen ganz selbstverständlich, dass Sie sich für ihn genügend Zeit nehmen und diese mit ihm im Rahmen von Einladungen und gegenseitigen Besuchen verbringen. Das Prinzip der Reziprozität, des Gebens und Nehmens, ist ein wesentliches Merkmal von Gastfreundschaft. Die Gastfreundschaft, die Ihnen zuteil wird, ist kein jedoch reiner Selbstzweck und nicht unbedingt ein Ausdruck altruistischer Gefühle. Sie ist auch eine Investition in die (gemeinsame) geschäftliche Zukunft, eine Investition, die später eingefordert werden kann. Sie können damit rechnen, dass Ihr Partner Sie gelegentlich um eine Gefälligkeit oder Hilfe (im weitesten Sinne) bitten wird, was Sie ihm niemals abschlagen sollten. Dabei geht es in den meisten Fällen in erster Linie darum, Ihre grundsätzliche Hilfsbereitschaft zu testen. Wie Sie mit diesem Problem elegant umgehen können, ohne das Gesicht zu verlieren, ist in dem Kap. 14 über Gastlichkeit beschrieben.

Es gibt eine Reihe von Themen, die Sie beim Small Talk und natürlich auch bei späteren Gelegenheiten unbedingt vermeiden sollten.

Tab. 7.1 Die erste Begegnung

Deutschland	Iran
Kurze Begrüßung, Small Talk	Ausgiebiges Gespräch
Sache wichtiger als Person	Person wichtiger als Sache
Abschlussorientiert	Prozessorientiert
Stärker methodisch vorgehend	Stärker intuitiv vorgehend
Zeit ist Geld	Großzügiger Umgang mit Zeit

Tabuthemen:

- Kritik am Islam
- Menschenrechte und Scharia in Iran
- Irans Unterstützung für Syriens Machthaber Asad, die Hamas, die Hisbollah im Libanon
- Amt des religiösen Führers
- Frauen
- Palästina und Israel
- Drogenprobleme und AIDS in Iran
- Prostitution
- Verschwörungstheorien
- Witze über Mullahs
- Vermeiden Sie am Besten alles, was mit dem „Arabischem" zu tun hat!

Es ist völlig unerheblich, wie Ihr Gesprächspartner über diese Dinge denkt oder ob er sie von sich aus anspricht. In Iran grassieren übrigens Hunderte von Witzen über Mullahs oder den Staatspräsidenten Ahmadinejad. Witze haben überall auf der Welt eine Ventilfunktion, weil sie „Druck" ablassen und Spannungen abbauen. Für Sie als Außenstehenden in Iran sind sie absolut tabu, und für Ihr geschäftliches Engagement letztendlich auch irrelevant. Iraner sprechen auch *nie* und ungefragt über persönliche Dinge (Familie, Eheprobleme, finanzielle Themen) in Gegenwart von Personen, die *nicht* zur Familie gehören. Sie denken ganz einfach, dass sie sich dadurch *angreifbar* machen. Das sollten auch Sie nicht tun.

Die wichtigsten Merkmale für das erste Treffen sind in Tab. 7.1 noch einmal kurz zusammengefasst.

„Unsere Augen mögen leuchten"

Begrüßungssituationen sind immer kritische Momente, weil oft Bruchteile von Sekunden über Sympathie oder Antipathie entscheiden. Das gilt generell auch in Iran.

Das kommunikative Verhalten von Iranern ist wesentlich strenger formalisiert und ritualisiert als das der Deutschen. In Deutschland begrüßen sich zwei Personen beiderlei Geschlechts meist mit einem kurzen, festen Händedruck und der korrekten Anrede. Umarmungen und Wangenküsse sind zwar üblich, allerdings eher auf privater Ebene.

In Iran treten sich Fremde und Bekannte dagegen mit einem Ausdruck von Zurückhaltung und Respekt gegenüber, wobei man sich leicht verneigt und die rechte Hand auf die linke Brust legt. Auf geschäftlicher Ebene begrüßt man sich unter Männern häufig mit Handschlag und Blickkontakt, wobei ein fester Händedruck eher als *unfein* gilt. Allerdings ist Händeschütteln grundsätzlich *nicht* üblich, besonders bei Begegnungen mit Frauen. Hier wartet der Mann besser ab, ob die Dame einem die Hand reicht, ansonsten genügt ein leichtes Kopfnicken. Nach islamischer Vorschrift ist das Berühren nur unter Angehörigen des gleichen Geschlechts (und nur unter Muslimen) oder zwischen engen Verwandten erlaubt. Fromme Schiiten meiden den Händedruck mit Nichtmuslimen aus Gründen ritueller Verunreinigung, und nicht aus Unhöflichkeit. Wenn diese Situation auftritt, begrüßt man sich mit einer leichten Verneigung des Kopfes. Der Koran schreibt außerdem vor, den direkten Augenkontakt mit Fremden zu meiden. Werten Sie das bitte nicht als Respektlosigkeit, Unsicherheit oder Desinteresse.

> Sage den gläubigen Männern, sie möchten ihre Blicke niederschlagen [...] Sage auch den gläubigen Frauen, sie möchte ihre Blicke niederschlagen, ihre Keuschheit bewahren und ihre Reize nicht enthüllen, bis auf das, was sichtbar ist *(Koran, Sure 24, Verse 30/31)*.

Ich habe in Iran selbst häufig beobachten können, dass männliche Führungskräfte es vermeiden, Frauen aus religiösen Gründen per Handschlag zu begrüßen und dieses Verhalten auch gegenüber weiblichen Führungskräften im Ausland nicht änderten. Auf Europäer wirkt so etwas in der Regel befremdlich, außerdem wird das Geschäftsklima dadurch belastet. Ungeachtet ihrer religiösen Einstellung sind Iraner dennoch häufig flexibel genug, sich den Gepflogenheiten ihrer Gäste oder Gastgeber anzupassen, wenn es ihnen opportun erscheint.

Distanzzonen werden in Iran anders respektiert als in Deutschland. Bei der ersten Begrüßung ist ein zu enger Körperkontakt (weniger als ein Meter Distanz) unter Männern unerwünscht. Das ändert sich, wenn man mit jemandem befreundet ist. Ausgenommen davon ist die Beziehung zu Frauen (!). Freunde oder enge Verwandte beiderlei Geschlechts begrüßen sich durch Umarmung und Wangenküsse. Als Zeichen besonderer Freundschaft, auch unter Männern, gilt das dreimalige Küssen der Wangen. Bei sehr hochgestellten Persönlichkeiten (beim Revolutionsführer oder anderen ranghohen Ayatollahs) ist auch heute noch eine Form der Proskynese (meist als Handkuss) als Zeichen der Anerkennung und Unterwürfigkeit üblich.

Begrüßungen werden in Iran regelrecht zelebriert. Sie finden, anders als im sachorientierten Deutschland, in Form einer ausführlichen Konversation (beziehungsorientiert) statt, bei der ein umfangreicher Katalog an Höflichkeitsformeln zum Einsatz kommt. Es ist eine Art Automatismus, ein Austausch von Höflichkeitsfloskeln, der bei der Nennung der ersten Höflichkeitsformel abläuft und von Ausländern kaum zu verstehen ist. Dieses persische Höflichkeitsritual stammt noch aus vorislamischer Zeit und orientiert sich am Hofzeremoniell der persischen Großkönige.

> Wenn ihr mit einem Gruß bedacht werdet, so grüßt mit einem noch schönern oder erwidert ihn *(Koran, Sure 4, Vers 88)*.

Der in Iran übliche Willkommensgruß ist das arabische „Salam Aleikum", *Friede sei über Euch,* was ursprünglich eine rein sakrale Bedeutung hatte, weil es nur gegenüber Muslimen angewandt wurde. Von Iranern wird es meist ganz pragmatisch auf ein schlichtes *Salam* (Friede) verkürzt. Im Prinzip kann man jedoch beide Formen benutzen.

Das Spektrum der persischen Höflichkeitsformeln beginnt nach dem obligatorischen Gruß immer mit der Frage nach der Gesundheit des Gegenübers, *Hal-e Shoma khub hastid?*, „Wie geht es Ihnen?". Darauf folgt die Dankesformel auf Arabisch *Al-hamd-o-lillah,* „Gott sei gelobt" oder auf Persisch *Khoda shokr,* „Gott sei Dank". Es gehört zum Grußritual, sich nach dem Befinden der Familienmitglieder zu erkundigen, obwohl diese nicht anwesend sind. Anschließend wird in gegenseitigen Komplimenten geschwelgt:

„Geben Sie uns gütigst die Ehre mit Ihren gesegneten Schritten einzutreten."
„Wir haben uns voller Leidenschaft gewünscht, Sie zu sehen."
„Unsere Herzen bekommen durch Ihre Anwesenheit Luft."
(Weitere Hinweise finden Sie im Anhang unter „Kleiner persischer Sprachführer".)

Was der Name verrät

Die Geschäftssprache in Iran ist neben dem *Farsi* (Persisch) vorwiegend Englisch. Französisch wird dagegen relativ selten und meist von älteren Iranern gesprochen, die häufig auch in Frankreich studiert haben.

Die persische Sprache kennt keine strikte Trennung zwischen dem deutschen „Sie" *(Shoma)* und dem „Du" *(To)* und wechselt im Gesprächsverlauf zwischen beiden Formen abhängig vom Bedeutungsgehalt der Aussage. Die Anrede mit „Sie" signalisiert Distanz, Achtung oder Strenge und ist auch im familiären Rahmen üblich, so zwischen Eheleuten oder zwischen Eltern und Kindern. Wollen Eltern ihre Kinder zurechtweisen oder ermahnen, wechseln sie häufig vom „Du" zum „Sie". Respektpersonen wie Großeltern werden grundsätzlich immer mit „Sie" angesprochen. Iranische Kinder lernen bereits zu einem sehr frühen Zeitpunkt den Gebrauch entsprechender Höflichkeitsregeln.

Die förmliche Anrede für Männer ist *Agha* (Herr) oder mit der Beifügung *Khan*, z. B. *Agha-je Tehrani* (Herr Tehrani), *Agha Hussein* (nur als Vorname, Herr Hussein) oder *Hussein-Khan*. Bei Frauen ist die korrekte Anrede *Khanum* (Frau), allein oder mit dem Familiennamen. Wenn Sie mit Ihren iranischen Geschäftspartnern auf Englisch kommunizieren, erwartet niemand von Ihnen, dass Sie diese persischen Anredetermini gebrauchen. Es ist lediglich eine Form von besonderer Höflichkeit und schmeichelt den Angesprochenen.

Iranische Frauen behalten nach der Eheschließung offiziell ihren Geburtsnamen bei, werden aber mit dem Nachnamen des Ehegatten angesprochen.

Bei Männern gilt die Anrede mit Vornamen + *Agha* oder *Khan* als besonders höfliche Anredeform, bei Frauen Vorname + *Khanum*. Ausgesprochen konservative Iraner beiderlei Geschlechts, die an der Pilgerfahrt (Hadj) nach Mekka (Saudi-Arabien) teilgenommen haben, erhalten den Ehrentitel *Hadji*, mit dem sie angesprochen werden. Nach der Wallfahrt nach Mashad (Ostiran) zum Grab des siebten Imam Reza erwirbt der Gläubige den Titel *Mashdi*. Die Bezeichnung *Seyyid* gilt nur für Personen, die ihre Abstammung auf den Propheten Muhammed zurückführen können, allerdings wird dieser Titel in Iran häufig auch unrechtmäßig gebraucht, weil er für den Träger eine Reihe staatlicher Vergünstigungen bereithält. Seyyids erkennt man in der Öffentlichkeit daran, dass sie einen schwarzen Turban und einen grünen Schal tragen, der um den Gürtel gebunden ist.

Personen- und Familiennamen signalisieren ein:

- Nationalbewusstsein
- Religiöse Überzeugung
- Regionale Herkunft

Iranische Vornamen werden entweder nach altiranischen Überlieferungen (Heldenfiguren des Shahnameh) für Männer und für Frauen nach Gestirnen und Himmelskörpern oder nach arabischen Eigennamen ausgewählt. Die häufigsten altiranischen Vornamen für Männer sind *Arash, Ardeshir, Kourosh, Dariush, Bahman* und *Kambiz*.

Islamische Vornamen sollen dem neugeborenen Namensträger den Schutz und den Segen Gottes verleihen, wie zum Beispiel der Name *Mohammed* und dessen Zuschreibungen *Ahmad* (der Hochgepriesene) oder *Amin* (der Treue). Arabische Namen von Männern, die auf Verbindungen mit dem Namen Gottes (Allah) aus dem Koran zurückgehen, sind *Feizollah* (Gnade Gottes), *Habibollah* (Freund Gottes), *Abdallah* (Sklave Gottes) sowie *Ali, Hassan, Hussein* und *Reza* bei Schiiten. Zu den beliebtesten islamischen Vornamen für Frauen gehören *Fatemeh, Zahra,* und *Sakineh,* um nur einige wenige zu nennen.

Die Wahl eines islamischen Vornamens lässt in der Regel auf einen orthodox-religiösen familiären Hintergrund schließen.

Niemand erwartet von Ihnen, dass Sie die korrekte Aussprache oder Schreibweise eines islamischen oder persischen Namens kennen. Sie können daher unbesorgt nachfragen, zumal sich daraus meist ein guter Einstieg in einen Small Talk ergibt und Sie bei dieser Gelegenheit interessante Informationen über den privaten und beruflichen Hintergrund Ihres Geschäftspartners in spe erhalten können. Außerdem ist es eine einfache Art, eine Brücke zu bauen, mit der sich häufig auch die Beziehungsebene festigen lässt.

Präsentation Ihres Unternehmens

Ein positiver erster Eindruck ist das A und O für einen erfolgreichen Geschäftseinstieg. Das verlangt natürlich eine optimale Vorbereitung, denn nichts ist schlimmer als das Eingeständnis, etwas übersehen zu haben. Gerade Deutsche sind in Iran wegen ihres Perfektionismus und ihrer Zuverlässigkeit bekannt, und genau das wird von Ihnen erwartet. Wollen Sie Ihr Unternehmen erfolgreich präsentieren, sollten Sie professionell hergestellte Firmenkataloge und Prospekte vorlegen können. Schlecht gemachtes Material erweckt den Eindruck von Respektlosigkeit gegenüber dem iranischen Geschäftspartner und weckt Zweifel an Ihrer Seriosität. Es sollte selbstverständlich sein, Informationsmaterial zumindest in englischer Sprache vorzulegen, besser wäre natürlich eine Ausgabe in Persisch oder eine zweisprachige Version. Im Zeitalter des Internets wird von Ihrem Unternehmen ein Internetauftritt erwartet. Das gehört einfach zum guten Ton.

„Tue Gutes und rede darüber", dieser alte Marketingspruch gilt selbstredend auch in Iran. Sie sollten daher die Bedeutung Ihres Unternehmens auf dem nationalen/internationalen Markt hervorheben, Referenzprojekte nennen/zeigen können, am besten mit Bildmaterial, auf Kooperationspartner verweisen, wichtige Mitgliedschaften (Unternehmerverbände, IHK) aufzählen und dergleichen. Da Iraner sehr traditionsverbunden sind, sollten Sie Ihre Firmengeschichte ruhig etwas ausführlicher darstellen, weil man nichts mehr liebt als Kontinuität in den Geschäftsbeziehungen. In diesem Zusammenhang sollte eine Bildergalerie beginnend vom Firmengründer bis zur aktuellen Geschäftsführung nicht fehlen, weil Sie damit auf der Beziehungsebene operieren können. Hinzu kommt, dass die meisten iranischen Unternehmen patriarchalisch strukturiert sind und Sie diesen Umstand psychologisch geschickt nutzen können.

Neben dem gedruckten Material empfehle ich Ihnen die Anfertigung einer (kleinen) Firmen- und Produktpräsentation, die sich auf einem PC abspielen lässt. Damit können Sie das Informationsmaterial Ihrem iranischen Geschäftspartner auch in elektronischer Form als CD überlassen. Planen Sie dagegen eine aufwendige (zeitintensive) Firmenpräsentation, ist es besser, vorher nachzufragen, ob Sie Ihren eigenen Beamer mitbringen sollen, oder ob in Iran ein Gerät zur Verfügung steht. Aus Gründen des *Gesicht-Wahrens* (bezogen auf das iranische Unternehmen) fragen Sie bitte in *dieser* Reihenfolge und nicht umgekehrt. Meinen Erfahrungen zufolge verfügen allerdings die wenigsten iranischen Firmen über einen eigenen Beamer. In der Regel wird man Ihnen mitteilen, ein eigenes Gerät sei nicht erforderlich. Darauf kann man sich jedoch nicht wirklich verlassen. Selbstverständlich steht es Ihnen frei, gleich Ihren Beamer mitzunehmen, dann erübrigt sich das Nachfragen.

Es ist ferner wichtig, Gebrauchsmuster bei der Präsentation vorzulegen, damit das Produkt an Ort und Stelle in Augenschein genommen werden kann. Auf keinen Fall sollten Sie bei der ersten Firmenpräsentation über Verträge sprechen oder bereits fertiges Vertragsmaterial vorlegen. Damit erwecken Sie den Eindruck, weniger an einer langfristigen Geschäftsbeziehung interessiert zu sein als vielmehr an einem schnellen Geschäftsabschluss. Unterstreichen Sie stattdessen Ihr Interesse an einer langfristigen Kooperation mit dem Hinweis auf den gemeinsamen Nutzen für die Unternehmen. Detailfragen werden grundsätzlich erst in Folgetreffen besprochen.

Zum Schluss noch ein wichtiger Hinweis zu Visitenkarten: Es versteht sich von selbst, dass Sie ausreichend Visitenkarten bei sich führen. Der Gebrauch von Titeln ist in Iran aus Prestigegründen besonders stark ausgeprägt. Auf Ihrer Visitenkarte sollten daher Titel und Position entsprechend hervorgehoben werden. Vornehme Zurückhaltung wäre hier unangebracht. Die Visitenkarten werden nach der ersten Begrüßung mit der rechten Hand ausgetauscht, die linke gilt traditionsgemäß als unrein. Aus Gründen des Respekts sollten Sie die Karte vor dem Einstecken lesen. Machen Sie bitte keine Notizen darauf in Gegenwart Ihres Gesprächspartners.

Networking

In einer stark beziehungsorientierten Gesellschaft wie der iranischen werden Geschäfte fast ausschließlich im Rahmen gut funktionierender Netzwerke getätigt, die über Generationen gewachsen sind. Dies gilt gleichermaßen für die großen staatlichen Unternehmen, die nach der Revolution gegründet wurden wie für die kleineren privatwirtschaftlichen Betriebe. Ob erfolgreicher Geschäftsabschluss oder gesellschaftlicher Aufstieg (berufliche Karriere), alles hängt im Wesentlichen von der Zugehörigkeit zu diesen Netzwerken ab und weniger von der persönlichen Qualifikation.

Der Aufbau von Netzwerken ist für Außenstehende oft ein mühsamer und langwieriger Prozess, vor allem, wenn keine Kontakte in Iran zur Verfügung stehen, auf die man zurückgreifen kann.

Möglichkeiten einer ersten Kontaktaufnahme:

- Messen in Iran, (siehe: www.auma.de)
- Deutsche Außenhandelskammer in Teheran (www.iran.ahk.de)
- Branchenspezifische Unternehmerverbände
- Teilnahme an Handelsdelegationen (Infos bei den örtlichen Industrie- und Handelskammern)
- Eine iranische Beratungsgesellschaft in Teheran
- Veranstaltungen wie *Tag der deutschen Industrie*
- Vermittlung durch eine Persönlichkeit vor Ort

Wichtig für Ihr Engagement ist, dass Sie Präsenz vor Ort zeigen. Das können Sie tun, indem Sie in der Hauptstadt Teheran ein größeres Büro einrichten und Ihren Senior Manager regelmäßig im Turnus von 2–3 Wochen nach Iran schicken, um den Aufbau des Geschäfts vor Ort zu beaufsichtigen. Sich nur auf den iranischen Mitarbeiter zu verlassen, ist erfahrungsgemäß wenig erfolgreich. Sie müssen viel Zeit und häufig auch Geld investieren, ohne zu wissen, wann der erste Vertrag abgeschlossen werden kann. Diese Strategie lässt sich von einem großen und finanzstarken Unternehmen leichter verfolgen, als von einem kleinen oder mittelständischen Betrieb.

Deshalb ist es für kleinere Unternehmen vorteilhafter, eine Niederlassung in einer der Freihandelszonen zu gründen. Durch die Anmeldung eines Gewerbes in Iran zeigen Sie, dass Sie ernsthaft und dauerhaft im Land Geschäfte betreiben wollen.

Wenn das Geschäft sich entwickelt, eröffnen Sie eine *Repräsentanz* in der Hauptstadt. Eine ständige Vertretung ermöglicht einen besseren Marktauftritt und engeren Kontakt zum Kunden. Die rechtlichen Bestimmungen der Freihandelszonen erlauben ferner, dass jedes dort registrierte Unternehmen auf dem Festland Repräsentanzen errichten darf. Solange Sie nur Marketing betreiben oder Kontakte zu iranischen Kunden aufbauen, werden Sie nicht besteuert.

Sobald die Nachfrage nach Ihren Produkten sich stabilisiert hat, richten Sie am besten ein Lager in einer *Free Trade Zone* ein. Das hat den Vorteil, dass die gestiegene Nachfrage schneller bedient werden kann. Weil viele iranische Unternehmen oft in letzter Minute ordern, haben Sie damit einen weiteren Wettbewerbsvorteil.

Je nach Auftragslage empfiehlt sich die *Montage* oder *Produktion* vor Ort in einer der Freihandelszonen. Die Vorteile sind geringerer Kapitaleinsatz, geringere Transportkosten und eine Steuerbefreiung für 15 Jahre auf Umsatz und Vermögen. Weitere Vorteile sind geringere Arbeits- und Produktionskosten, billigere Rohstoffe, die zudem ständig verfügbar sind. Außerdem zahlen Sie keine Importzölle beim Absatz auf dem Festland. Durch die Einrichtung einer Reparaturwerkstatt oder eines Ersatzteillagers können Sie einen besseren After-Sales-Service anbieten.

Einen *After-Sales-Service* anzubieten, ist für Geschäfte in Iran unabdingbar. Diese Dienstleistung wird von iranischen Kunden als selbstverständlich angesehen und vom Lieferanten erwartet. Das Eingehen auf Kundenwünsche im Sinne einer Kundenbindung schafft häufig die Vertrauensbasis für eine dauerhafte Geschäftsbeziehung. Daneben sind Schulungen und technische Beratung für einen langfristigen Erfolg eine wichtige Voraussetzung. Angebote dieser Art werden vom iranischen Abnehmer auch entsprechend honoriert.

Weitere Vorteile für Ihr Unternehmen kann die Zusammenarbeit mit einem lokalen iranischen *Agenten* bringen, der in Regel ein Büro in Teheran hat und die Produkte seines Auftraggebers auf der Basis einer Provision verkauft. Wenn Ihr Unternehmen jedoch in einer Freihandelszone registriert ist, lassen sich durch die Ernennung eines *Repräsentanten* zusätzliche Vorteile erzielen. Dann sind Sie von dem lokalen Agenten weniger abhängig und können Ihr Geschäft selbst aufbauen. Außerdem können Sie Ihr Geld direkt vom Kunden eintreiben. Das spart Zeit und Kosten, weil der Kunde nicht erst an den Agenten zahlen muss und dieser anschließend an Sie.

Besser konservativ gekleidet: Dresscode

In Iran hat sich in den vergangenen Jahren ein grundlegender gesellschaftlicher Wandel vollzogen. Das Bild, das uns die Medien jahrzehntelang über die iranische Öffentlichkeit vermittelten, zeigte in schwarze Tschadors verhüllte Frauen und bärtige Männer, die fanatisch durch die Straßen zogen und Amerika den Tod wünschten. Diese Zeiten sind längst vorbei. Die stereotypen Bilder von damals sind aber in unseren Köpfen geblieben.

Heute unterscheidet sich das Straßenbild iranischer Städte kaum noch von dem in anderen Teilen der Welt:

> Eine große schwarze Sonnenbrille und viel Make-up, ein kleines transparentes Kopftuch in fröhlicher Farbe, das kaum die Hälfte ihrer blond gefärbten Haare bedeckt, kurze Jeans und eng sitzender Mantel, der kaum bis zur Hüfte reicht und die Wölbungen des Körpers besonders betont: So sehen heutzutage Tausende Frauen in Teheran und anderen iranischen Großstädten aus (Kazemi 2007).

Im Umgang mit Iranern ist man über den neuen Pragmatismus erstaunt, der sich vielerorts zeigt. Nichtsdestotrotz spielen Statusdenken, Prestige und das Aussehen im Alltag weiterhin eine herausragende, wenn nicht gar eine dominierende Rolle. Selbst wenn man bei einfachen Leuten zu Gast ist, wird immer versucht, das Beste aufzutischen, um den bestmöglichen Eindruck zu hinterlassen.

In den vergangenen Jahren ist das äußere Erscheinungsbild einer Person in der Öffentlichkeit immer wichtiger geworden. Iraner – unabhängig vom Geschlecht – gehen grundsätzlich nie unvorbereitet auf die Straße, was sich letztendlich auch auf die „Pünktlichkeit" auswirkt. Das gilt natürlich auch im Geschäftsleben. Der revolutionäre Schlabberlook ist selbst in Staatsunternehmen passé. Iranische Führungskräfte tragen weiterhin zwar keine Krawatte, weil sie als Symbol westlicher Dekadenz verpönt ist, dafür jedoch teure Maßanzüge und ebenso die teuren kragenlosen Hemden *(Yaghe akhundi)*. Die Schuhmode ist italienisch, allerdings Made in Iran. Von Revolutionsführer Ayatollah Khamenei ist bekannt, dass er seine Seidenhemden aus Paris bezieht. Bei geschäftlichen und privaten Anlässen sollten Sie in einem dunklen Anzug erscheinen, wobei es völlig unerheblich Sie, ob Sie dazu eine Krawatte tragen oder nicht. Ein Anzug signalisiert den nötigen Respekt gegenüber dem iranischen Geschäftspartner. Allerdings sind kurzärmelige oder offene Hemden verpönt. Wichtig sind in diesem Zusammenhang auch teure Accessoires wie Armbanduhr, Schreibutensilien, Handy und Notebook oder iPod. Für die technikversessenen Iraner sind dies immens wichtige Prestigeobjekte. Bei privaten Anlässen, wenn Sie nicht gerade bei sehr engen Freunden eingeladen sind, empfiehlt sich immer die konservative Kleidervariante, zumal gerade iranische Frauen in Gesellschaft ausnahmslos elegant auftreten. Der bei uns eher übliche *Casual Look* bei Freunden sollte nur ungezwungenen Anlässen wie Ausflügen oder Picknicks vorbehalten bleiben. Ganz gleich, bei welchen Temperaturen Ihre geschäftliche Verabredung stattfindet, Sie sollten das Jackett anbehalten. Meist wird Ihr Gastgeber Sie bitten, das Jackett abzulegen, weil er es dann ebenfalls kann. In der Regel sind die meisten Büros ohnehin klimatisiert und verfügen über eine Klimaanlage.

Für Frauen ist der islamische Dresscode bindend, und zwar unabhängig von der Nationalität. Grundsätzlich gilt, dass Frauen bei der Ankunft und während ihres gesamten Aufenthaltes in Iran in der Öffentlichkeit ein Kopftuch und einen langen Mantel tragen müssen. Meist werden Sie bereits im Flugzeug darüber informiert. Die Füße müssen ebenfalls bedeckt sein und auffälliges Make-up ist zu vermeiden. Bei der Wahl des Farbtons empfiehlt sich ein dunkler Ton, grelle Farben sind offiziell verpönt, auch wenn Iranerinnen dem in der Öffentlichkeit wenig Respekt zollen. Was für Iranerinnen gilt, können Sie für sich nicht in Anspruch nehmen, zumindest nicht im öffentlichen Raum. Der Mantel wird bei geschäftlichen Terminen grundsätzlich anbehalten, ebenso das obligatorische Kopftuch. Anstelle eines Kostüms tragen Sie besser einen dunklen Hosenanzug unter dem Mantel. Wenn Ausländerinnen diese Regeln beachten, können sie erwarten, respektvoll behandelt zu werden.

Anders dagegen bei privaten Einladungen. Es empfiehlt sich die konservative Kleidervariante, wenn Sie vorher nicht in Erfahrung bringen können, ob Ihre Gastgeber sehr *traditionsbewusst* sind oder eher modern. Sind Sie bei religiös orientierten Iranern zu Gast, können Sie das spätestens nach der Begrüßung erkennen. Behalten Sie besser Mantel und Kopftuch an. Sind die Frauen jedoch überwiegend modisch gekleidet, können Sie Mantel und Kopftuch ablegen. Besser, Sie fragen vorher die Gastgeber.

Alkohol ist offiziell verboten, wird Gästen dennoch häufig aus Gründen der Gastlichkeit angeboten. Ich empfehle Ihnen jedoch, in Iran grundsätzlich auf den Konsum von Alkohol zu verzichten. Zum einen, weil es für Ausländer sehr riskant ist, in der Öffentlichkeit mit einer Alkoholfahne erwischt zu werden. Sie wissen nie, ob Sie auf der Heimfahrt in eine Straßenkontrolle geraten. Zum anderen, weil man bei Selbstgebranntem nie sicher sein kann. Wenn Sie eine gute Ausrede brauchen, die Ihren Verzicht begründen soll, sagen Sie einfach, Sie hätten chronische Magenprobleme. Das gilt auch für Speisen, die Sie – aus welchen Gründen auch immer – einfach nicht mögen.

Literatur

Bundesdeutsche Industrie wittert Chancen beim Wiederaufbau in Iran. Eindrücke während eines Besuchs von Bauminister Oskar Schneider. Aber ohne Hermes-Deckung wird die Anbahnung von Geschäften schwierig. (21. Dezember 1988). *Frankfurter Allgemeine Zeitung.*
Kazemi, M. R., (27. April 2007). Kampf gegen Unzucht in Iran. *Spiegel Online.*

"Bei Allah, dieser Preis gilt nur für dich" – Richtig verhandeln

8

Willkommen, mein Bruder, ich habe dich lange nicht gesehen.
Ach, Bruder. Ich lebe weit von hier im Süden.
Im Süden? Dort habe ich Freunde unter den ...
Auch ich kenne einige aus dieser Familie.
Mein Laden ist deiner. Befehle mir.
Du bist der Herr. Ich möchte einen Anzug kaufen. Wie viel macht dieser hier ungefähr?
Zwischen uns, mein Bruder, herrscht Einigkeit. Mich interessiert nicht der Profit, sondern nur, was dich erfreut. Brüder debattieren nicht über Preise. Für dich kostet er nichts, ist ein Geschenk.
Ahmed hat mir deinen Laden besonders empfohlen.
Ah, Ahmed! Er ist dein Freund? Für dich macht der Anzug vierzig Dinar.
Bruder, hast du keine Furcht vor Gott?
Viele Reiche kommen aus dem Süden kaufen meine Anzüge und kommen wieder. Bei Allah, dieser Preis gilt nur für dich ...
Vierunddreißig.
Nimm ihn für siebenunddreißig.
Fünfunddreißig.
Einverstanden. Ich gebe ihn dir, weil du es bist. Allah wird mich für den Verlust entschädigen
(Weiss 1997, 12).

So oder ähnlich wie in diesem kleinen Dialog wird heute noch in vielen Basaren des Mittleren Ostens gehandelt, und nicht nur dort. Vom Basar in das voll klimatisierte Arbeitszimmer eines iranischen Geschäftsmannes ist es nicht allzu weit. Der Taschenrechner hat vielerorts den traditionellen Abakus abgelöst, allerdings ist er hier und da immer noch im Einsatz. Das Handy ermöglicht die direkte Kommunikation über große Entfernungen hinweg. Die elektronischen Medien tun ein Übriges. Das sind

Neuerungen, gewiss. Nur, die Wirtschaftskultur hat sich nicht geändert. Der Kommunikationsstil ist der gleiche geblieben.

Der Basar ist die Keimzelle und der Lebensnerv der orientalischen Wirtschaft. Es gibt keine Stadt in Iran ohne den traditionellen Basar, obwohl auch er seit einigen Jahren einem Strukturwandel unterworfen ist. Seit Jahrhunderten bilden Basaris und der islamische Klerus eine verschworene Interessengemeinschaft, einzigartig und stets in Opposition zu den jeweiligen Herrschern. In Iran hat diese Symbiose schließlich zur Revolution und zur Herausbildung der Islamischen Republik geführt. Deshalb ist die Stimmung im Basar stets auch ein Gradmesser für das politische Klima im Lande.

Verhandlungen mit Iranern sind nie ausschließlich sachbezogen, wie wir das kennen, sondern immer beziehungsorientiert. Auch wenn man sich nicht oder nur wenig kennt, zuerst wird ein Kontext hergestellt, in den beide Verhandlungspartner eingebunden sind. Dann kann man zum Geschäftlichen übergehen. Die Art und Weise, wie jemand verhandelt, wie er eine Verhandlungssituation aufbaut, welche Argumente und wie er sie geschickt einsetzt, ist kulturell vorgegeben. Das geht über Jahrhunderte so, die Jungen lernen von den Alten.

Erfolgreiches Verhandeln setzt voraus, dass Ihnen der soziokulturelle Kontext bekannt ist.

Unterschiedliche Ziele

Wenn Sie mit iranischen Geschäftspartnern in Verhandlungen treten, sind zwei Unterscheidungen wichtig:

- Privatunternehmen oder
- staatliches Unternehmen?

Diese Unterscheidung ist insofern wichtig, weil sie den Verlauf der jeweiligen Verhandlungen beeinflussen oder gar bestimmen. Das Ziel von Verhandlungen (aus iranischer Sicht) ist bei einem Privatunternehmer anders als bei einem Staatsbetrieb oder in einer *Bonyad*.

Ein Privatunternehmer will zunächst eine vertrauensvolle Partnerschaft aufbauen. Er ist an einer langfristigen und gewinnbringenden Kooperation auf einer persönlichen Ebene interessiert. Das bedeutet für Sie, dass Sie leichter in ein Beziehungsnetzwerk integriert werden können. Für ihn gilt das Prinzip der Gegenseitigkeit, er hat in der Regel *keine politischen* Motive. Politik interessiert ihn nur insofern, wie sie seinen unternehmerischen Handlungsspielraum tangiert. Sein Interesse gilt primär dem eigenen Unternehmen.

Für den Manager eines stattlichen Unternehmens ist es dagegen wichtig, das Geschäft optimal zu verhandeln und den größtmöglichen Nutzen für das Unternehmen zu erzielen. Alles andere ist zweitrangig. Eine persönliche Beziehung lässt sich eher selten aufbauen, das Geschäftliche ist sehr stark ideologisch unterfüttert. Deshalb werden Sie wahrscheinlich auch nie Teil eines Beziehungsnetzwerkes sein. Sie haben es hier mit einem extrem konservativen religiösen Milieu zu tun, mit einem ausgeprägten Schwarz-Weiß-Denken. Ein erfolgreicher Geschäftsabschluss bedeutet für Manager dieses Typs in erster Linie Prestigegewinn und Erfolg auf der Karriereleiter. Die Motive sind vordergründig politisch, der berufliche Werdegang ist eng verknüpft mit dem Revolutionsgeschehen (siehe hierzu Kap. 10).

Unterschiedliche Perspektiven

Bei der Vorbereitung von Verhandlungen sollte man immer zwei Dinge berücksichtigen: die *Eigenperspektive,* also das, was von meiner Firma aus bereits im Vorfeld getan oder nicht getan wurde. Und die *Perspektive der anderen,* also das, was wir über das iranische Unternehmen wissen bzw. wissen können.

Aus der *Eigenperspektive* sollten folgende Fragen vorab beantwortet werden:

- Gab es bereits Verhandlungen?
- Wer war Verhandlungsführer?
- Welche Ergebnisse wurden vereinbart?
- Welche Unterlagen, Notizen, Protokolle?
- Wer waren die Teilnehmer auf beiden Seiten?
- Welche Problembereiche wurden angesprochen?
- Gibt es persönliche Bekanntschaften zu Mitgliedern der anderen Seite?

Aus der Perspektive der *anderen* ist wichtig zu wissen:

- Wer nimmt an den Verhandlungen teil?
- Wurden bereits Gespräche geführt?
- Haben sie positive Erfahrungen im Umgang mit Ausländern?
- Kennen wir einzelne Teilnehmer?
- Verhandeln wir mit den richtigen Personen, der richtigen Abteilung (Entscheidungsbefugnisse)?
- Wurden vielleicht bereits Gespräche mit der Konkurrenz (aus unserer Sicht) geführt?
- Wie ist das iranische Unternehmen (national/international) positioniert?

Ergänzend hierzu sollten Sie auch folgende Punkte abklären:

- Welche großen Kunden (national/international) hat das iranische Unternehmen?
- Fragen nach der Logistik
- Fragen nach den Lieferzeiten
- Sind Bankbürgschaften oder staatliche Bürgschaften (Hermes) erforderlich?

Verhandeln auf Augenhöhe

Iranische Geschäftsleute verhandeln wie alle Geschäftsleute gerne auf Augenhöhe. Anerkennung und Status sind wichtig. Wegen der autoritär-paternalistischen Entscheidungsstruktur in iranischen Unternehmen werden Sie in der Regel mit Entscheidungsträgern verhandeln. Bei privaten Unternehmen ist Ihr Verhandlungspartner der Firmeninhaber selbst, bei Staatsbetrieben ist es der CEO. Beide Optionen verlangen von Ihnen, dass Sie entsprechend hochrangige, zumindest aber autorisierte Führungskräfte entsenden. Ein Mitarbeiter, der bei kritischen Fragen erst noch Rücksprache mit der Muttergesellschaft führen muss, wird erfolglos bleiben, weil er nicht respektiert wird. Der iranische Geschäftspartner wird darüber hinaus auch gekränkt sein, weil er denkt, nicht genügend respektiert zu werden. Einen solchen Fauxpas können Sie sich nicht leisten. Selbst bei Vorverhandlungen sollten Sie auf solche scheinbar zweitrangigen Dinge achten. Bei sämtlichen Gesprächen empfiehlt sich darüber hinaus, als Verhandlungsdelegation aufzutreten, wobei der Älteste (Senioritätsprinzip) die Gespräche führen sollte.

Keine vorbereiteten Vertragsunterlagen

Verträge sind das Ergebnis von Verhandlungen. Diese Verhandlungen müssen Sie erst führen, und das kann sehr langwierig und ermüdend sein. Einen schnellen Vertragsabschluss zu erwarten ist reine Illusion. Sie können unter keinen Umständen fertig formulierte Vertragsunterlagen, etwa Standardverträge, vorlegen. Ihr Gesprächspartner wird sie mit keinem Blick würdigen. Wenn Sie mit einem Vertreter aus einem Staatsbetrieb verhandeln, wird er ohnehin weitere Entscheidungsträger (auch aus dem Klerus) zurate ziehen. Mit einem geduldigen Vorgehen und der Bereitschaft, auf die Erwartungshaltung Ihres Gegenübers flexibel zu reagieren, erreichen Sie mehr. Bei festgefahrenen Verhandlungen ist es oft hilfreich, das Thema zu wechseln und einen neuen Verhandlungstermin anzusetzen.

Literatur

Weiss, W. M. (1997). Bei Allah, dieser Preis ist nur für dich! Wie der orientalische Basar funktioniert. *Der Arabische Almanach. Zeitschrift für orientalische Kultur, 7*, 12–16.

Höflichkeiten und Komplimente

9

Gib dem, der die Wahrheit sagt, ein Pferd, damit er hinterher entwischen kann
(Persisches Sprichwort).

Die persische Sprache ist nicht nur reich an blumigen Ausdrücken, sondern auch an Gesten und sprachlichen Mustern der Unterwerfung und Selbstopferung. Sie ist das Schmiermittel der Kommunikation.

Das Einmaleins der persischen Kommunikation

> In den Umgangsformen ist der Perser zumeist von großer Feinheit und Höflichkeit. […] Von der ersten Jugend an wird das persische Kind zur Beobachtung guter Lebensformen und persönlicher Würde angehalten (Rosen 1926, S. 45).

Perser sind in der Tat ausgesprochen höfliche Menschen. Sie sagen allerdings nie, außer vielleicht im privaten Kreis, was sie wirklich denken. Und selbst dann kann man noch nicht sicher sein. Über persönliche Befindlichkeiten, Schwächen oder Stärken, Vorlieben und anderes, spricht man nicht, weil dahinter die Angst steht, sich angreifbar zu machen. Hier kommt das ausgeprägte Misstrauen zum Vorschein, schließlich ist es denkbar, dass jemand, dem man irgendwann einmal vertrauliche Informationen gegeben hat, diese eines Tages gegen einen selbst verwenden könnte. Das wäre ein herber Gesichtsverlust.

Von Kindheit an zur Höflichkeit erzogen, will man niemanden vor den Kopf stoßen, ihn gar verletzen oder beleidigen. Zu diesem Zweck hält die persische Sprache ein ausgefeiltes Instrumentarium an kommunikativen Mustern bereit, auf das ich weiter unten noch genauer eingehe.

Besser zu einem guten Zweck eine Lüge,
Als Wahrheit, die üble Früchte trüge
(Scheich Saadi, 1258 n. Chr.).

Ihr Verhältnis zur Wahrheit ist ambivalent. Das war nicht immer so. Von dem griechischen Historiker Herodot (5. Jahrhundert v. Chr.) wird berichtet, dass bei den alten Persern das Wahrheitsideal besonders hochgehalten wurde, indem die Erziehung zur Wahrheitsliebe Vorrang hatte. Damals mussten die Perser auch noch nicht die Erfahrung Jahrhunderte währender Fremdherrschaft machen. Unter dem Islam wurde von schiitischen Gelehrten die Lehre vom „Erlaubtsein des bewussten Verschweigens des eigenen Bekenntnisses", das *Taqiyeh* oder *Ketman,* entwickelt (vgl. Ende 2005, S. 87). *Ketman* diente dem Schutz der eigenen Persönlichkeit in einer feindlichen Umwelt und ist im Bewusstsein von Iranern tief verankert. Täuschung zum Selbstschutz. Wegen der „geringen Bewertung der Wahrheit und überhaupt des Tatsächlichen… (hat) die Lüge auch nichts Schimpfliches", schreibt Friedrich Rosen.

Es ist auch im Grunde genommen unmöglich, eine „ehrliche" Meinung (nach unserem Verständnis) zu einem bestimmten Sachverhalt, zu einem Ereignis oder einem Thema zu bekommen. Außer, wenn es um aktuelle Themen geht, welche die gesamte Nation betreffen, wie den Atomstreit oder die Situation im Irak oder in Syrien. Iraner vermeiden es, eine klare Position zu einem Sachverhalt einzunehmen. Sie legen sich nicht gerne fest und lassen sich genauso wenig festlegen, weil eine Festlegung sich im Nachhinein auch als falsch herausstellen könnte. Was falsch war, fällt immer auf denjenigen zurück, der die Feststellung getroffen hat. Eine Fehleinschätzung stellt einen Menschen nicht nur in ein schlechtes Licht. Sie stellt auch seine Kompetenz infrage und führt zu einem empfindlichen Gesichtsverlust. Das ist der Grund, weshalb die meisten Äußerungen vage und unbestimmt bleiben.

Wer keine verbindlichen Aussagen trifft, muss keine Verantwortung übernehmen. Das gilt ebenso für Dinge, die sich nicht beeinflussen lassen. Das Arabische *Inschallah,* so Gott will, ist mehr als nur eine bloße Vorbehaltsklausel. Es ist der Rückgriff auf eine numinose Macht und zugleich die Übertragung von Verantwortung auf sie.

Das Leben hält für den Einzelnen viele Unwägbarkeiten bereit, gegen die man sich schützen muss. In der persischen Sprache gibt es dafür eine Vielzahl von Redewendungen, die der Abwehr und der Rückversicherung dienen. Im Alltag werden dafür häufig Amulette eingesetzt wie zum Beispiel das gegen den allgegenwärtigen Bösen Blick *(cheshmeh bad)* oder gegen eine Vielzahl anderer böser Mächte. Diese Handlungen gehen auf das vorislamische zoroastrisches Erbe zurück. Viele Iraner scheuen zum Beispiel davor zurück, Ereignisse oder Personen zu loben oder eine günstig verlaufende Entwicklung dem Glück zuzuschreiben. Nachfragen nach dem Stand der Dinge oder eines Projekts werden häufig mit *„Nicht schlecht"* (bad nist) oder *„Ich arbeite daran"* (daram ruje an kar mikonam) beantwortet. Etwas zu rühmen oder damit gar zu prahlen, gilt als unschicklich und womöglich gefährlich. Dahinter steckt die allgemein verbreitete Angst, eine eifersüchtige Person könnte versehentlich den Bösen Blick auf den Erfolgreichen lenken. Neid und Bosheit könnten sich einschleichen und den Erfolg zu Fall bringen. Werden dennoch einmal positive Aussagen getroffen, werden sie häufig durch Formeln wie *Mashallah* (Was Gott will) oder *Al-hamdu-lillah* (Lob sei Gott) abgesichert.

Der persische Kommunikationsstil ist indirekt und im Gegensatz zum expressiven Stil des Arabischen eher verhalten (vgl. Abb. 9.1). Lautes Sprechen oder Heben der Stimme gilt als unfein, ungebildet, unerzogen *(bi tarbiyat)* und ist nur in Ausnahmefällen erlaubt. Wer zu laut redet, gilt als unbeherrscht, erweckt Misstrauen und wirkt unglaubwürdig. Er verstößt gegen das Streben nach einer harmonischen Beziehung. Mit solchen Personen kann man keine Geschäfte tätigen.

Es gilt für unhöflich, eine Frage mit einfachem „Nein" („ne") zu beantworten. Statt dessen sagt man: *„kheir"* („zum Guten"). Wird man gefragt, beispielsweise im Basar, was man wünscht, so ist es nicht höflich, „nichts" zu antworten. Man sagt statt dessen: „Ihr Wohlergehen" (Rosen 1926, S. 45).

In den seltensten Fällen erhält man auf eine (An)Frage ein klares Nein. Antworten sind diplomatisch, häufig auch unbestimmt. Man will den Gesprächspartner nicht mit einer direkten Antwort vor den Kopf stoßen, sondern sich alle Optionen offenhalten. Kommunikation ist immer beziehungsorientiert und stark kontextbezogen. Anders dagegen in Deutschland, wo man im Geschäftsleben meist sachorientiert kommuniziert. Das persische Kommunikationsverhalten kann man, wie die Engländer sagen, als *„To beat around the bush"*, also „um den heißen Brei herumreden", treffend charakterisieren. Ein „Ja" bedeutet immer ein „vielleicht", oder ein „warum nicht?". Soll eine Sache nicht weiter

Abb. 9.1 Indirekter Kommunikationsstil

verfolgt werden, lässt man sie einfach auslaufen oder reagiert nicht mehr auf Nachfragen oder weicht ihnen ständig aus.

Körperbeherrschung, Wahrung des richtigen Ausdrucksverhaltens als notwendige Instrumente zur Erzielung eines positiven Eindrucks. Es geht um *adab,* die guten Sitten. Iraner unterscheiden sich in dieser Hinsicht von ihren arabischen Nachbarn.

> Ueber Etikette in gegenseitigen Besuchen, Korrespondenzen und Konversationen könnte man Bände vollschreiben, Einer will den Andern übertreffen (an) hyperbolischen Ausdrücken der Zartheit und Höflichkeit... (Vambery 1867, S. 97).

Persisch ist eine stark formalisierte und ritualisierte Sprache.

In Iran ist Kommunikation mehr als nur der Austausch von Argumenten und Meinungen. Es ist ein interaktives Spiel, indem Höflichkeits- und Respektbekundungen ausgetauscht werden. Das soll nicht darüber hinwegtäuschen, dass es parallel dazu ein ganzes Arsenal an Flüchen und Verwünschungen gibt. Für diesen Komplex von Kommunikations- und Verhaltensregeln gibt es im Persischen den Kulturstandard *Ta'rof*.

> Ta'rof ist ein iranisches Gesprächsverhalten, in dem man höfliche, aber nicht ernst gemeinte Angebote macht (Mahmoody 1988, S. 110).

Ta'rof ist im Prinzip eine soziale Etikette, die bei Gelegenheiten eingesetzt wird, bei denen jemand nicht unhöflich sein und den anderen kränken will. Aussagen, die im Rahmen von Ta'rof gemacht werden, sind Botschaften, deren Wahrheitsgehalt eher sekundär ist. Es geht darum, die wirkliche Bedeutung dieser Botschaften zu erkennen, und das stellt Iraner mitunter vor große Probleme. Wenn Iraner sich gegenseitig mit Komplimenten überhäufen, sich Geschenke machen oder jemandem etwas anbieten, dann ist meist Ta'rof im Spiel. Ta'rof wird auch gern als eine Strategie benutzt, bei der man sich zum Schein in die Position des Unterlegenen begibt, um den anderen in Sicherheit zu wiegen. Durch diese Art der Täuschung lassen sich die eigenen Ansprüche besser durchsetzen. Eine weitere wichtige Funktion von Ta'rof ist die wohlüberlegte Zurückhaltung der eigenen Meinung. Dadurch vermeidet man, anderen Ärger zu bereiten und gewinnt so ihren Respekt. Wie äußert sich Ta'rof im Alltag? Man lädt jemanden ein, den man nicht sehen möchte oder von dem man weiß, dass er nicht kommt. Wie reagiert der Eingeladene? Er nimmt die Einladung an und kommt nicht. So wahrt jeder sein Gesicht. In diesem Sinne trägt Ta'rof dazu bei, mögliche Konfrontationen zwischen zwei Kommunikationspartnern zu neutralisieren. Man zeigt gegenseitigen Respekt und geht sich aus dem Weg.

Es gibt eine Vielzahl kommunikativer Stilmittel, die in Gesprächen gerne eingesetzt werden und den Gesprächspartner manipulieren sollen. Dazu gehört die überschwängliche Lobrede *(Tahsin)* auf den Gesprächspartner, der man nur wenig glaubt oder Schmeicheleien *(Chaplusi),* die die Unterwürfigkeit (des Sprechers) signalisieren sollen (vgl. Hesse-Lehmann 1993). Ziel ist es, an den Stolz und die Eitelkeit des Angesprochenen zu appellieren, auch an die Großmütigkeit. Die adäquaten Körpersignale sind eine demutsvolle Haltung, Verbeugungen und ein gesenkter Blick. Manipulation durch Anbiederung, jemanden geneigt machen. Das ist auch der Zweck der altiranischen Proskynese.

In der alltäglichen Interaktion nehmen sprachliche Floskeln der Unterwerfung und Ergebenheit einen breiten Raum ein. Wenn Iraner von sich als Sklave *(Bandeh)* oder Diener *(Noukar)* sprechen, dann situativ, um Mitgefühl, Rührung oder Sorge auszudrücken. Die Selbstbezeichnung als Sklave entstammt der vorislamischen höfischen Tradition, während der Ausdruck Diener (Gottes) seine Wurzeln im Koran hat.

Beliebte Floskeln sind:

- „Wie Sie wünschen und befehlen."
- „Haben Sie einen Befehl?"
- „Befehlen Sie mir."
- „Sie sind mein Oberhaupt."
- „Ich bin Ihr Sklave."

Iraner sind im Gespräch häufig bereit, sich für andere *aufzuopfern* oder zu *sterben*. Das ist ein sprachlicher Automatismus, der eine körperliche Demutsgeste verbalisieren soll. *Qorban-at,* ich bin dein Opfer, gilt als Zeichen von Liebe oder soll Rührung und Mitgefühl ausdrücken oder man bietet sich jemanden an. Es ist eine beliebte Formel, die in Briefen häufig verwendet wird, *qorban-at gardam, feda-jat shawam,* alle im Sinne von „ich werde Ihr Opfer."

> Im Umgang ist er angenehm; er versteht es immer etwas Verbindliches zu sagen, und erwartet von seinem Partner dasselbe […] er wird nie eine Bitte oder ein an ihn gestelltes Ansuchen rund abschlagen, das widerstrebt seinem Charakter; er zieht es vor, zu versprechen und nicht zu halten (Polak 1865, S. 13).

Iraner empfinden eine direkte und ehrliche Aussage immer als unhöflich und verletzend. Kann ein Versprechen nicht eingelöst werden, kommt die Hinhaltetaktik *(Sardawanidan)* zum Einsatz. Etwas direkt abzulehnen gilt als unschicklich oder als beleidigend, ein Angebot wird daher immer mit einer Vorbehaltsklausel angenommen, *Inschallah* (so Gott will). Ebenso wenig kann man verbindliche Versprechen geben, sie werden auch selten erwartet. Verabredungen, die nicht eingehalten wurden, werden zwar bedauert, jedoch nicht kommentiert.

Der Umgang mit der Wahrheit wird in Iran anders gepflegt als in Deutschland. Die schiitische Tradition des *Ketman,* die Kunst der Verstellung, ist heute paradoxerweise aktueller denn je, obwohl sie ursprünglich nur unter sunnitischer Vormundschaft galt. Es ist das Gegenteil von (europäischer) *Leichtgläubigkeit* (aus iranischer Sicht). Weil Wahrheit für Iraner stets relativ ist, ist ihr die Lüge zum *guten Zweck* stets vorzuziehen, wie der Dichter Saadi sagt.

Literatur

Ende, W. (2005). Der schiitische Islam. In W. Ende & U. Steinbach (Hrsg.), *Der Islam in der Gegenwart.* München: Beck.

Hesse-Lehmann, K. (1993). *Iraner in Hamburg. Verhaltensmuster im Kulturkontakt..* Hamburg: Dietrich Reimer.

Mahmoody, B. (1988). *Nicht ohne meine Tochter.* Bergisch-Gladbach: Bastei-Lübbe.

Polak, J. B. (1865). *Persien. Das Land und seine Bewohner.* Ethnographische Schilderungen. 2 Teile. Leipzig: Brockhaus.

Rosen, F. (1926). *Persien in Wort und Bild.* Berlin: Franz Schneider.

Vambery, H. (1867). *Meine Wanderungen in Persien.* Pest: Nomad Press.

10 Der Chef hat immer recht

Was gerecht und was ungerecht ist, bestimmen die Mächtigen (Persisches Sprichwort).

Hierarchiedenken und patriarchalische Herrschaftsstrukturen bestimmen den Alltag in iranischen Unternehmen.

Management in Iran

„Unternehmenskultur ist die Gesamtheit von Normen, Wertvorstellungen und Denkhaltungen, die das Verhalten der Mitarbeiter in allen Stufen und das Erscheinungsbild eines Unternehmens prägen," schreiben die Autoren Kobi und Wütherich in ihrem Buch „Unternehmenskultur" (1986, S. 13).

Moderne (westliche) Managementkonzepte stellen den Mitarbeiter eines Unternehmens als Träger dieser *Corporate Identity* in den Mittelpunkt ihrer Darstellung. Nach unserem westlichen Verständnis ist die Unternehmenskultur ein wichtiges Instrument für den Erfolg eines Unternehmens. Firmen und ihre Kulturen sind Teil einer spezifischen gesellschaftlichen Ordnung.

Wenn man davon ausgeht, dass Firmen ihre eigenen Unternehmenskulturen hervorbringen, die mit den gesellschaftlich anerkannten Normen und Wertvorstellungen übereinstimmen, dann ist die Corporate Identity eines Unternehmens immer auch ein Spiegelbild der jeweiligen gesellschaftlichen Verhältnisse. Das gilt natürlich auch für die Unternehmenskultur in Iran.

Die meisten der heute in Iran tätigen Betriebe sind erst nach der Revolution im Zuge der Enteignungs- und Verstaatlichungswelle gegründet worden. Aufgrund dieser historischen Besonderheit konnte sich eine eigenständige Unternehmenskultur nicht herausbilden. Das hatte mehrere Gründe. Es lag einerseits an dem autokratischen Führungsprinzip in den privaten und staatlichen Unternehmen, das eine Partizipation der Mitarbeiter am betrieblichen Geschehen nicht zulässt. Andererseits ist die Personalstruktur in iranischen Unternehmen wegen der oft sehr unterschiedlichen ethnischen Herkunft ihrer Mitarbeiter auch sehr heterogen. Mitarbeiter mit der gleichen ethnischen Zugehörigkeit (Sprache, Kultur) bilden zudem häufig Subkulturen innerhalb eines Unternehmens, sodass ein Gefühl der Zusammengehörigkeit aller Mitarbeiter gar nicht erst nicht aufkommen kann. Durch das Fehlen dieses Wir-Gefühls sind Konflikte mit anderen Subkulturen im Prinzip schon vorprogrammiert.

Zur Förderung des Wir-Gefühls in einem Unternehmen gehören auch bestimmte Gemeinschaftsveranstaltungen wie Feste oder betriebliche Feiern, weil sie eine wichtige soziale und psychologische Funktion haben. Derartige Aktivitäten, wie beispielsweise das Feiern von Firmengeburtstagen oder Jubiläen, waren vor der Revolution unüblich und danach einfach absolut tabu, weil sie als unislamisch angesehen wurden. Offizielle Feste und Feiertage sind in Iran meist Veranstaltungen mit einem religiösen Hintergrund, etwa zu Ehren des Propheten, der schiitischen Märtyrer, der Imame oder anderer historischer Ereignisse und haben meist einen ernsten Charakter. Die einzige Ausnahme bildet das persische Neujahrsfest (Nowruz).

Symptomatisch für viele iranische Unternehmen ist auch das Fehlen einer dokumentierten Firmengeschichte. Wenn eine solche vorliegt, beginnt sie meist nach der Revolution, weil die Vorgeschichte des Unternehmens einfach ausgeblendet wird.

Management unter dem Shah-Regime

In den Jahren vor der Revolution verkörperte der Unternehmer in den privaten Firmen zugleich den Manager und führte seinen Betrieb wie eine Familie mit einem paternalistisch-autoritären Führungsstil. Das patriarchalische Führungskonzept ist auf absolute Autorität ausgerichtet und verlangt absoluten Gehorsam. Es duldet keinen Widerspruch, verlangt stattdessen Loyalität. Diese Traditionslinie beginnt in der Familie, wo der Vater das Oberhaupt ist, das autokratisch herrscht und die männlichen Nachkommen bevorzugt. In der Schule übernimmt der Lehrer diese Rolle, in der Armee ist es der Offizier, im Betrieb ist es der Manager. In der religiösen Sphäre steht der Imam als Leiter der Gemeinde *(Umma)* und der Moschee. Der traditionelle Führungsstil vereinigt sämtliche Leitungsfunktionen (Planen, Entscheiden, Kontrollieren) in einer Person. Es existiert eine Vorliebe für die Monopolisierung und Zentralisierung von Macht. Der iranische Unternehmer/Manager herrscht wie ein absolutistischer König. Aus seinem Anspruch auf unbedingte Loyalität leitet sich umgekehrt die solidarprotektionistische Verpflichtung ab, für das persönliche Wohlergehen der Mitarbeiter sorgen zu müssen.

In vielen staatlichen Betrieben existierte das, was man als eine Art *kulturellen Dualismus* bezeichnen könnte. Manager waren häufig an westlichen Vorbildern orientiert und hatten ihre Managementkenntnisse durch ein Auslandsstudium erworben. Ihr Führungsverhalten dagegen war autoritär-paternalistisch ausgerichtet. Die Mitarbeiter dagegen hielten an ihrem traditionellen Berufsbild und an ihrer bisherigen Lebensweise fest. Westliche Standards wurden nur übernommen, wenn sie zweckdienlich waren. Das Ergebnis war eine ständige Diskrepanz zwischen Anspruch und Wirklichkeit. Eine Anpassung westlichen Know-hows an persische Kulturstandards fand nicht statt. Das Beharrungsvermögen der Kultur war eben zu stark.

Die Neue Ordnung

Nach der Revolution wurden viele Privatunternehmer entschädigungslos enteignet, ihre Betriebe wurden konfisziert und den neu gegründeten parastaatlichen Stiftungen, den Bonyads, eingegliedert. Erfahrene Geschäftsführer wurden zwangspensioniert oder gingen ins Exil. Führungskräfte mussten ihre *Linientreue* unter Beweis stellen oder wurden durch regimekonforme Personen ersetzt. Die zentralistische Machtstruktur in den Betrieben wurde zunächst abgeschafft, wodurch es zu chaotischen Verhältnissen kam. Wegen der zahlreichen Konflikte und ständigen Produktionsausfälle kehrte man schließlich zum patriarchalischen Führungsstil wieder zurück.

Parallel zur Welle der Verstaatlichung wurde zu Beginn der 1980er-Jahre eine radikale Islamisierungspolitik durchgeführt, von der neben den Schulen, die Universitäten und Behörden und die Betriebe erfasst wurden. Der Arbeitsalltag wurde ideologisiert, religiöse Inhalte (Symbole) mussten in die Arbeitsabläufe integriert werden ebenso wie die festen Zeiten zur Verrichtung der Gebete (fünfmal am Tag). Dafür brauchte man zusätzliche Räumlichkeiten. Die Arbeitszeiten mussten im Fastenmonat Ramadan an die religiösen Auflagen wie das Fasten angepasst werden.

In den Betrieben wurden islamische Komitees und Arbeiterräte gegründet, um die Arbeiter besser kontrollieren und die Arbeit effizienter organisieren zu können. Die Beschäftigten waren verpflichtet, an dem Freitagsgebet in den Moscheen teilzunehmen. Das Einhalten der islamischen Betvorschriften führte zu ständigen Unterbrechungen in den Arbeitsabläufen und die Personalfluktuation war daher entsprechend hoch. Das Einführen religiöser Feste und Feiertage tat ein Übriges. Die Zielvorgaben an die Produktivität der Unternehmen waren weniger betriebswirtschaftlich ausgerichtet, sondern eher ideologisch begründet. Das Ergebnis waren Wirtschaftskrisen, die mit einer gewissen Regelmäßigkeit auftraten. Die gesamtwirtschaftliche Entwicklung in Iran unter der Regierung von Ahmadinedjad hat hinlänglich bewiesen, dass ideologische Konzepte, vor allem wenn sie auch noch religiös begründet sind, in der Praxis scheitern müssen. Zum einen gehen sie an den Bedürfnissen der Bevölkerung vorbei. Zum anderen lassen sie außer Acht, dass heute nationale Volkswirtschaften im Zuge der Globalisierung in den Kreislauf der Weltwirtschaft eingebettet sind. Die iranische Volkswirtschaft steht zu Beginn des Jahres 2016 am Rande des Zusammenbruchs und hofft auf ausländisches Kapital und auf ausländische Investoren. Dies ist vermutlich auch einer der Gründe, neben den massiven sozialen Problemen, wenn nicht der Hauptgrund gewesen, warum das iranische Regime in der Auseinandersetzung um das iranische Atomprogramm zu einer Beilegung des Konflikts bereit gewesen ist.

Wie man Manager wird (nach der Revolution)

> Gesellschaftlich war es wichtig gewesen, aus welcher Familie man stammte, wessen Sohn oder Tochter man war. Oft genug gelangte man wegen seiner Familienzugehörigkeit in Positionen, die man nicht verdient hatte. Das Ansehen, die Erscheinung, das, was man nach außen hin darstellte, war ausschlaggebend. Heute hingegen haben Äußerlichkeiten keine Bedeutung mehr und es ist völlig gleichgültig, aus welcher Familie man stammt (Nadjamabadi 1987).

Nicht ganz, denn für eine berufliche oder politische Karriere ist es in Iran weiterhin entscheidend, aus welcher Familie man stammt. Daran hat sich nichts geändert. Lediglich der soziokulturelle Hintergrund vieler Entscheidungsträger war und ist heute anders. Viele der aktuellen Führungskräfte haben ihre berufliche Karriere während und durch die revolutionären Ereignisse gemacht. Viele kommen aus tiefreligiösen Verhältnissen, meist auch aus sozial ehemals schwachen und kinderreichen Familien. Der Vater war häufig ein einfacher Arbeiter, Handwerker, Tagelöhner oder Basarhändler. Wenn das Familienoberhaupt zum schiitischen Klerus gehörte, trat der Sohn dessen Nachfolge an.

Die Qualifizierung für höhere Führungspositionen begann bereits im Verlauf der (vor-) revolutionären Ereignisse. Ein erstes Engagement erfolgte in der Anti-Schah-Bewegung in den 1970er-Jahren, dann die Teilnahme an Demonstrationen, Streiks und Angriffen auf Polizisten und Soldaten. Nach der Revolution war die Mitgliedschaft bei der Volksmiliz *(Bassidj)* wichtig, anschließend eventuell auch die Teilnahme am Krieg gegen den Irak (1980–1988) entweder als Mitglied der Pasdaran *(Revolutionswächter)* oder bei anderen paramilitärischer Einheiten. Derart ausgezeichnet konnten viele mit Unterstützung durch die religiösen Stiftungen *(Auqaf)* oder die Bonyads ein Studium aufnehmen. Durch Protektion eines einflussreichen Ayatollahs oder anderer VIPs gelangten sie anschließend in höhere berufliche Positionen in staatlichen Unternehmen, Behörden, den Bonyads und/ oder gingen in die Politik.

Eines der prominentesten Beispiele ist der frühere Staatspräsident Mahmud Ahmadinedjad. „In Narmak, im Osten Teherans, wo Ahmadinedjad aufgewachsen ist, kennt jeder den Präsidenten. […] Zu Zeiten des Schahs hätten sie geheime Koranlesungen organisiert. Ahmadinedjad habe eine Druckermaschine zu Hause versteckt gehabt, mit der er Flugblätter gegen den Schah vervielfältigt habe. Eines Nachts sei der Savak, die Geheimpolizei des Schahs, vorbeigekommen. Doch Machmud sei geflüchtet und habe sich bis zum Morgengrauen in einem Wasserkanal versteckt" (Gehringer 2006).

In Iran ist die Vorstellung weit verbreitet, für die Besetzung von Führungspositionen in einem Unternehmen eigneten sich vor allem Personen, die ein Studium der Ingenieurswissenschaften absolviert haben. Ahmadinejad zum Beispiel ist Ingenieur. Nach landläufiger Meinung sind Ingenieure für die Aufgaben eines Managers besser geeignet, weil sie eine eher mechanistische Vorstellung von Betriebsabläufen mitbringen.

Außerdem sei für die Leitung eines Unternehmens die Kenntnis von technischen Produktionsabläufen wichtiger als kaufmännische Aspekte. Die Autorität des Ingenieurs erleichtere ihm ferner auch die Durchsetzung seines Führungsanspruchs im Unternehmen. Ingenieure und Ärzte genießen in Iran ein größeres Sozialprestige. Ihnen wird mehr Autorität zugeschrieben als anderen Berufsgruppen. Zudem fehlte bislang eine formalisierte Managementausbildung im Rahmen eines betriebswirtschaftlichen Studiums.

Der ideale Manager

Das Idealbild eines iranischen Managers orientiert sich am Vorbild des religiösen Führers, nicht an dem des Managers westlicher Prägung. Die ideale Führungspersönlichkeit ist eine Kombination aus Manager *und* religiösem Führer *(Rahbar)*. Das Konzept des Rahbar stammt aus dem schiitischen Islam, wo Führungskompetenz religiös legitimiert wird. Die bekanntesten religiösen Vorbilder sind die ersten vier Rechtgeleiteten Kalifen nach dem Tode des Propheten Mohammed, sodann die schiitischen Imame als deren rechtmäßige Nachfolger (aus schiitischer Sicht) und schließlich der verborgene zwölfte Imam *al-Mahdi* (siehe hierzu ausführlicher Kap. 13). Dem *islamischen Führungskonzept* liegt eine ziemlich diffuse Vorstellung von Gerechtigkeit zugrunde. Der Führer befreit die Menschen aus ihren sozialen und politischen Zwängen. Als allgemeiner Konsens unter den Klerikern gilt, dass eine Gleichbehandlung der Geschlechter nicht zulässig sei. Das ist der eigentliche Grund, weshalb es islamische Kleidervorschriften für Frauen gibt, warum Frauen im islamischen Recht (beim Familien-, Erb- und Strafrecht) gegenüber Männern benachteiligt werden. Aus dem gleichen Grund wurde *Sighre,* die islamische *Ehe* auf Zeit eingeführt, von der Kritiker behaupten, sie sei nichts anderes, als eine legale Form der Prostitution. Und schließlich werden die Allgemeinen Menschenrechte nicht anerkannt, weil sie auf dem Prinzip einer Gleichbehandlung der Geschlechter basieren. Nur die Scharia, das islamische Gesetz, kann diesem Denken zufolge gerecht sein. Dem Prinzip des Führers entspricht, dass ein Betrieb *geführt* werden und die Gesellschaft auf den *rechten Weg* gebracht werden muss.

Das autoritäre Führungskonzept zusammengefasst

Der ideale (religiöse) Führer:

- hat Visionen von einer gerechten Welt
- hat göttliche Eigenschaften
- weist den Gläubigen den rechten Weg
- kämpft gegen Mostakbar (Ungläubige)
- erfüllt eine Mission
- beendet die Ungerechtigkeit

Weibliche Führungskräfte sind eher selten und meist n nur auf den unteren oder mittleren Leitungsebenen anzutreffen. Trotz ihres hohen Anteils unter den Erwerbstätigen mit einem Hochschulabschluss – 22 % Frauen gegenüber 15 % der Männer – passen sie nicht in das System der patriarchalischen Herrschaftsstrukturen.

Moderne Führungsmodelle wie ein partizipativer oder kooperativer Führungsstil, *management by objectives* oder *management by delegation* sind zum gegenwärtigen Zeitpunkt in Iran eher undenkbar, weil sie mit der kulturellen Codierung der iranischen Gesellschaft nicht übereinstimmen.

Anspruch und Wirklichkeit

Die ständig wiederkehrenden Krisen der iranischen Volkswirtschaft sind nicht zuletzt auch dem technokratischen Verständnis von ökonomischen Zusammenhängen geschuldet. Die Regierung betreibt eine Art Planwirtschaft mit ehrgeizigen Vorgaben (Fünfjahrespläne), die nie erfüllt werden. Zahlreiche Wirtschaftsgüter (wie Grundnahrungsmittel oder Benzin) wurden in der Vergangenheit subventioniert, heute erhält ein großer Teil der iranischen Haushalte finanzielle Unterstützung vom Staat. Die privaten Unternehmen leiden unter dem eingeschränkten Wettbewerb durch die staatliche Konkurrenz. Hinzu kommt die schier unglaubliche Wirtschaftskraft der Bonyads, die einen Großteil der iranischen Volkswirtschaft kontrollieren. Die immer wieder angekündigte Re-Privatisierung staatlicher Betriebe scheitert häufig an divergierenden (politischen) Interessen.

Die *Geschäftsphilosophie* iranischer Unternehmer zielt primär auf die Versorgung des nationalen Marktes mit einheimischen Produkten und auf die größtmögliche Unabhängigkeit von Lieferungen aus dem Ausland. Diese Einstellung basiert auf den Erfahrungen, die sie mit der isolationistischen Politik der eigenen Regierung gemacht haben und ist auch eine Reaktion auf die Embargopolitik der USA und der Vereinten Nationen. Für iranische Manager steht die kurzfristige Gewinnmaximierung im Zentrum ihres Handelns, weil Gewinn und Erfolg als Messgrößen für ihre Kompetenz angesehen werden. Andere Aspekte wie Innovationen, Kunden- und Marktorientierung, nachhaltiges Wirtschaften und solides Wachstum, um nur einige wenige zu nennen, spielen eine eher untergeordnete Rolle, falls überhaupt. Weil sie wissen, dass sie im Rahmen von Joint-Ventures mit ausländischen Investoren ihre Produktionsmethoden an deren höhere Standards angleichen müssen, geschieht die Anpassung häufig nur partiell. Eine Übernahme westlicher Denkmodelle oder Arbeitsethiken ist in Iran nicht möglich, weil diese Ideen auf einen kulturellen Kontext treffen, in dem solche Vorstellungen wie Fremdkörper wirken.

Viele iranische Betriebe werden heutzutage in zweiter Generation von Managern geführt, die sich stärker auf betriebswirtschaftliche Aspekte konzentrieren als ihre Vorgänger. Der revolutionäre Impetus ist auch hier den Gesetzen des Marktes zum Opfer gefallen.

Organisation und Mitarbeiterführung

Die meisten iranischen Unternehmen sind organisatorisch nach dem Einliniensystem aufgebaut, weil es am besten mit dem autoritär-paternalistischen Führungsstil der Manager korrespondiert. Das Vorbild dieses Organisationsprinzips ist die militärische Organisation mit ihren einfachen, überschaubaren Autoritätsstrukturen (vgl. Abb. 10.1).

Vorteile des Einliniensystems:

- Straffe Disziplin
- Einheitlicher Auftragsempfang
- Anweisung nur vom direkten Vorgesetzten
- Top-down-Prinzip bei Entscheidungen und Anweisungen
- Verteilung der Aufgaben innerhalb der Abteilungen ist bekannt
- Ausführung obliegt den Abteilungsleitern
- Aufteilung der Mitarbeiter einer Abteilung obliegt Vorgesetzten und Meistern

In der Praxis überwiegen allerdings die Nachteile dieses Organisationsprinzips, weil es nicht flexibel auf externe Veränderungen reagieren kann.

Nachteile:

- Lange Weisungswege in beide Richtungen
- Meldungen brauchen viel Zeit

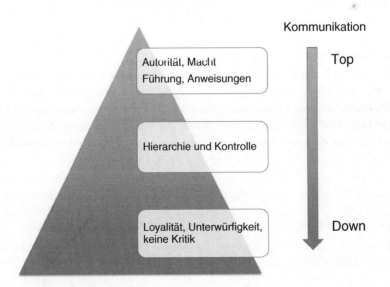

Abb. 10.1 Management in Iran

- Arbeitsfülle steigt mit Rangstufe
- Starke Belastung der oberen Leitungsebenen
- Kommunikationsweg Top-Down
- Instanzenweg = Dienstweg
- Häufige Konflikte

Die wichtigsten Merkmale des iranischen Managementsystems zusammengefasst:

Wer in Iran einen Job sucht, ist in der Regel auf sich selbst gestellt, weil der Arbeitsmarkt sehr stark dereguliert ist. Die Bekanntgabe von Stellenangeboten in privaten Betrieben erfolgt meist über Bekannte, Verwandte oder Freunde, also auf einer eher personalisierten Basis. Vorstellungsgespräche mit Bewerbern um eine freie Position werden meist direkt mit dem Geschäftsführer geführt, denn er entscheidet allein über die Besetzung neuer Stellen. Moderne Personalmanagementansätze wie *Human Ressource Management* (HRM) werden nicht angewandt. Diese Konzepte sind das Ergebnis westlich orientierten Denkens, in denen der einzelne Mitarbeiter kein reiner Produktionsfaktor ist, sondern ein wichtiger Teil des unternehmerischen Erfolgs. In iranischen Betrieben ist dieses Denken entweder unbekannt oder gilt als westlich dekadent und mit einer Portion Arroganz befrachtet. In einer gewissen Weise ist das verständlich, weil westliche Managementkonzepte auf anderen Wert- und Normvorstellungen gründen, für es in der persischen Kultur keine Entsprechungen gibt (Tab. 10.1).

Die Mitarbeiterführung in iranischen Unternehmen obliegt ausschließlich dem Geschäftsführer oder Manager. Auf der Basis seiner subjektiven Einstellung zu den betreffenden Mitarbeitern entscheidet er über Beförderungen, Lohnerhöhungen oder gar die Teilnahme an Weiterbildungsmaßnahmen. Von iranischen Mitarbeitern wird nicht erwartet, dass sie bei der Arbeit selbstständig denken oder eigenverantwortlich handeln. Eigenverantwortung setzt die Bereitschaft voraus, Kritik, wenn sie sachlich begründet ist, anzunehmen und konstruktiv mit ihr umzugehen und nicht beleidigt darauf zu reagieren. In Iran wird Kritik immer als ein Angriff auf die eigene Person verstanden! Mitarbeiter in iranischen Betrieben werden selten leistungsbezogen vergütet und das Gehalt oder der Lohn ist in vielen Fällen auch zu gering. Umgekehrt sehen Mitarbeiter ihre Entlohnung auch nicht als einen Anreiz, mehr und bessere Leistungen zu erbringen. In diesem Fall versagt das extrinsische Motiv. Das ist der wesentliche Grund, weshalb nach Anweisung gearbeitet wird. Viele Beschäftigte haben zudem oft noch mehrere

Tab. 10.1 Management in iranischen Unternehmen

Hierarchische Organisationsstruktur	Chef als Vaterfigur, als Patriarch
Autoritäre Vorstellung von Führung	Patriarch schafft Werte, Normen, Arbeitsklima
Macht ist zentriert	Gesten der Unterwürfigkeit bei Mitarbeitern
Langjährige Beziehungen	Mitarbeiter sind hochgradig loyal
Zeitmanagement ist polychron	

Nebenjobs, um ihren Lebensunterhalt sichern zu können. Erschwerend kommt noch hinzu, dass die Reallöhne wegen der zunehmenden Inflation ständig weiter sinken.

Personaleinstellungen in staatlichen Betrieben oder in den para-staatlichen Bonyads erfolgen meist über Ämterpatronage und durch Nepotismus. Die richtige Beziehung oder eine gute Empfehlungen ist in einer stark beziehungsorientierten Kultur extrem wichtig. Bei höheren Führungspositionen ist die soziokulturelle Herkunft mit einem revolutionären Hintergrund und/oder absolute Linientreue das entscheidende Kriterium.

Wenn Sie zum Beispiel im Rahmen eines Joint-Venture-Projekts mit iranischen Mitarbeitern zusammenarbeiten, wird von Ihnen erwartet, dass Sie Führungsstärke und Entschlossenheit demonstrieren und höflich, aber bestimmt, klare Anweisungen geben. Dazu sollte auch eine zeitliche Vorgabe gehören. Eigenverantwortliches Handeln sollten Sie nicht erwarten. Als Führungskraft müssen Sie führen und Ihre Anweisungen abfragen. Sie sollten Ihre Anweisungen weder begründen noch darüber mit Ihren Mitarbeitern diskutieren. Vermeiden Sie direkte Kritik, vor allem in Gegenwart anderer Mitarbeiter. Wenn Sie etwas kritisieren müssen, dann so, dass der Betroffene stets das Gesicht wahren kann. Andernfalls schaltet er/sie auf stur.

Literatur

Gehringer, U. (11. Mai. 2006). Der Knecht Gottes. *Weltwoche, 19.*
Kobi, J. M., & Wüthrich, H. (1986). *Unternehmenskultur. Verstehen, erfassen und gestalten.* Landsberg: Moderne Industrie.
Nadjmabadi, S. (14. März. 1987). Andere Bilder einer Reise. Ein Besuch in der Heimat. *Frankfurter Allgemeine Zeitung.*

Der Arbeitsalltag in Iran

11

> *Wie sehr wir Deutsche das pünktliche Einhalten von Terminen für selbstverständlich halten, merken wir in der Regel erst, wenn wir in einem Land sind, in dem man sich nicht auf Fahrpläne und sonstige Zeitangaben verlassen kann*
> *(Gelfert 2005, S. 35).*

„Time is no problem"

Wie jemand mit seiner Zeit umgeht, welche Prioritäten er setzt, ist abhängig von dem kulturellen Kontext, in den er hineingeboren und in dem er sozialisiert wurde. Wer in Deutschland bei seinem Vorgesetzten etwas erreichen will, hat in der Regel nicht sehr viel Zeit, sein Anliegen vorzutragen. Braucht er länger, entsteht der Eindruck, er habe sich nicht gründlich genug vorbereitet und wisse nicht genau, was er eigentlich wolle. Neben der richtigen Wortwahl sind Entschlossenheit und Dynamik im Auftreten oft entscheidend.

Wer allerdings in Iran so auftritt, wird sein gestecktes Ziel garantiert nicht erreichen. Erfolgsrezepte, die in Deutschland gelten, sind dort eine Garantie für Misserfolg. Zeit hat in Iran eine andere Bedeutung. Wer gleich beim ersten Treffen mit der Tür ins Haus fällt, gilt als unkultiviert, anmaßend und potenziell bedrohlich.

Unterschiedliche Arbeitsstile – Monochroner Stil

Unser Zeitverständnis ist linear, unser Arbeitsstil ist monochron. Für uns ist es wichtig, eine Arbeit pünktlich zu beginnen und innerhalb eines vertretbaren Zeitrahmens zu beenden. Der Begriff *monochron* ist eine Wortschöpfung des amerikanischen Anthropologen *Edward T. Hall,* und „means doing one thing at a time" (Hall 1973, S. 152). Er findet

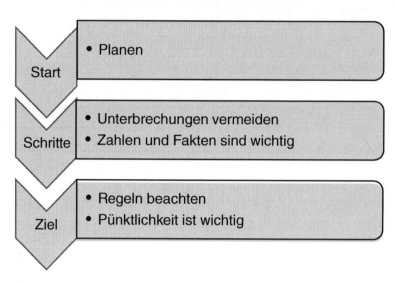

Abb. 11.1 Monochroner Arbeitsstil

diese Arbeitseinstellung bei Nordamerikanern und Nordeuropäern, also bei Menschen, die es gewohnt sind, sich auf eine Sache zu konzentrieren, also eine Aufgabe schrittweise abzuarbeiten (vgl. Abb. 11.1).

Monochron ist ein zusammengesetzter Begriff und kommt aus dem Griechischen von chronos für Zeit und aus dem Lateinischen von *mono,* was eins bedeutet.

Polychroner Arbeitsstil

Ein völlig anderer Umgang mit der Zeit ist die polychrone Arbeitsweise, die charakteristisch ist für Südeuropa, die arabische Welt und natürlich für Iran. Menschen mit einem polychronen Zeitverständnis pflegen einen weniger fixierten Umgang mit Zeit. Pünktlichkeit ist ihnen nicht so wichtig und ist eher ein Zeichen für einen Mangel an Flexibilität. Wer nicht mit der Zeit umgehen kann, weil er sich ständig in ein starres zeitliches Korsett zwängen muss und dessen Leben nur noch von Terminkalendern bestimmt wird und weniger von der Kommunikation mit anderen Menschen, gilt als unzuverlässig. Für ihn steht nur der schnelle Geschäftsabschluss im Blickpunkt seines Interesses und nicht die Beziehung, die man erst einmal aufbauen muss, bevor man über Geschäfte reden kann. Wen man nicht kennt, mit dem kann man keine Geschäfte machen.

Menschen mit einem polychronen Weltbild sind es gewohnt, mehrere Projekte gleichzeitig zu bearbeiten. Auf Unterbrechungen oder Unwägbarkeiten reagieren sie durch

Improvisieren. Für sie sind Zahlen und Fakten weniger wichtig. Ihre Grundeinstellung ist, dass im Leben alles relativ ist, deshalb kann man nur wenig vorausschauend planen. Aus dem gleichen Grund führt systematisches Arbeiten auch selten direkt zum Ziel. Regeln muss man umgehen können, weil sie das eigene Handeln zu sehr einzwängen. Pünktlichkeit ist kein Wert an sich, sondern immer abhängig von den Umständen, die das Handeln begleiten. Oft ist es eine unerledigte Sache, die einen aufhält, die Nachfrage eines Mitarbeiters, plötzliche Anrufe von Verwandten und Bekannten oder das Verkehrschaos in Teheran, die den eigenen Zeitplan strecken. Die Beziehung kommt vor die Sache und nicht umgekehrt (vgl. Abb. 11.2).

Der unterschiedliche Umgang mit Zeit ist kulturbedingt. Es ist kein Mangel an organisatorischen Fähigkeiten oder gar die fehlende Bereitschaft, Dinge systematisch anzugehen. Das polychrone Denken strukturiert Dinge einfach nur anders.

> **Beispiel**
>
> Ein Supermarkt in Teheran, es ist spät am Nachmittag. Das Geschäft ist gut besucht. An der Kasse stehen zehn Kunden in der Warteschlange. Es dauert quälend lange. Ein Angestellter hilft einer alten Frau, die den Laden offensichtlich nicht kennt. Ihrem traditionellen Aussehen nach ist sie eine Bäuerin irgendwo aus der Provinz und vermutlich das erste Mal in einem modernen Laden. Sie kauft ein paar Auberginen und stellt sich an die Spitze der Warteschlange. Der Kassierer sagt ihr höflich, Madar, (Mütterchen), Sie müssen sich anstellen wie alle anderen. Sie ignoriert den Hinweis und

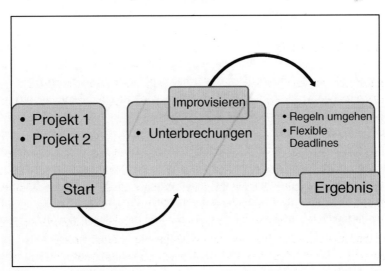

Abb. 11.2 Polychroner Arbeitsstil

murmelt irgendetwas. Der Kassierer bedient weiter der Reihe nach, doch die alte Bäuerin bleibt an der Kasse stehen. Niemand beschwert sich, niemand wird ungeduldig, alle schauen irgendwie amüsiert zu. Einer sagt, man solle die alte Frau nicht so lange warten lassen, sie sei schließlich ein altes Mütterchen. Der Kassierer bedient sie und hilft ihr noch beim Einpacken. Sie sagt: Al-hamdu-lillah, gelobt sei Gott, und geht.

Wenn Sie Terminvereinbarungen mit Ihrem iranischen Geschäftspartner treffen, wird von Ihnen erwartet, dass Sie wirklich pünktlich sind. Deutsche sind überall auf der Welt für ihr Insistieren auf die Einhaltung von vereinbarten Zeithorizonten bekannt, auch in Ländern, wo Meetings selten pünktlich beginnen. Auf Verspätungen Ihres iranischen Partners reagieren Sie am besten mit Gelassenheit. Der großzügige Umgang mit Zeit ist hier wirklich eine Investition, die sich auszahlen wird.

Meetings

Um einem beliebten Vorurteil gleich entgegenzutreten, auch in Iran beginnen Meetings pünktlich, nur nicht allzu oft.

In monochronen Kulturen werden Sitzungen meist im Voraus geplant, formal mit einer Tagesordnung und mit einem Protokoll abgeschlossen. Die Unterhaltung unter den Anwesenden ist anfangs etwas locker, wenn es dann zur Sache geht, wird man sehr schnell formell. Die Besprechungen dienen der Koordination von Zusammenhängen und der Instruktion der Anwesenden. Es ist weithin üblich, dass ein Meeting von einer höherrangigen Person geleitet wird. Meetings bieten kein Forum für die Kommunikation nach oben, sondern umgekehrt. Dabei versteht sich von selbst, dass abweichende Meinungen selten willkommen sind. Die höherrangige Person erteilt Anweisungen, erklären und überzeugen sind dabei unwichtig.

Von langer Hand vorbereitete Sitzungen sind in Iran relativ selten. Sitzungen beginnen häufig spontan, ohne große Ankündigung und ohne Agenda und immer mit der üblichen religiösen Grußformel der *Basmala* aus dem Eingangsvers des Korans, *„Besmillah Rahman-e Rahim"* (Im Namen Allahs, des Erbarmers, des Barmherzigen), die vom Vorgesetzten gesprochen wird. Die Formel Basmala wird in der gesamten muslimischen Welt am Anfang von Briefen, Büchern, Reden und Zeremonien verwendet.

Meetings werden deshalb meist bei aktuellen Problemen oder wenn neue Entscheidungen anstehen, kurzfristig einberufen. Dies entspricht der polychronen Zeitvorstellung, also auf wichtige Ereignisse kurzfristig und spontan zu reagieren. Für die Ausarbeitung einer Tagesordnung bleibt daher wenig Zeit, eine Ad-hoc-Tagesordnung muss genügen. Ausführliche Protokolle werden selten erstellt, weil die Teilnehmer sich auf die Ausführungen des Managers konzentrieren und für sich selbst Notizen machen.

Die Sitzungen sind von Beginn an sehr formell, man vermeidet den Small Talk, vor allem, wenn der Chef bereits anwesend ist. Die Besprechungen dienen zwar den anstehenden Problemen, ufern jedoch häufig in schier endlose Monologe des Chefs aus über die Situation des Unternehmens und die Wirtschaft im Allgemeinen. Je nach religiösem

Familienhintergrund oder wenn es aus Karrieregründen opportun erscheint, kommen Imam Khomeini und die Errungenschaften der islamischen Revolution ins Spiel. Es ist ein Ritual, dass der Selbstvergewisserung des Vortragenden dient. Von den Mitarbeitern wird erwartet, dass sie aufmerksam zuhören und zustimmen. Abweichende Meinungen oder gar Kritik an Entscheidungen oder Maßnahmen sind generell unerwünscht. Es würde auch nicht ihrer Rollenerwartung entsprechen. Einwände, auch wenn sie berechtigt sind, werden gerne zerstreut und *widerlegt*. Sie passen nicht zum autoritärpaternalistischen Führungsstil iranischer Vorgesetzter. Sitzungen sind ein Forum für die Entgegennahme von Entscheidungen, die umgehend und kritiklos ausgeführt werden müssen.

▶ Deutsch-iranische Meetings können wegen der unterschiedlichen Vorgehensweise anstrengend sein. Klären Sie zu Beginn, welche Tagesordnungspunkte Ihrem Gesprächspartner wichtig und welche weniger wichtig sind. Damit bauen Sie ihm eine Brücke. Festhalten an formalen Abläufen ist in Iran unüblich. Klammern Sie die weniger wichtigen Punkte zunächst aus. Erklären Sie, warum die zurückgestellten Punkte Ihnen auch wichtig sind und fragen Sie, ob Ihr Gegenüber nicht auch dieser Ansicht ist. Ansonsten brauchen Sie viel Geduld.

Umgang mit Behörden

Behörden arbeiten in Iran ähnlich schwerfällig wie überall auf der Welt. Allerdings ist der Umgang mit ihnen dort wesentlich komplizierter als in Unternehmen. Mitarbeiter von Behörden denken weder betriebswirtschaftlich noch leistungsorientiert. Dafür werden Sie schließlich nicht bezahlt. Ein Gefühl ständiger Unsicherheit trägt dazu bei, dass sie sich bei der Bearbeitung von Dokumenten viel Zeit lassen, um Fehler zu vermeiden. Außerdem können viele Angestellte keine Entscheidungen treffen und müssen den Instanzenweg genau einhalten. Vielfach ist es auch schlichte Unkenntnis, wie ein Vorgang zu bearbeiten ist oder die Angst, Fehler zu begehen. Im Zweifelsfall bleibt die Angelegenheit oft monatelang einfach liegen. Im Umgang mit Ausländern spielt ein grundsätzliches Misstrauen in Form von Verschwörungstheorien eine erhebliche Rolle. Fehlende Sprachkenntnisse machen es oft erforderlich, dass Ausländer sämtliche Dokumente in amtlich beglaubigter Übersetzung zusammen mit Kopien der Originale (ebenfalls amtlich beglaubigt) vorlegen müssen. Übersetzungen brauchen einige Tage und es ist oft schwierig, einen guten Übersetzer zu finden. Hier kann Ihnen die örtliche Deutsche Außenhandelskammer weiterhelfen.. Sie haben kaum Möglichkeiten, die Bearbeitung Ihrer Angelegenheit zu beeinflussen, es sei denn, Sie sind bereit, dafür Geld zu zahlen. Korruption ist in Iran angesichts der geringen Einkünfte vieler Angestellter, allen Verlautbarungen zum Trotz, weit verbreitet. Die Frage, ob Sie jemanden bestechen sollten, ist leicht zu beantworten. Wenn Sie nicht Ihren Ruf riskieren wollen, lehnen Sie es besser ab und bieten so etwas gar nicht erst an. Iraner halten Deutsche in der Regel für sehr korrekte Menschen. Deshalb sollten Sie diesen Eindruck nicht durch unkorrektes Verhalten widerlegen. Es geht auch ohne „Gefälligkeiten". Termine bei Behörden sind generell schwer zu bekommen, besonders bei Vorgesetzten. Lange Wartezeiten und vage Zusagen sind üblich. Wer einmal in Teheran den Gang durch die staatlichen Institutionen absolviert hat, entwickelt ein anderes Zeitgefühl.

▶ Zwei Empfehlungen: Dinge lassen sich nur durch den richtigen Partner vor Ort, beispielsweise durch eine auf Beratung spezialisierte Anwaltskanzlei, beschleunigen. Adressen vermittelt die Außenhandelskammer in Teheran. Und planen Sie viel Zeit ein.

Geschäftszeiten

Die Geschäftszeiten in Iran unterscheiden sich von denen in Deutschland durch eine andere Wochenendregelung. Freitag ist generell arbeitsfrei, auch wenn kleinere Geschäfte und Bäckereien nachmittags geöffnet sind. Die Kernarbeitszeiten sind von Samstag bis Mittwoch meist von 8.00 bis 16.00 Uhr sowohl bei Privatunternehmen als auch bei staatlichen Behörden. Donnerstags wird vielerorts von 8.00/9.00 bis 12.00 Uhr gearbeitet. Der iranische Kalender sieht eine Vielzahl von religiösen Feiertagen vor (Einzelheiten hierzu im Anhang), die auf Veranlassung der Regierung *gestreckt* werden können. In Südiran (Khuzestan, Belutschistan) können die Geschäftszeiten wegen des ausgesprochen heißen Klimas erheblich variieren.

Literatur

Gelfert, H. D. (2005). *Was ist Deutsch? Wie die Deutschen wurden, was sie sind*. München: Beck.
Hall, E. T. (1973). *The silent language*. New York: Anchor.

Konfliktmanagement 12

Die ersten Fehler gehören denen, die sie begehen; die zweiten denen, die sie zulassen
(Persisches Sprichwort).

Unterschiedliche Kommunikationsstile spiegeln immer auch unterschiedliche Verhaltensweisen in Konfliktsituationen wider. Manche Konflikte lassen sich mit rationalen Argumenten und Einsichten lösen, andere wiederum sind derart von Stimmungen und Gefühlen beeinflusst, mit subjektiven Verletzlichkeiten behaftet, dass eine Lösung fast aussichtslos scheint.

Konfliktpotenziale

> **Beispiel**
>
> Ein deutsches Unternehmen lieferte vor einigen Jahren eine Maschine an einen iranischen Kunden. Die Maschine war fertig montiert und der deutsche Ingenieur wollte einige Probeläufe fahren, um letzte Feinabstimmungen vornehmen zu können. Die iranischen Mitarbeiter hatten jahrelang mit einer älteren Version dieses Typs gearbeitet, die noch mechanisch gestartet werden musste. Das verlief nach anfänglichen Schwierigkeiten immer reibungslos. Die neue Maschine jedoch verlangte umfangreiche elektronische Kenntnisse, außerdem waren die Anweisungen in englischer Sprache verfasst. Eine Übersetzung in Persisch lohnte sich für den Hersteller nicht, wie man glaubte. Die Mitarbeiter wurden mit der Bedienung der neuen Maschine vertraut gemacht. Als sie einen Probestart durchführen sollten, passierte nichts. Allgemeine Hektik brach aus. Die Arbeiter blickten den Ingenieur ratlos an. Jemand meinte, ein Stromausfall, wie er sich im Sommer häufiger ereignete, könne die Ursache sein, oder

eine fehlerhafte Komponente. Niemand wollte seine mangelnden Englischkenntnisse zuzugeben. Dem Ingenieur blieb nichts anderes übrig, als mit der Schulung der Mitarbeiter erneut zu beginnen.

Was sollte oder könnte der deutsche Ingenieur überhaupt tun? Den Iranern direkt ins Gesicht sagen, dass ihr technischer Kenntnisstand nicht ausreiche, um solch eine komplizierte und teure Maschine zu bedienen? Wohl nicht.

In einer deutschen Firma würde sich ein ähnlicher Vorfall vermutlich kaum ereignen. Die Einstellung *(Arbeitsethik)* zu Fehlern und Konflikten und wie mit ihnen umzugehen sei, ist anders. Das hat mit eigenverantwortlichem Handeln zu tun und mit selbst organisiertem Arbeiten.

In Iran ist das anders. Das Leugnen von Fehlern, selbst wenn man dabei erwischt wird, ist keine Frage der Moral, es ist auch nicht anrüchig. Es ist ein Automatismus, der hier quasi reflexhaft abläuft. Zugeben würde bedeuten, ich habe keine Ahnung von dem, was ich hier mache. Und das käme einem Gesichtsverlust, einem Verlust an Ansehen, gleich. Die schiitischen Imame empfahlen früher den Gläubigen, als sie unter sunnitischer Fremdherrschaft lebten, die Anwendung des *Ketman,* das Sich-Verstellen, Verbergen der wahren Ansichten in einer feindlichen Umwelt. Dieses Verhaltensmuster hat sich im kollektiven Bewusstsein eingeprägt. Kritik wird bereits abgewehrt, bevor sie eigentlich bewusst wahrgenommen wird. Paradoxerweise hat Ketman unter den gegenwärtigen Umständen wieder Konjunktur. Öffentlich geäußerte Kritik wird in Sprachmuster oder Symbole verpackt, sodass sie nicht zu Konflikten mit der staatlichen Zensurbehörde führt, aber als Kritik dennoch wahrgenommen wird. Das ist eine Kunst, die von einem außerordentlichen Einfallsreichtum zeugt.

Aus der Sicht des Betroffenen ist das Leugnen von Fehlern eine zweckrationale Handlungsweise, die einer eigenen Logik folgt. Das Eingeständnis, etwas nicht zu können oder falsch gemacht zu haben, bringt Iraner in eine äußerst peinliche Situation. Offene Kritik wäre in dieser Situation kontraproduktiv, zumal sie nicht weiterhelfen würde. Man schaut einem Menschen nicht ins Gesicht und kritisiert ihn, selbst wenn die Kritik noch so berechtigt ist, und schon gar nicht in Gegenwart anderer.

In solchen Momenten wird die Schamkultur angesprochen und ein entsprechender Reaktionsmechanismus auslöst. Der so kritisierte könnte vor Wut oder Verzweiflung im Boden versinken. Er ist nicht mehr in der Lage, Ihren Argumenten zu folgen oder Einsicht zu zeigen. Auf Kritik einzugehen hieße, sich kooperativ zu verhalten. Das ist allerdings nicht möglich, weil es nicht in diesen Abwehrmechanismus passt. Kritik wird stets als ein ungerechtfertigter Vorwurf wahrgenommen, der einen Menschen bloßstellt und ihm schadet. Die typische Reaktion sind Schuldzuweisungen, die sich gegen andere richten. Fehlerhaftes Material, Verarbeitungsfehler oder Transportschäden durch mangelhafte Verpackung. Nie aber das Eingeständnis, selbst der Verursacher des Schadens zu sein.

Weil Iraner keine Trennung zwischen einer Person und einer Sache vornehmen, wird sachlich formulierte Kritik immer sehr persönlich genommen und als eine Beleidigung der Person aufgefasst. Unvermögen gleich welcher Art fällt nicht nur auf die so angesprochene Person zurück, sondern bezieht gleich die ganze Familie mit ein. Dieser Logik zufolge müssen die Eltern sich schämen, weil sie ihrem Kind keine bessere Erziehung und Ausbildung ermöglichen konnten. So sieht jeder gleich, dass der Bescholtene aus einer sozial schwachen Familie stammen muss, in der Bildung nur eine untergeordnete Rolle spielt. Die eigene Reputation ist dahin.

Fehler werden auch aus einem noch ganz anderen Grund geleugnet. Leugnen dient der Vermeidung von Konflikten innerhalb einer Gruppe und bei jenen Konflikten, die man mit sich selbst ausfechten muss. In diesem Falle erübrigen sich Schuldzuweisungen. Das Leugnen von Fehlern korrespondiert mit dem Bedürfnis nach Harmonie und vermittelt Sicherheit. Auch die Sprache mit ihren zahlreichen Höflichkeitsfloskeln bedient das Bedürfnis nach Harmonie und Konfliktvermeidung. Dazu gehören sprachliche Mittel, wie Höflichkeiten und Komplimente, Formeln der Unterwerfung und der Ergebenheit, der Selbstaufopferung oder Hinhalte- und Verstellungstaktiken, oft auch körperliche Gesten. Man macht sich klein, signalisiert Unterwürfigkeit und zeigt sie letztendlich auch. Alles dient dem Wunsch nach Konfliktvermeidung.

Im altiranischen Königtum gab es die Institution der Proskynese, das Sichniederwerfen vor dem königlichen Herrscher, dem man mit dieser Geste der Unterwerfung Anerkennung zollte und dem man zugleich die Rangordnung bestätigte. Der Besucher demonstrierte, dass er in friedlicher Absicht erschienen war. Der Sinn dieser devoten Geste war, jemanden gewogen zu machen, damit er umso bereitwilliger auf ein Angebot eingeht oder eine Lösung akzeptiert. Alle späteren iranischen Herrscher haben diese Geste beibehalten und in ihr Hofzeremoniell übernommen. Auch der letzte Schah stand in dieser Tradition. Die wenigen Zeilen im Nachrichtenmagazin „Der Spiegel" aus dem Jahr 1977 bringen zum Ausdruck, was bis heute das Verhältnis zwischen Vorgesetzten und Angestellten, zwischen Herrschern und Untertanen, charakterisiert. Sie zeigen zugleich, wie stark das Beharrungsvermögen der Kultur ist.

> Irans Premier und seine Minister sind nicht mehr als Hofbeamte, der Öffentlichkeit vor allem beim Kuß der Hand ihres Herrschers gegenwärtig – fast allabendliches Spektakel im persischen Fernsehen. Die Richtlinien der Politik dieses 35-Millionen-Volkes trifft nur er (Der Spiegel 1977, S. 80).

Der Islam hat (wie weiter oben bereits dargestellt) die vorislamische Sitte der Proskynese übernommen. Ayatollah Khomeini und sein Nachfolger im Amt, Ayatollah Khamenei, lassen sich die Füße und die Hände von ihren Anhängern küssen. Wenn einfache iranische Bauern früher ihren Großgrundbesitzern begegneten, fielen sie auf die Knie und küssten deren Hand.

Es gibt eine ganze Reihe unterschiedlicher Formen des Umgangs mit Konflikten. Potentielle Konflikte sollen durch Abwehrzauber verhindert oder aufgelöst werden. Wenn jemand für längere Zeit die Familie und das Haus verlässt, um im Ausland zu studieren oder zu arbeiten, muss er unter eine hochgehaltene Koranausgabe hindurchgehen. Das soll ihm göttlichen Beistand sichern und Schutz geben. Amulette und Talismane in mannigfacher Form, oft mit Koranversen beschrieben, dienen dem gleichen Zweck.

Man sollte dieses Verhalten nicht an westlichen Maßstäben messen und schon gar nicht verurteilen. Würde man einen Iraner fragen, was er von der deutschen Art und Weise mit Konflikten umzugehen hielte, er würde vermutlich nur den Kopf schütteln. Für ihn wäre es ein Zeichen von Unhöflichkeit und ein Mangel an Respekt und persönlicher Reife, jemandem die Meinung direkt ins Gesicht zu sagen. Er würde es als verletzend empfinden. Für ihn wäre klar, dass man mit solchen Personen nicht kooperieren kann.

Wenn einem Menschen in Iran eine schlechte Nachricht überbracht werden muss, und dazu würde auch Kritik gehören, fällt der Überbringer nie mit der Tür direkt ins Haus. Man bereitet den Betroffenen erst langsam darauf vor, indem man über positive Dinge spricht, oft auch scherzend. So vorbereitet kann die *schlechte* Nachricht langsam mitgeteilt werden, wobei man immer sein Bedauern darüber ausdrückt, dass man diese Aufgabe übernommen habe. Zum Überbringen einer schlechten Nachricht, das gilt ebenfalls für Kritik, muss immer erst ein Kontext aufgebaut werden, in den die Botschaft verpackt werden kann. Versuchen Sie, sich selbst nicht als den Urheber der Kritik darzustellen, damit die Bereitschaft mit Ihnen weiterzuarbeiten, nicht verloren geht.

Loyalität spielt in Iran sowohl auf geschäftlicher als auch auf privater Ebene eine wichtige und herausragende Rolle. Sie setzt die Existenz einer gut funktionierenden Beziehung voraus, der alles andere untergeordnet wird. Sie ist ein Akt der Gegenseitigkeit mit unausgesprochenen Regeln, die man respektieren muss, um dauerhaft erfolgreich zu sein. Zugleich appelliert sie an die Ehre der jeweiligen Geschäftspartner. Eine einmal vereinbarte Loyalität zu brechen ist nicht nur unehrenhaft. Es ist darüber hinaus auch geschäftsschädigend, weil dieser Bruch immer die Loyalität und die Zugehörigkeit zu einem Netzwerk beschädigt. Einen Partner zu übervorteilen oder sonst zu schädigen, verstößt gegen die guten Sitten und ist ehrabschneidend. Den Schaden kann man nie wieder gutmachen.

Der Begriff der Ehre spielt in einer traditionalen Gesellschaft wie der iranischen eine weitaus größere Rolle als in der deutschen. Ehre ist ein normativ-moralisches Konzept mit einem Bündel von Verhaltensvorschriften, das man nicht flexibel handhaben kann. Die Ehre des Mannes umfasst zugleich die der Familie, die er im öffentlichen Raum zu verteidigen hat. *Birun* (Außen) und *Andarun* (Innen) sind zwei zentrale Konzepte der iranischen Gesellschaft in architektonischer, soziologischer und psychologischer Hinsicht. Der äußere Raum ist den Männern vorbehalten, der innere Raum, also der private Bereich, dagegen den Frauen. Jedes Haus, jede Wohnung hat einen öffentlichen Bereich, in dem man Besucher und Gäste empfängt. Die Privatsphäre bleibt Außenstehenden unzugänglich und verschlossen, genauso, wie man nie über private Dinge spricht. Die Preisgabe vertraulicher, persönlicher Informationen einem Fremden gegenüber wird als verletzend empfunden, als Verlust der Ehre. Ehre ist eng verbunden mit Ansehen, das man nicht per se hat, sondern sich erst erwerben muss. Ansehen ist das Ergebnis von harter Arbeit, von Erfolg und Zuschreibungen durch andere. Das Ansehen des Einzelnen ist verknüpft mit dem Respekt, den man ihm entgegenbringt. Damit schließt sich der Kreis.

Weitere Konfliktursachen ...

Wer durch sein Verhalten zu erkennen gibt, dass er jemanden nicht oder nicht genügend respektiert, stellt gleichzeitig dessen gesellschaftlichen Status infrage. Dies offenbart einen Mangel an sozialer Kompetenz und zeugt von mangelnder Loyalität. Es wird als Verstoß gegen sozio-kulturelle Normen gewertet, als ein Zeichen von Respektlosigkeit.

Zuviel Offenheit bei Kritik ist auf direkte Konfrontation ausgerichtet und lässt auf einen Mangel an Einfühlungsvermögen schließen. Das Festhalten an einmal getroffene Vereinbarungen, das Insistieren auf starren Regeln, Vertragstreue, obwohl sich die Umstände geändert haben, das sind die üblichen Konfliktursachen. Wenn man dann noch leichtfertig die in Iran üblichen Reizthemen (vgl. dazu in Kap. 6 die Verschwörungstheorien) anspricht, ist die Geschäftsbeziehung nachhaltig gestört.

... und entsprechende Reaktionen

Es sind nur einige Beispiele für typische Konfliktursachen, die in der interkulturellen Begegnung auftreten können. Die Reaktionen ihres iranischen Geschäftspartners verlaufen nach dem bekannten Reiz-Reaktions-Schema. Konflikte werden nicht, wie es in Deutschland üblich ist, in einer möglichst sachlichen Art und Weise offen angesprochen mit dem Ziel, sie zu klären, damit die Geschäftsbeziehung keinen Schaden nimmt.

Iraner reagieren häufig gekränkt, um nicht zu sagen, beleidigt, auf jede Form von Kritik. Die sich daraus ergebenden Konflikte werden auf die emotionale Ebene verlagert. Fakten spielen dabei nur eine untergeordnete Rolle, wenn überhaupt. Auf Nachfragen durch den deutschen Geschäftspartner wird zunächst mit der üblichen Hinhaltetaktik reagiert. Eine Entscheidung sei noch nicht getroffen, weil ... Es gibt tausende Gründe. Man werde sich bemühen, könne aber zum gegenwärtigen Zeitpunkt noch keine Zusage geben. Details müssten noch ausführlicher diskutiert werden. Ein wichtiger Entscheidungsträger sei auf Geschäftsreise. Das sind die anfänglichen Reaktionsmuster. Dann hört man lange Zeit nichts mehr. Die Beziehung lässt man auslaufen, man weicht ständig aus. Wenn Sie an diesem Punkt angekommen sind, ist die Geschäftsbeziehung kaum noch zu kitten.

▶ Wenn Sie das Geschäft noch retten wollen, laden Sie Ihren Geschäftspartner zu einem Besuch nach Deutschland ein. Überlegen Sie vorher, wie Sie das Programm so gestalten können, dass er sich anschließend bestätigt fühlt, weiter mit Ihnen zu kooperieren. Ein Beispiel: Iraner sind begeisterte Fußballanhänger. Besuchen Sie mit ihm ein Top-Spiel der Bundesliga. Dabei können Sie vorsichtig Konfliktursachen ansprechen. Lehnt er Einladung ab oder verschiebt seine Zusage, haben Sie zumindest Klarheit.

„Verträge muss man mögen"

Die in Iran übliche Vorstellung von der Bedeutung und Verbindlichkeit von Verträgen unterscheidet sich von der in Deutschland. Verträge sind in Iran weniger starre Regelwerke, die bis ins letzte Detail die gegenseitigen Rechte und Pflichten festschreiben. Das sind sie natürlich auch, im juristischen Sinne. Verträge sind immer Orientierungsrahmen, die Gemeinsamkeiten fixieren und dennoch Spielraum für notwendige Veränderungen oder Ergänzungen zulassen. Darauf sollten Sie unbedingt achten. Wenn sich die Umstände ändern (aus iranischer Sicht), müssen Sie flexibel reagieren und gelegentlich etwas großmütig über die Änderungswünsche hinwegsehen können. Sie demonstrieren dadurch, dass Sie die Beziehung höher einschätzen als ein Stück Papier, und dass die Fortsetzung dieser Beziehung für Sie oberste Priorität hat. Seien Sie kompromissbereit. Iraner müssen einen Vertrag mögen: „Mit Freundlichkeit und gutem Zureden kann man einen Elefanten an einem Haar führen" (persisches Sprichwort).

Tipps zur Konfliktlösung
- Wenn ein Konflikt sich abzeichnet, signalisieren Sie Entgegenkommen, Verhandlungsbereitschaft.
- Unterstreichen Sie Ihr Interesse an einer Lösung zum beiderseitigen Vorteil.
- Heben Sie die Gemeinsamkeiten hervor, Vorteile, Chancen.
- Vermeiden Sie Situationen, die zu einem Gesichtsverlust führen können.
- Führen Sie Gespräche zur Konfliktlösung nur unter vier Augen.
- Appellieren Sie an die bisherige gute Zusammenarbeit.
- Unterstreichen Sie den Wunsch nach einer Fortsetzung.
- Kann ein Konflikt nicht gelöst werden, schalten Sie einen Vermittler ein, dass ist auch in Iran eine häufig geübte Praxis des Konfliktmanagements.

Literatur

Iran. Der lahme große Sprung nach vorn. (1977). *Der Spiegel, 34,* 80

"Es gibt keinen Gott außer Gott" – Der Islam im Alltag

13

Gott ist selbst der Gefährte dessen, der ihn sucht; er ergreift des Suchenden Hand, und führt ihn selbst seiner Sehnsucht nach (Persisches Sprichwort).

Wenn Sie in einem islamischen Land beruflich tätig sind, sollten Sie den Islam zumindest in seinen Grundzügen kennen, weil es wichtig ist, die von ihm geprägten Denkmuster und Verhaltensweisen zu verstehen. Dem Thema dieses Buch entsprechend beschränke ich mich auf die Darstellung der Grundlagen des schiitischen Islam. Einen Überblick über die verschiedenen Ausprägungen innerhalb des Islams vermittelt die Abb. 13.1 Wenn Sie sich mit dem Thema eingehender beschäftigen wollen, finden Sie im Anhang weiterführende Literatur.

Die Grundlagen des Islam

Der Islam ist eine dynamisch wachsende Weltreligion mit 1,3 Mrd. Gläubigen und die jüngste der fünf großen Offenbarungs- und Buchreligionen. Der Islam ist allerdings mehr als nur eine Religion; er ist ebenso eine Gesellschaftsordnung und in Iran zum staatstragenden Prinzip geworden. Islam bedeutet „die Existenz eines ewigen, gottgegebenen und vom menschlichen Willen unabhängigen Regelsystems, das die angemessene Einrichtung der Gesellschaft bestimmt" (Gellner 1992, S. 13).

Seinem Selbstverständnis nach ist der Islam die Religion der Unterwerfung unter den Willen Gottes *(Allahs)*. Muslime sehen dies als *Hingabe* an Gott. Ein Muslim ist demnach, wer sich dem Willen Gottes unterordnet. Für den Gläubigen bedeutet diese Hingabe, danach zu streben, sein Denken und Handeln mit der göttlichen Lehre in Einklang zu bringen. Als Muslim wird man entweder geboren oder, indem man unter Zeugen das

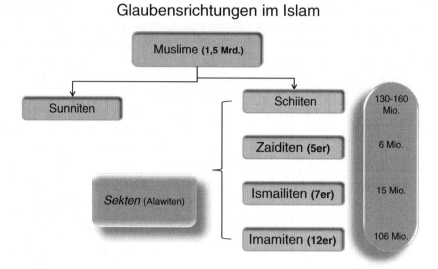

Abb. 13.1 Unterschiedliche Ausprägungen im Islam

islamische Glaubensbekenntnis, die *shahada,* ausspricht. Anders als im Christentum ist nach islamischem Recht die Konversion zu einem anderen Glauben verboten. Das ist Apostasie und darauf steht die Todesstrafe.

Muslime sind keine „Mohammedaner"

Nicht nur in bei Karl May werden Muslime als *Mohammedaner* bezeichnet. Dieser Begriff hat sich mit einer gewissen Hartnäckigkeit bis heute gehalten, er taucht sogar in historischen Seminaren auf. Für Muslime ist diese Bezeichnung schlichtweg eine Beleidigung. Ihrem Selbstverständnis nach ist der Islam keine Schöpfung des Propheten Mohammed, sondern eine Schöpfung Gottes (Allahs). Der Prophet ist *nur* der Gesandte (Rasul) Gottes. Das ist eine wesentliche Unterscheidung zur jüdischen und christlichen Religion. Frauen werden im Islam als Muslima bezeichnet, Männer dagegen als Muslim, (Pl. Muslime).

Koran und Sunna als Erkenntnisquellen des Islam

Der Koran, das *geoffenbarte* Wort Gottes (aus Sicht der Sunniten) und die *Sunna* (Vorbild und Brauch des Propheten) bilden die wichtigsten Quellen muslimischer Glaubens- und Lebensweise.

Mohammed hatte die Inhalte dessen, was ihm von Gott verkündet worden war, nur mündlich vorgetragen, weil es zu diesem Zeitpunkt die arabische Schrift in seinem persönlichen Umfeld kaum verbreitet war. Seine Verkündigungen wurden von den ersten Gläubigen teilweise im Gedächtnis behalten oder auf Knochen oder Palmblättern aufgeschrieben. Der ursprüngliche Text des Korans wurde erst 18 Jahre nach Mohammeds Tod in der Regierungszeit des Kalifen Uthman (644–655) in kanonischer Form festgelegt, vermutlich sogar später. Viele der heute noch gültigen Lehren, Gesetze und Interpretationen wurden erst im Laufe der nachfolgenden Jahrhunderte von muslimischen Gelehrten entwickelt, wobei die Schiiten auch hier ihre eigenen Wege gegangen sind. Anders als im Christentum gibt es im Islam keine formale Institution, der alle Gläubigen unterstehen und die in sämtlichen Glaubensfragen bindende Entscheidungen treffen kann. In der islamischen Welt folgen die Gläubigen dem Rat einflussreicher Gelehrter, so vor allem in Iran, wo die Reputation und der Einfluss eines Ayatollahs auch von der Größe seiner Anhängerschaft abhängt.

Der Koran wurde auf Arabisch verfasst und besteht aus 114 Suren (Kapiteln), die in Verse eingeteilt sind. Die Zahl der Verse schwankt zwischen 6500 und 6535, je nach Verszählung. Die Länge der Verse und Suren ist unterschiedlich, wobei die langen und erst später in Medina geoffenbarten Suren (insgesamt 25) am Anfang des Korans stehen. Die kürzeren Suren der mekkanischen Zeit (89) schließen sich diesen an. Einzige Ausnahme ist die kurze Eröffnungssure *al-Fatiha,* die am Anfang des Korans steht und acht Verse umfasst.

Die zweite Quelle der Erkenntnis bilden *Sunna,* das sind die in sechs großen Sammlungen zusammengefassten Berichte über die Handlungen des Propheten und die *Hadithe* (Aussagen), die im neunten Jahrhundert zusammengestellt wurden. Im Koran, Sure 33, Vers 21, heißt es dazu: „Ihr habt nun im Gesandten Gottes ein schönes Beispiel…".

Für die Muslime haben diese Verhaltensvorschriften, die für alle Lebensbereiche gelten, vor allem eine normative Bedeutung. Bei Schiiten dagegen werden die Hadithe des Propheten zusätzlich durch die Hadithe der *Imame,* also der schiitischen Rechtsgelehrten, interpretiert und ergänzt. Damit übernimmt der schiitische Klerus die Funktion einer weiteren Quelle der religiösen Erkenntnis.

Die fünf Grundpfeiler des Islam

Wie in jeder Religion gibt es auch im Islam bestimmte Grundpflichten, die für den Gläubigen bindend sind.

1. Shahada (Glaubensbekenntnis)
Muslim ist, wer das Glaubenskenntnis im Beisein von Zeugen ausspricht: „Ich bezeuge, dass es keinen Gott außer Allah gibt und dass Muhamad sein Gesandter ist." Dieses Dogma wird mehrmals täglich durch den Gebetsrufer *(Muezzin)* in den Moscheen verkündet.

Das Bekenntnis zum Islam ist also nicht nur ein Ausdruck des Glaubens. Ein Muslim bezeugt vielmehr, dass es einen ewigen und unsichtbaren, lebendigen Gott gibt, der Schöpfer allen Seins ist und der allein diese Welt regiert.

> Sprich: Er ist der einzige Gott. Der unwandelbare Gott. Er zeugt nicht und ward nicht gezeugt. Und niemand ist ihm gleich (Koran, Sure 112).

2. Salat (Das Gebet)

Die übliche Form der persönlichen Andacht ist das tägliche Pflichtgebet, das Zuhause oder am Arbeitsplatz nach der rituellen Waschung vollzogen wird. Während Sunniten das Gebet täglich fünfmal vollziehen, so wie es vorgeschrieben ist, praktizieren Schiiten eine andere Auslegung dieser Vorschrift, indem sie die Gebete zusammenlegen. Auf das Mittagsgebet *(zuhr)* folgt zugleich das Nachmittagsgebet *(asr)*, und auf das Gebet bei Sonnenuntergang *(maghrib)* folgt unmittelbar das Nachtgebet *(asha)*. Zum Gebetsritus gehört, dass der Gläubige das Gebet auf einem kleinen Gebetsteppich verrichtet und sich dabei in Richtung der *qibla*, also nach Mekka, wo die Kaaba ist, beugt. Unter die Stirn wird ein kleiner Lehmziegel, die *muhra*, gelegt, der von einer Pilgerstätte (Mashad in Iran oder Kerbala im Irak) stammt. Der Gebetsruf des Muezzins ist der gleiche wie bei den Sunniten und erklingt dreimal täglich entweder im Radio oder über die Lautsprecher der Moscheen. Der Freitag gilt als heiliger Tag, an dem die Muslime sich in den Moscheen zum traditionellen Freitagsgebet versammeln. Abgesehen von den stark rückläufigen Besucherzahlen bei den Freitagspredigten, was generell mit einem zunehmenden Desinteresse an religiösen Themen in Iran verknüpft ist, ziehen gläubige Iraner es vor, ihre Gebetspflichten zu Hause zu vollziehen.

3. Zakat (Das Almosen)

Die Almosensteuer ist neben dem Pflichtgebet das wichtigste Gebot des Islam. Ursprünglich war sie als eine fromme Übung gedacht, die es dem Gläubigen überließ, wie viel er spenden wollte. Im Lauf der Zeit wurde daraus eine Steuer über 2,5 % auf alle Arten von Vermögen. Mit der Einziehung der Steuer sind Beamte beauftragt. Mit Spenden ließ sich schon zu Lebzeiten des Propheten die Staatskasse auffüllen. Der Koran erklärt in Sure 9, Vers 60, an wen sie zu entrichten ist:

> Die Almosen sind nur für die Armen und die Notleidenden, für die, die dafür arbeiten, und die, deren Herzen verbunden werden, für die Sklaven und die Verschuldeten, für die auf Gottes Weg und für den Reisenden. Eine Verpflichtung durch Gott! Gott ist wissend und weise.

Unter Gottes *Weg* ist hier vor allem die Finanzierung des *Glaubenskrieges* zu verstehen. Bei den Schiiten gibt es parallel zu dieser Art der Besteuerung noch den *Khoms*. Damit wird eine Steuer von einem Fünftel auf jeden Gewinn erhoben (Koran, Sure 8, Vers 42), der als Anteil des Imams *(Sahm-e Emam)* an diesen geht und für *soziale* Zwecke und Einrichtungen verwendet wird.

4. Saum (Das Fasten)

Das Fasten im Ramadan *(pers. Ramazan)* ist eine weitere religiöse Pflicht, der alle Gläubigen nachkommen sollten. Der Fastenmonat ist der neunte Monat des muslimischen Jahres. Ihm kommt eine besondere Bedeutung zu, weil der Überlieferung nach der Prophet in diesem Monat seine erste Offenbarung erhalten hat. Außerdem wurden in ihm mehrere erfolgreiche Feldzüge unternommen.

Fasten bedeutet, von Tagesanbruch bis Sonnenuntergang nichts essen, nichts trinken, nicht rauchen und kein Geschlechtsverkehr. Diese Verpflichtung gilt für jeden volljährigen Muslim, der im Besitz seiner geistigen und körperlichen Kräfte ist. Ausgenommen sind Alte, Kranke, schwangere und stillende Frauen sowie Reisende und Schwerstarbeiter, die das Fasten nachholen oder eine Sühne leisten müssen. Weil der Rhythmus des religiösen Lebens sich nach dem muslimischen Mondkalender richtet, der mit der *Hijra* des Propheten beginnt (siehe hierzu im Anhang), fällt der Ramadan jedes Jahr in einen anderen Monat. Darüber befinden muslimische Gelehrte. Nach Sonnenuntergang erwacht mit dem Fastenbrechen der eigentliche Lebensrhythmus. Der Gläubige versammelt sich im Familien- oder Freundeskreis, um mit ihnen bis spät in die Nacht gemeinsam zu essen. Der Ramadan endet nach vier Wochen mit dem großen Fastenbrechen *(Eid-e Fetr)*, einer Feier, zu der Freunde und Verwandte eingeladen werden.

Der Ramadan beeinflusst natürlich auch den Geschäftsalltag, die Motivation und die Arbeitseinstellung, sodass sich Termine tagsüber kaum vereinbaren und auch wahrnehmen lassen. Vor allem in den Sommermonaten sollten Sie berücksichtigen, dass der Verzicht allen besonders schwer fällt. Zwar wird in den meisten Büros und staatlichen Einrichtungen gearbeitet, allerdings nur den Umständen entsprechend und häufig mit geänderten Öffnungszeiten. Auch die meisten Geschäfte und Restaurants öffnen erst spät gegen Abend.

Ähnlich wie beim Persischen Neujahrsfest *(Nowruz)*, sollten Sie in den Wochen des Ramadan Ihre geschäftlichen Aktivitäten umständehalber anpassen, das heißt: herunterfahren. Es versteht sich von selbst, dass Sie Ihre Konsumgewohnheiten – vor allem in Gegenwart von fastenden Iranern – ebenfalls entsprechend ausrichten.

Zur Pflege sozialer Beziehungen sollten Sie Einladungen zum gemeinsamen Fastenbrechen unbedingt annehmen. Dazu ist es üblich, ein kleines Gastgeschenk in Form von Süßigkeiten mitzubringen.

5. *Hajj* (Die Pilgerfahrt)

Schiiten messen dem Besuch der Heiligengräber, vor allem denen der schiitischen Imame, eine besondere Bedeutung zu. Die Imame gelten als Vermittler und Fürsprecher zwischen den Gläubigen und Gott. Sie üben damit eine Funktion aus, die es im Islam sunnitischer Prägung nicht gibt. Wie alle Muslime sind auch iranische Schiiten angehalten, die Wallfahrt *(hajj)* nach Mekka einmal in ihrem Leben zu unternehmen. Die Pilgerreisen werden in Absprache mit den saudi-arabischen Behörden durch iranische Stiftungen organisiert. Sie sind mit erheblichem organisatorischem und finanziellem Aufwand verbunden. Außerdem führen die saudischen Behörden eine Kontingentierung der iranischen Pilger durch. In den vergangenen Jahren ist es immer wieder zu Spannung zwischen iranischen Schiiten und sunnitischen Muslimen gekommen. Die vorgeschriebene Zeit für die Pilgerfahrt ist der letzte Monat *(Dhul-Hijja)* des islamischen Mondkalenders.

Wer sich die Wallfahrt nach Mekka oder zu den schiitischen Heiligtümern in *Kerbala, Nadjaf* und *Samarra* im Irak, nicht leisten kann, besucht stattdessen das Grabmal von *Imam Ali Reza* (dem 8. Imam) in Mashad im Osten Irans oder die Grabstätten anderer Heiliger *(Qom, Shiraz, Rey)* in Iran. Der Besuch der im Irak gelegenen schiitischen Heiligtümer war den meisten Iranern unter dem Regime von Saddam Hussein wegen der politischen Spannungen nur eingeschränkt möglich. Welche herausragende Bedeutung der Schrein des Märtyrers Hussein für die schiitischen Gläubigen hat, schildert sehr eindrucksvoll Elias Canetti:

> Das Grab Hussains auf der Ebene von Kerbela wurde schon früh zum wichtigsten Wallfahrtsort der Schiiten. 4000 Engel umgeben Hussains Grab, die Tag und Nacht um ihn weinen. Jedem Pilger, von woher er immer kommt, gehen sie bis an die Grenze entgegen. Wer diesen Schrein besucht, hat folgenden Gewinn davon: Das Dach seines Hauses wird nie über ihm zusammenstürzen. Er wird nie ertrinken. Er kommt nicht im Feuer um. Wilde Tiere greifen ihn nicht an. Wer aber in diesem Schrein mit wirklichem Glauben betet, der erhält zusätzliche Jahre zu seinem Leben (Canetti 1994, S. 174).

Die Wallfahrtsorte zu den schiitischen Imamen im Irak sind für strenggläubige Iraner seit alters her auch beliebte Stätten der letzten Ruhe. Allerdings ist die Überführung dorthin ein kostspieliges Unterfangen. Die verstorbenen Schiiten müssen oft über weite Strecken in die heiligen Städte Kerbala oder Nadjaf transportiert werden, wo man sie beisetzt. Sie glauben, die Nähe zu einem frommen Imam garantiere ihnen den sicheren Aufstieg in den Himmel.

> Nach einer anderen Überlieferung werden alle, die im Schreine des Imams begraben werden, am Tage der Auferstehung nicht geprüft, wie immer sie gesündigt haben mögen, sondern sie werden wie von einem Leintuch direkt ins Paradies geschleudert, und die Engel schütteln ihnen beglückwünschend die Hände (Canetti 1994, S. 175).

Diese Vorstellung von einem Leben nach dem Tod ist für viele gläubige Schiiten außerordentlich faszinierend.

Eine sehr anschauliche Beschreibung der ehemaligen *Todeskarawanen* findet man übrigens bei Karl May in seinem spannenden Buch *Von Bagdad nach Stambul:*

> Der Schiit glaubt, daß ein jeder Moslem, dessen Leiche in Kerbela oder Nedschef Ali begraben wird, ohne alle weiteren Hindernisse sofort in das Paradies komme. Darum ist es der heißeste Wunsch eines jeden, an einem dieser beiden Orte begraben zu sein. Da der Transport der Leichen per Karawane ein sehr kostspieliger ist, so kann er nur von den Reichen ermöglicht werden; der Arme aber, wenn er an so heiliger Stelle begraben sein will, nimmt Abschied von den Seinen und bettelt sich durch weite Länderstrecken bis zu der Grabstelle Alis oder Hosseïns, um dort seinen Tod zu erwarten. Jahr für Jahr schlagen Hunderttausende von Pilgern den Weg nach jenen Stätten ein, aber diese Zuzüge sind am stärksten, wenn der zehnte Muharrem, der

Todestag Hosseïns, naht. Dann steigen die Leichenkarawanen der schiitischen Perser, Afghanen, Beludschen, Indier etc. vom iranischen Tafellande herab; von allen Seiten werden Tote hergeschleppt, und sogar auf Schiffen führt man sie auf dem Euphrat herbei (May 1962, S. 93).

Seit dem Tode Ayatollah Khomeinis 1989 gilt dessen Mausoleum in der Nähe von Teheran als eine weitere wichtige Pilgerstätte.

Wer die Pilgerfahrt erfolgreich absolviert hat, darf sich den Ehrentitel *Hajji Agha* (Männer) oder *Hajji Khanum* für Frauen zulegen, der ihnen ein hohes soziales Prestige und Respekt verleiht.

Gott ist groß und Mohammed ist sein Prophet

> Mohammed ist nicht Vater irgendeines Mannes von euch, er ist vielmehr Gesandter Gottes und Siegel des Propheten (Koran, Sure 33, Vers 40).

Mohammed wurde um 570 n. Chr. in Mekka in eine verarmte Familie aus dem Clan der *Banu Hashim* (die Söhne der Hashim) geboren. Durch Heirat und politische Bündnisse hatten sich mehrere Clans zum Stamm der *Quraish* zusammengeschlossen, der damals über Mekka herrschte. Die Stadt war zu jener Zeit bereits ein religiöses Zentrum *(Kaaba)* und der wichtigste Wallfahrtsort für die heidnische semitische Bevölkerung der vorislamischen Zeit weit und breit. Weniger wichtig war ihre Bedeutung als Handelsplatz, denn die Route für den innerarabischen Fernhandel verlief weiter östlich, und damit an Mekka vorbei. Die Stadt nahm ihre Einkünfte aus dem Geschäft mit den Pilgern.

Der Vater *Abd Allah* starb kurz vor der Geburt. Das Kind kam zunächst in die Obhut seines Großvaters *Abd al-Muttalib* und im Alter von acht Jahren zu seinem Onkel *Abu Talib,* der die weitere Erziehung des Jungen übernahm. Mohammed begleitete seinen Onkel auf zahlreichen Geschäftsreisen auf der arabischen Halbinsel und kam so bereits zu einem frühen Zeitpunkt mit Angehörigen anderer Religionen (Juden, Christen, Zoroastrier) in Kontakt. Er lernte deren Glaubensvorstellungen kennen, die ihn tief beeindruckten.

Als junger Mann trat er in die Dienste der reichen Witwe *Khadija,* Inhaberin eines Handelshauses, das vor allem im Fernhandel tätig war. Jahre später heiratete er die viel ältere Khadija und übernahm deren Geschäfte. Aus dieser Ehe stammten vier Töchter und drei Söhne, von denen nur die Tochter *Fatima* als einziges Kind Mohammed überlebte. Fatima sollte später Ali ibn Abi Talib, einen Vetter Mohammeds, heiraten. Aus dieser Ehe gingen die beiden Söhne *Hussein* und *Hassan* hervor, die zu den Stammvätern der Schiiten zählen und auf die heute in Iran und anderen muslimischen Ländern zahlreiche Seyyids ihre Genealogie, und damit ihre Sonderstellung innerhalb der Gesellschaft, zurückführen. Nach dem Tode von Khadija 619 n. Chr. heiratete Mohammed *Aisha* und ging danach weitere Ehen ein.

Die Offenbarungen

Im Alter von 42 Jahren, also um 612 n. Chr., setzte die prophetische Sendung ein, als Mohammed sein erstes Berufungserlebnis in einer Berghöhle in der Nähe von Mekka hatte, in die er sich regelmäßig zur Meditation zurückzuziehen pflegte. Mohammeds Beziehung zur Religion ist indifferent, er wird als ein Gottsucher beschrieben, der auf seinen Reisen auch anderen religiösen Einflüssen zugänglich war. Der Überlieferung nach erschien ihm des Nachts im Monat Ramadan in der Höhle der Erzengel Gabriel mit dem ersten Teil der Offenbarung des Korans. Von der Überlieferung überwältigt vertraute er sich zunächst nur seiner Frau Khadija an, die in ihm den kommenden Propheten erkannte und ermutigte, seine Lehre unter den Mekkanern zu verbreiten.

Das war ein äußerst gefährliches Unterfangen und ist der Grund dafür, dass er Jahre später aus Mekka flüchten musste. Zu den ersten Anhängern und Muslimen jener Zeit gehörten neben seiner Frau sein Vetter und späterer Schwiegersohn *Ali ibn Abi Talib*, ferner *Abu Bakr* (erster Kalif und Nachfolger Mohammeds) und dessen Adoptivsohn *Zaid*. Diese Personen spielten bei der Ausbreitung des Islam wichtige Rollen. Mohammed sah sich in der Tradition der alttestamentarischen Propheten, er predigte den Glauben an den einen Gott und an das Jüngste Gericht. Er kämpfte für die Abschaffung des Polytheismus (Vielgötterei) und gegen die ständigen Scharmützel und Raubzüge unter den arabischen Stämmen.

Die politische Dimension von Mohammeds Wirken zeigt sich vor allem darin, dass seine Missionstätigkeit und sein militärisches Geschick die untereinander zerstrittenen Stämme zu einer politischen und sozialen Einheit führte.

Mohammed erhielt die göttlichen Offenbarungen über einen Zeitraum von 23 Jahren in unregelmäßigen zeitlichen Abständen. Die frühen, in Mekka empfangenen Offenbarungen werden als *mekkanische* Suren bezeichnet und sind kürzer im Vergleich zu jenen der medinensischen Zeit.

Die Hijra – Flucht aus Mekka

Gemäß seinem Sendungsbewusstsein begann Mohammed in seiner Heimatstadt Mekka zu missionieren. Mit der Forderung nach einer moralischen Erneuerung, darunter verstand er den Übertritt zum Islam, stieß auf den Widerstand der traditionellen Kaufmannsaristokratie, die ihre wirtschaftliche und politische Existenz gefährdet sah. Außerdem befürchtete sie, die Stadt werde ihren Status als bedeutender Wallfahrtsort durch den Islam verlieren. Mohammed und seine noch kleine Anhängerschaft aus engen Verwandten und sozial Schwachen wurden aus der Stadt vertrieben. Die sogenannte Auswanderung *(hijra)* aus Mekka 622 n. Chr. ist nicht nur ein wichtiges historisches Ereignis, sondern markiert zugleich den Beginn der bis heute gültigen islamischen Zeitrechnung.

Nach langen Verhandlungen konnte Muhamad sich mit seiner Gefolgschaft schließlich in dem 400 km entfernten Ort Medina (historisch *Yathrib*) niederlassen. Dort waren die in der Stadt lebenden verschiedenen sozialen Gruppen seit langem untereinander verfeindet. Mohammed konnte als Schlichter die Auseinandersetzungen beenden. Er schuf eine neue Gemeindeordnung auf religiös-politischer Basis mit einer straffen Organisation. Für die in Medina seit Generationen ansässigen Juden gab es dagegen keinen Platz in dieser neuen islamischen Ordnung. Sie wurden aus der Stadt vertrieben, wer blieb, fiel einem Massaker zum Opfer, „das der Prophet wohl nicht anordnete, aber doch billigte" (Busse 2005, S. 25). Die neue medinensische Gemeinschaft der Gläubigen *(umma)* gilt im Bewusstsein der Muslime als die Keimzelle der islamischen Urgemeinde, als idealtypische Gesellschaftsform. Aus dieser Position der Stärke führte Mohammed eine jahrelange Fehde gegen die Bewohner Mekkas mit häufig wechselnden Ausgängen. Erst 630 n. Chr. fiel die Stadt kampflos in die Hände Mohammeds und seiner Anhänger. Aus dem lokalen Heiligtum, der *Kaaba,* entfernte Mohammed seinem göttlichen Auftrag entsprechend die dort aufbewahrten Götzenbilder. Die Bewohner konvertierten zum Islam. Mit der Einnahme Mekkas war die Macht des noch jungen muslimischen Gemeinwesens konsolidiert, der Islam konnte auf die angrenzenden Länder übergreifen.

Kleiner Exkurs über die vier Rechtgeleiteten Kalifen

Als Mohammed 632 n. Chr. starb, hatte er keinen Nachfolger eindeutig bestimmt (aus Sicht der Sunniten). Das ist der eigentliche Grund für die konfessionelle Spaltung *(Schisma)* der Muslime in Sunniten und Schiiten und hier sind bereits die Wurzeln für alle zukünftigen Konflikte angelegt. Die Schiiten behaupten, Mohammed habe *Ali ibn Abi Talib* zu seinem Nachfolger bestellt und damit die Nachfolge geregelt. Erwartungsgemäß kam es nach seinem Tod zu Rivalitäten um die Führung der Gemeinde. Man einigte sich zunächst auf einen seiner engsten Weggefährten, Abu Bakr (632–634), als Nachfolger *(Kalif).* Auf Abu Bakr folgten *Umar* (634–644), von Abu Bakr ernannt, *Uthman* (644–656), er wurde von sechs Personen gewählt, und schließlich Ali ibn Abu Talib (656–661), auch er wurde gewählt.

Nach dem Tode Mohammeds begann die militärische und religiöse Erfolgsgeschichte des Islam. Unter der kurzen Herrschaft Abu Bakrs wurden die abtrünnigen arabischen Stämme unterworfen. Dessen Nachfolger Umar betrieb die Expansion über die Arabische Halbinsel hinaus. In relativ kurzer Zeit wurden die beiden Großmächte in diesem Raum, das Byzantinische Reich und das Reich der Sassaniden (642) bei Nihavand, in der Nähe des heutigen Hamadan, erobert. Mit dem Sieg über das persische Heer endete die mehr als tausendjährige Geschichte der altiranischen Großreiche.

Bei der Wahl des dritten Kalifen Uthman gab es bereits ernsthafte Auseinandersetzungen. Uthman gehörte einem einflussreichen Clan an, der Mohammed in Mekka zuvor heftig bekämpft hatte. Während seiner Amtszeit betrieb Uthman Nepotismus und Ämterpatronage und brachte viele ehemalige Gegner Mohammeds in Amt und Würden. Diese

Politik rief den Widerstand vieler unzufriedener Muslime hervor. Uthman wurde 656 unter nie geklärten Umständen ermordet.

Nach dem Tod von Uthman wurde Ali ibn Abi Talib zum Kalifen erhoben. Auch diese Wahl war umstritten (aus Sicht der Sunniten), mit der Folge, dass Angehörige des oppositionellen Clans der Umayya Medina verließen und nach Syrien übersiedelten. Es kam zu wiederholten Waffengängen zwischen beiden Gruppen, aus denen die Umayyaden als Sieger hervorgingen.

Die Anfänge der Schia – Das Kalifat Alis

Den Schiiten gilt die Bestimmung Alis zum Nachfolger Mohammeds als längst überfällig, weil es der Wille des Propheten gewesen sei. Deshalb lehnen sie auch die ersten drei Kalifen ab. Der Ursprungsmythos der Schiiten berichtet davon, dass Mohammed kurz vor seinem Tod bei der Rückkehr von der Abschiedswallfahrt nach Mekka (16. März 632), Ali bei einer Rast am Teich von *Qadir Khum* in Anwesenheit von Zeugen zu seinem Nachfolger designiert habe. Dieses Ereignis wird von Sunniten zwar nicht bestritten, die Worte Mohammeds werden jedoch unterschiedlich interpretiert. Für Schiiten ist Ali der einzig rechtmäßige Kalif, sein Ehrentitel, Befehlshaber der Gläubigen *(amir al-mu'minin)*, soll dies verdeutlichen.

Die Gegner aus dem Clan der Umayya sowie Mohammeds Witwe *Aisha* hielten ihn für einen Nutznießer der Ermordung seines Vorgängers Uthman. Die Gegnerschaft der Umayya führte zu mehreren militärischen Scharmützeln (657 bei Siffin am Euphrat), aus denen keine Partei als Sieger hervorging. Um weiteres Blutvergießen zu vermeiden, willigten beide Gruppen schließlich ein, einem neutralen Schiedsgericht die Entscheidung über das Kalifat zu übertragen. Bei vielen Anhängern traf Alis Einwilligung, das Amt einem menschlichen Schiedsgericht zu unterwerfen, auf Ablehnung. Für sie war es ein Verstoß gegen göttliches Gebot, ein Akt des Unglaubens.

Sie forderten die Rücknahme seiner Zustimmung und verließen anschließend das Heerlager. In einer Strafaktion wurden die Auswanderer *(Kharijiten)* von Alis Truppen überfallen und niedergemetzelt. Das Schiedsgericht, bestehend aus zwei Weggefährten des Propheten, kam zu dem Schluss, Ali habe eine Mitverantwortung am Tod von Uthman. Damit war der Weg frei für seinen Gegner *Mu'awiya*, dem Statthalter von Syrien, der sich 660 zum Kalifen ausrufen ließ und die Dynastie der Umayyaden (661–750 n. Chr.) begründete.

Mit dem Aufstieg der Umayyaden endete die dahin anerkannte Nachfolgeregelung durch eine Wahl und das dynastische Prinzip der Herrschaftsregelung setzte sich durch. Damit war der Bruch innerhalb der islamischen Gemeinde endgültig besiegelt. Ali wurde 661 von einem Überlebenden des Massakers an den Kharijiten in Kufa ermordet. Sein Grab ist seitdem ein bedeutender schiitischer Wallfahrtsort.

Die Auseinandersetzungen zwischen Ali und Mu'awiya führten zur endgültigen Spaltung der Muslime in Sunniten und Schiiten. Während die Sunniten die vier

Rechtgeleiteten Kalifen als legitime Nachfolger des Propheten anerkennen, lehnen das die Schiiten kategorisch ab. Für sie ist allein Ali der wahre Nachfolger Mohammeds und der *erste Imam*. Hier zeigt sich bereits die separatistische Grundeinstellung der Schiiten. Weil die schiitischen Imame seit Ali das Recht auf Führung der islamischen Gemeinde für sich beanspruchten, starb keiner von ihnen eines natürlichen Todes.

Über die Ereignisse jener Zeit gibt es keine historisch verbürgten Quellen. Es gibt lediglich mündliche Überlieferungen von *Zeitzeugen*, deren Meinungen allerdings erst im achten Jahrhundert schriftlich fixiert wurden und die teilweise stark voneinander abweichen.

Imam bedeutet im arabischen Führer oder Vorsteher. In dieser Funktion ist er häufig der Vorbeter beim Gebet sowie der Leiter der Moschee. Für die Sunniten ist der Imam neben dem Kalifen das (religiöse) Oberhaupt der Umma (islamische Gemeinde).

Bei den Schiiten ist dies anders. Ihrem Verständnis nach müssen die Imame beide Funktionen (politische und geistliche Führungsrolle) erfüllen. Als Imame werden nur die von Ali abstammenden Nachkommen und von Gott geleiteten Führer anerkannt.

Die verschiedenen Richtungen der Schia, die *Fünfer-Schia*, die *Siebener-Schia* und die *Zwölfer-Schia* definieren sich nach den Imamen, auf die sie sich beziehen. Die kleinste Gruppe der Schiiten ist die Fünfer-Schia, die nach dem vierten Imam Zaid ibn Ali auch als *Zaiditen* bezeichnet werden. Sie umfasst etwa sechs Millionen Gläubige, die mehrheitlich im Jemen leben.

Die zweitgrößte Gruppe, die Siebener-Schia oder *Ismailiten*, beruft sich auf Ismael, den Sohn des sechsten Imams Djafar as-Sadiq. Zu ihr zählen sich etwa 16 Mio. Gläubige, die im Libanon, im Jemen, in Syrien (als Alawiten), in Iran, Afghanistan und Indien leben. Zwischen dem elften und 13. Jahrhundert waren die Ismailiten in Iran als *Assassinen* gefürchtet, weil deren Anhänger unter dem Einfluss von Haschisch Meuchelmorde an den Herrschenden verübten.

Unter den weltweit ca. 1,3 Mrd. Muslimen haben die Schiiten mit 130 bis 160 Mio. einen Anteil von 15 %. Die Mehrheit bilden mit 85 % Muslime der sunnitischen Ausrichtung. Der Begriff **Sunniten** leitet sich aus dem Arabischen von *sunna* (Herkommen, Brauch) ab. Mit diesem Begriff werden Muslime bezeichnet, die sich nach den von Mohammed überlieferten Aussprüchen und Taten orientieren. Sunniten lehnen die schiitischen Imame als Nachfolger des Propheten ab.

Schiiten bedeutet Partei und bezeichnet im Arabischen die Parteigänger Alis *(Shi'at Ali)*, der ihrem Selbstverständnis nach der einzige legitime Nachfolger Mohammeds ist.

Als Zwölferschiiten oder *Imamiten* werden diejenigen Muslime bezeichnet, die alle zwölf Imame als absolute religiöse und politische Autorität verehren. Sie sind zahlenmäßig die größte Gruppe mit etwa 106 Mio. Anhängern und leben mehrheitlich in Iran und Irak, in Bahrain und Azarbaijan. Kleinere Gruppen gibt es in der Türkei, im Libanon, sowie in den übrigen arabischen Golfstaaten, in Afghanistan und Indonesien (vgl. Abb. 13.2).

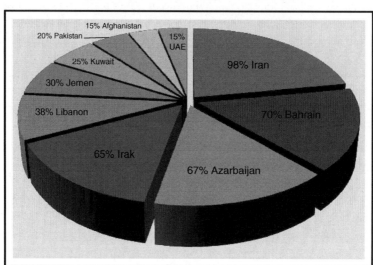

Abb. 13.2 Regionale Verbreitung der Schiiten

Der Verborgene Imam

Mohammed al-Mahdi, der Verborgene, *(Emam-e Gha'eb)* ist der zwölfte und letzte der schiitischen Imame. Er wird auch „Muhammad al-Mahdi al-Muntazar", der erwartete Mahdi genannt. In Iran wird ihm Bezeichnung „Herr der Zeit" (Sāheb-oz-zamān) hinzugefügt. Um seine Person ranken sich zahlreiche Legenden, sein Schicksal verliert sich in der Verborgenheit. Er soll der Überlieferung nach als Sohn des elften Imams und einer byzantinischen Sklavin am 30. August 869 geboren worden sein und verschwand im Alter von neun Jahren am Todestag seines Vaters (24. Juli 874), als ihn Gott zum Schutz in eine geheimnisvolle Verborgenheit entrückte. Die Schiiten glauben bis heute, dass er lebt. Bis etwa 941 soll der verborgene Mahdi mit der schiitischen Gemeinde durch vier Sendboten in Verbindung gestanden haben. Mit dem Tod des letzten Gesandten brach der Kontakt ab. Seit jener Zeit ist die Gemeinschaft ohne absolutes Oberhaupt und wartet auf die Wiederkehr des Erlösers, des Endzeit-Herrschers, der ein Reich der Gerechtigkeit und Wahrheit errichten wird (vgl. Tab. 13.1).

Die Lehren der Imame *(Imamat)*

Jede Religion braucht zu ihrer (inhaltlichen) Legitimation nicht nur den Nachweis (wahrer) historischer Ereignisse, sondern auch eine Sammlung von Glaubenssätzen und religiösen Doktrinen. Die für die Schiiten bedeutsame *Doktrin des Imamats* geht auf den

Tab. 13.1 Die Imame der Zwölfer-Schia

	Name	Todesjahr (n. Chr.)	Ort (Begräbnisstätte)
1	Ali ibn Abi Talib	661	Najaf (Irak)
2	Al-Hassan ibn Ali	669	Medina (Saudi-Arabien)
3	Al-Hussein	680	Kerbala (Irak)
4	Ali Zain al-Abidin	714	Medina
5	Muhammad al-Baqir	733	Medina
6	Jafar as-Sadiq	765	Medina
7	Musa al-Kazim	799	Kazimiya (Irak)
8	Ali ar-Rida	818	Mashad (Iran)
9	Muhammad al-Jawad	835	Kazimiya (Irak)
10	Ali al-Hindi an Naqi	868	Samarra (Irak)
11	Al-Hassan al-Askari	874	Samarra (Irak)
12	Muhammad al-Mahdi	941	„Große Verborgenheit"

sechsten Imam Jafar as-Sadiq zurück und wurde bereits im 7. Jahrhundert entwickelt. Sie ist bis heute gültig und besagt, dass die islamische Gemeinschaft zu allen Zeiten einen von Gott inspirierten und autorisierten religiösen Leiter braucht. Aus schiitischer Sicht kann dieses Amt nach dem Propheten nur von den schiitischen Imamen ausgeübt werden, weil sie mit theologischer und sittlicher Unfehlbarkeit ausgestattet seien.

Sunniten sehen das naturgemäß anders. Mit der Entrückung des zwölften Imams wurde diese Traditionslinie unterbrochen, weil ihrem Verständnis nach von den Menschen kein neuer Imam gewählt werden kann. Für die Dauer seiner Abwesenheit (Verborgenheit) wird diese Aufgabe vom anerkanntesten Rechtsgelehrten stellvertretend übernommen.

Vor und nach der Revolution sah sich außer Ayatollah Khomeini niemand dieser Herausforderung gewachsen. Khomeini, damals noch nicht im Rang eines Ayatollahs, entwickelte in den 1960er-Jahren im irakischen Exil sein Konzept des *Velajat-e Faqih*, die Herrschaft des anerkannten Rechtsgelehrten. Diese programmatische Schrift wurde nach der Revolution zur staatstheoretischen Begründung der islamischen Republik Iran.

Nach dem islamischen Gesetz *(Shari'at)* können nur die obersten geistlichen Würdenträger *(Mudjtahed)* Urteile fällen, die als „Handlungsdirektiven für die Alltagsprobleme (der) Gläubigen" gelten (vgl. Hesse-Lehmann 1993, S. 58). Als Grundlage dieser *Urteile* dienen ihnen die Vorschriften des Korans, die Hadith-Sammlungen und die Koranexegese (Auslegung) durch die Gelehrten. Sie sind im Prinzip nichts anderes als stereotype moralische Wertungen bestimmter Handlungen. Anders als z. B. in Europa basieren ihre Urteile nicht auf abstrakten Prinzipien, wie etwa den Bürger- und Menschenrechten als normative Begründung. Die islamische Logik und ihr Argumentationsmodus orientieren sich vielmehr an religiösen Normen, wie *obligatorisch, empfohlen, erlaubt, verwerflich und verboten.* Diese Richtlinien leiten das Verhalten und die Umgangsformen *gläubiger Schiiten.* Aus diesem Grund steht z. B. auf Ehebruch in Iran die Todesstrafe durch Steinigung (sie wird übrigens weiterhin praktiziert) nicht, weil hier primär gegen ein Gesetz verstoßen wird, sondern gegen eine *moralische Vorschrift.* Auch der islamische Dresscode (Tschador oder Hejab) lässt sich letztendlich nur mit einer entsprechenden Vorschrift im Koran (Sure 24, Vers 31) begründen. Insofern stellt das in der iranischen Öffentlichkeit von den Frauen praktizierte Verhalten, bezogen auf ihr äußeres Erscheinungsbild, einen ständigen Regelverstoß dar.

Diesen Sachverhalt sollten Sie im Hinterkopf behalten, wenn Sie die Denk- und Verhaltensweisen von Iranern verstehen wollen. Diese Normen und Werte sind über die Erziehung vermittelte, internalisierte Traditionen, und zwar unabhängig von der Zugehörigkeit zu einer bestimmten sozialen Klasse. Das Konfliktpotenzial, das sich für Iraner, die mit der westlichen Welt (beruflich oder privat) in Kontakt kommen, daraus ergibt, braucht an dieser Stelle nicht weiter erwähnt zu werden.

Welche bizarren Auswüchse der Glaube an die Wiederkehr des Verborgenen Imams annehmen kann, veranschaulicht der Auftritt des iranischen Präsidenten Mahmud Ahmadinejad im Jahr 2005 vor der UNO kurz nach seinem Amtsantritt.

Der UNO-Plenarsaal hat schon manch illustren Auftritt erlebt. [...] Doch dann verblüfft der Präsident das Plenum, er setzt zu einer „Predigt" an. Er proklamiert das Ende des agnostischen, säkularen Zeitalters. Aufklärung und westliche Wissenschaft hätten endgültig versagt [...]. In einem fulminanten Finale ruft er den Schöpfer an: Oh, allmächtiger Gott, ich bete zu dir, das Hervortreten deines letzten Triumphes zu beschleunigen. Schicke uns den Angekündigten, das perfekte und reine menschliche Wesen, das diese Welt mit Gerechtigkeit und Frieden erfüllen wird (Gehringer Mai 2006).

Vom Mullah zum Ayatollah

Der Islam kennt weder einen organisierten Klerus noch Priester. Es gibt weder ein Zölibat wie in der römisch-katholischen Kirche noch eine Liturgie oder ein Mönchtum. Muslimische Geistliche unterscheiden sich lediglich durch den Grad des Wissens, das sie im Laufe ihres Lebens erwerben. Ein Wissender ist demnach jemand, der den Koran, die Überlieferungen *(Hadith)* des Propheten, die Theologie *(Kalam),* die religiösen Grundsätze *(Usul)* nebst ihren Anwendungen *(Furu)* und das religiöse Recht *(Fiqh)* studiert hat. Dafür schuldet man ihm Respekt.

In der schiitischen Glaubensrichtung des Islam hat sich im Laufe der Jahrhunderte eine organisierte, streng hierarchisierte Gruppe von Geistlichen *(Ulema)* herausgebildet, die eine getrennte soziale Schicht darstellt mit ausgeprägtem Korpsgeist und einige Ähnlichkeiten zu christlichen Würdenträgern aufweist. Insofern kann hier von einem schiitischen Klerus gesprochen werden. Diese soziale Schicht lebt mit und von der Religion.

Schiitische Geistliche unterscheiden sich von der übrigen Bevölkerung bereits durch ihr Äußeres. Sie tragen in Nachahmung des Propheten eine lange braune oder schwarze Robe *(Aba)*, einen weißen oder schwarzen Turban *(Ammameh)* und Pantoffeln *(Nalain)*, die den Vorteil haben, dass sie sich bei den rituellen Waschungen oder beim Gebet leichter ausziehen lassen. Der Turban wird dem fortgeschrittenen Studenten der Theologie von seinem Lehrer, meist einem *Mudjtahed,* im Rahmen einer religiösen Zeremonie verliehen. Der schwarze Turban weist einen *Seyyid* aus, einen Nachkommen des Propheten und symbolisiert die Trauer um den Tod des Märtyrers Hussein. Viele ranghohe Geistliche in Iran besitzen den Status eines *Seyyid* und stammen meist aus Theologenfamilien.

Auf der untersten Stufe dieser Hierarchie steht der *Mullah* als einfacher Geistlicher einer Moschee in den Stadtvierteln oder auf den Dörfern. Die Bezeichnung Mullah ist die persische Umbildung des arabischen Terminus *Maula* und bedeutet Meister oder Klient. In der iranischen Gesellschaft hat sie einen doppeldeutigen Sinn und wird häufig auch auf Personen angewandt, die negative Verhaltensweisen an den Tag legen. In der persischen Literatur gibt es die Figur des Mullah Nasreddin, der sich durch besondere Schläue und Gewitztheit hervortut und im Deutschen dem Till Eulenspiegel am nächsten kommt.

Innerhalb der muslimischen Gemeinde übten und üben Mullahs zahlreiche Funktionen aus: auf den Dörfern und in den Stadtteilen unterrichten sie in den religiösen Schulen, sie fungieren als Standesbeamte bei Geburten, Hochzeiten und Beerdigungen, leiten das tägliche Gebet, überwachten in Krisenzeiten die Zuteilung rationierter Lebensmittel, stellen Bescheinigungen und Beglaubigungen aus, sammeln Almosen und entscheiden über deren Verwendung, überwachen die Einhaltung des islamischen Gesetzes und vieles mehr. Da sie von der Gemeinschaft finanziell abhängig sind, erhalten sie Spenden und Gelder von den religiösen Stiftungen *(Auqaf)*. Eine Art *Kirchensteuer* wie in Deutschland gibt es in Iran nicht. Viele Mullahs stammen aus dem bürgerlichen und kleinbürgerlichen Milieu und unterhalten traditionell enge Beziehungen zu den städtischen Basarhändlern. Das war einer der mitentscheidenden Gründe für den Erfolg der Revolution von 1979. Ihre Zahl lässt sich nur schätzen, aber man rechnet mit 180.000 Mullahs in Iran.

Der Werdegang eines Mullahs beginnt mit dem Studium an einer der traditionellen theologischen Hochschulen *(Madraseh)* in Isfahan, Tabriz, Ghom oder Mashad, den beiden religiösen Zentren Irans. Für die Dauer seiner Ausbildung wohnt der Student *(Talib, derjenige, der lernt)* in der Schule, von der er eine bescheidene finanzielle Unterstützung erhält. Er ist relativ frei in der Gestaltung seines Studiums, es gibt keinen Zwang zum Belegen bestimmter Fachrichtungen, die Teilnahme an Vorlesungen ist freiwillig. Wichtig sind dagegen die Eignung und Leistungen des Talib. Die Ausbildung verläuft in mehreren Stufen und ist unterschiedlich lang. Auf der untersten Stufe, die als *Moqaddamat* bezeichnet wird und in der Regel vier Jahre dauert, soll der Student eine vollständige Kenntnis des Schriftarabischen erwerben. Dazu zählen die Sprache, Grammatik, Syntax, Semantik, Textexegese, Rhetorik und erste Einführungen in das islamische Recht *(Fiqh)*.

Die zweite Stufe umfasst einen Zeitraum von etwa fünf Jahren und beinhaltet das Studium des islamischen Rechts, das systematische Lesen und Kommentieren der Prinzipien *(Usul)* klassischer religiöser Werke bedeutender Theologen. Hinzu kommen philosophische Studien. Am Ende dieser Phase gibt es für den Studenten weder Examina noch einen Studienabschluss. Es gilt das Prinzip der nicht-kodifizierten Anerkennung. In der Tradition des schiitischen Islam gab es eigentlich nur einen Titel, der eine klar umrissene Position benannte, nämlich die eines *Rechtsgelehrten* und es gab nur einen Weg, in diese Position zu gelangen: durch Erlaubnis oder Bevollmächtigung durch einen amtierenden Rechtsgelehrten. Diese Tradition geht zurück auf den unfehlbaren Imam, von dem die ersten Rechtsgelehrten ihre Erlaubnis erhalten hatten.

Die nächste Stufe für die Fortgeschrittenen ist zeitlich unbegrenzt. Sie wird als *Kharij-Zyklus* (äußerer Zyklus), bezeichnet, weil der Talib sich von außen kommend dem Kern des Wissens nähert. Wer diese Stufe erreicht hat, darf Vorlesungen über theologische Themen halten. Zur Anerkennung seiner akademischen Leistungen wird ihm von den Rechtsgelehrten der Ehrentitel eines *Hojatolleslam* (Beweis des Islam), ein sehr hoher, aber eher ungenau definierter theologischer Rang, verliehen. Die verschiedenen Titel weisen bestimmte Grade der Gelehrsamkeit aus und erfordern den Konsens unter den Rechtsgelehrten.

Die nächst höhere Stufe ist die des *Ayatollahs* (Wunderzeichen Gottes). Dieser Titel wird nur Personen verliehen, die den Rang eines *Mudjtaheds* (Rechtsgelehrter) innehaben und für würdig befunden werden, *Ijtihad* auszuüben, die eigenständige Rechtsfindung. *Mudjtahed* wird nur, wer von mehreren *Marja-e taqlid* als geeignet befunden wird. Außerdem muss er Rechtsgutachten *(Fatwa)* oder praktische Abhandlungen veröffentlicht und die Lehrbefugnis *(Ijazeh)* für die theologischen Fächer haben.

Ein Marja-e taqlid *(Vorbild zur Nachahmung)* ist die ranghöchste Position innerhalb des schiitischen Klerus. Diese Stufe kann nur ein Theologe im Rang eines Ayatollahs erreichen. In der Theorie galt diese Auszeichnung nur für den *Gelehrtesten* unter allen Theologen, und davon gab es vor der Revolution nur wenige Gelehrte.

Ein *Ayatollah al-Uzma* oder Großayatollah ist eine Ehrenbezeichnung, die an Mitglieder des Klerus verliehen wird, die ein meist ein hohes Alter haben und ein besonders großes Ansehen genießen. Ein Mullah unter vierzig konnte vor der Revolution nicht Ayatollah werden, danach ist dieser Titel inflationär geworden.

Die Mullahs auf den Dörfern werden durch den *Marja* bestellt, der ihr Vorbild ist und von dem sie bereits während des Studiums ein Stipendium erhielten und abhängig waren. Die Dorfbewohner müssen für diese Dienstleistung des Marja bezahlen und tun dies in Form des *Khoms,* einer weiteren religiösen Steuer auf alle Gewinne, der als Anteil des Imams *(Sahm-e Imam) an die Marja'i* geht. Die Mullahs werden in der Regel von der Dorfbevölkerung finanziell unterhalten.

Die wichtigsten Unterschiede zwischen Sunniten und Schiiten kurz zusammengefasst

Sunniten:

- Vier Rechtgeleitete Kalifen: Abu Bakr, Umar, Uthman, Ali
- Drei Quellen religiöser Normen: Koran, Sunna, Hadithe
- Vier Rechtsschulen: Hanbaliten, Hanafiten, Malikiten, Shafiiten
- Der Koran ist das geoffenbarte Wort Gottes
- Schiiten gelten als Abtrünnige

Schiiten:

- Ali ist der legitime Nachfolger Mohammeds
- Koran, Sunna, Hadithe sowie Handlungen und Konsens der Imame als Quellen der religiösen Normen
- Rechtsschule der Djafariten
- Imamatslehre
- Der Koran ist erschaffen, *nicht* geoffenbart
- Unterschiedliche religiöse Bräuche und Normen
- Taqiyeh oder Ketman
- Sunniten gelten als das gemeine Volk

Literatur

Busse, H. (2005). Grundzüge der islamischen Theologie und der Geschichte des islamischen Raumes. In E. Werner und U. Steinbach (Hrsg.), *Der Islam in der Gegenwart*. München: Beck.
Canetti, E. (1994). *Masse und Macht*. Frankfurt: Fischer.
Gehringer, U. (11. Mai. 2006). Der Knecht Gottes. *Weltwoche, 19*.
Gellner, E. (1992). *Der Islam als Gesellschaftsordnung*. München: Beck.
Hesse-Lehmann, K. (1993). *Iraner in Hamburg. Verhaltensmuster im Kulturkontakt*. Hamburg: Reimer.
May, K. (1962). *Von Bagdad nach Stambul*. Bamberg: Karl-May Verlag.

"Der Gast ist der Liebling Gottes" – Über die Ambivalenz des Schenkens

14

Ihr Musliminnen! Verschmäht ja nicht das Geschenk eurer Nachbarin, auch wenn es nur der Fuß eines Schafes sein sollte. (al-Buhari 1991, S. 272).

Der Gast ist einem lieb – bis zu drei Tagen. (Persisches Sprichwort).

Die sprichwörtliche persische Gastfreundschaft *(Mehman nawazi)* ist mehr als nur die Einladung zu einem guten Essen, sie ist ein wesentlicher Bestandteil geschäftlicher Beziehungen. Das gilt unisono für den arabischen Kulturkreis. Gastfreundschaft ist immer auf Gegenseitigkeit angelegt, indem sie ein Anrecht auf Unterstützung begründet. Es ist das Prinzip von Gabe und Gegengabe. Wer etwas erhält, muss etwas zurückgeben. Das fördert den sozialen Zusammenhalt über zeitliche und räumliche Distanzen hinweg. Eine Einladung abzulehnen, und sei es nur zu einem Tee, gilt als unhöflich und beleidigend. Zur Gastlichkeit gehören Freigebigkeit und Großzügigkeit, eine *offene Hand und ein offenes Herz* haben, sagen Iraner. Großzügigkeit ist eine der wichtigsten Tugenden, sie muss erwidert werden. Das ist die unausgesprochene Regel.

Das Recht des Königs

Der Kulturstandard Gastlichkeit hat eine sehr lange Tradition und geht auf die höfischen Sitten der altiranischen Großkönige zurück. Bereits in vorislamischer Zeit war die Bewirtung ausländischer Gäste am Hofe des Schahs eine selbstverständliche und hoch geachtete Tugend. Sie war allerdings auch eine politische Notwendigkeit, um Bündnisse zu schließen, den grenzüberschreitenden Handel mit den benachbarten Völkern zu gewährleisten oder sich die Treue der Untertanen zu sichern.

Freigebigkeit war ein königliches Privileg, etwas, das nur ein Herrscher gewähren konnte. Es war praktisch seinem Wesen immanent, eine Charaktereigenschaft. Der König belohnte die Treue seiner Untertanen durch Geschenke, ein solches abzulehnen galt als Beleidigung. Der griechische Historiker Xenophon berichtet in seiner *Anabasis, Der Zug der Zehntausend,* über das Verhalten von Kyros, dem Sohn von Dareios dem Großen:

> Daß er in der Größe seiner Wohltaten seine Freunde übertraf, ist nicht verwunderlich, da er ja die größeren Mittel dazu besaß. Daß er in der Fürsorge seinen Freunden überlegen war, und in der Bereitschaft, ihnen eine Gunst zu erweisen, das scheint mir wenigstens bewundernswerter zu sein (Xenophon 2002, S. 46).

Dieses altiranische Königsideal wurde von den nachfolgenden Herrschern übernommen, wie spätere Reisende immer wieder berichteten.

Die Freigebigkeit des Königs war keine einseitige Geste, sondern eng verknüpft mit den Loyalitätsgaben der Regierten. Alle Untertanen im persischen Großreich waren verpflichtet, dem Großkönig ihre Loyalität zu erweisen. So ist zum Beispiel auf den Reliefdarstellungen des Apadana-Treppenaufgangs in der altpersischen Königsresidenz Persepolis eindrucksvoll dargestellt, wie die Gesandtschaften der iranischen Völker dem König Tribut zollten. Zu Neujahr (Nowruz) und zum Herbstanfang waren sie verpflichtet, dem König Geschenke aus ihren Ländern zu überbringen. Zu jener Zeit regierte König Dareios über 29 verschiedene Völker. Das altiranische Zeremoniell des Schenkens ist bis heute ein fester Bestandteil der persischen Neujahrsfeierlichkeiten.

Der Vorzug des Schenkens

Von den muslimischen Eroberern wurde die Geste der Tributzahlungen bereitwillig aufgegriffen und fortgeführt, weil sich damit die Staatseinnahmen verbessern ließen.

Nach *Sahih al-Buhari* (810–870 n. Chr.), der die bedeutendste Sammlung von *Hadithen,* den Taten und Aussprüchen des Propheten Mohammed, zusammengestellt hat, habe schon der Prophet Mohammed den *Vorzug des Schenkens* unter den Gläubigen erkannt.

> O ihr, die ihr glaubt, spendet Almosen von dem womit ihr euch versorgt, bevor der Tag kommt, an dem es kein Verhandeln gibt, keine Freundschaft und keine Fürbitte (Koran, Sure 2, Vers 255).

Freigebigkeit gehört im Islam mit zu den wichtigsten Pflichten eines Muslims. Sie umfasst ein Repertoire an Hilfen, das von der Nachbarschaftshilfe, über die (finanziellen) Spenden für die gemeinnützigen Einrichtungen wie den religiösen Stiftungen *(auqaf)* und den obligatorischen Armensteuern *(zakat)* bis hin zum freiwilligen Almosen *(sadaqa)* reicht. Bei den Schiiten gibt es darüber hinaus noch eine besondere Form der Abgabe, die sie als *Khoms* bezeichnen und als Anteil des Imams *(Sahm-e Emam)* bekannt ist (siehe hierzu das Kap. 13). Doch auch im Islam ist Schenken immer ein Akt der Gegenseitigkeit, keine Einbahnstraße. Der gläubige Spender hofft für seine Großzügigkeit auf Erden belohnt zu werden, spätestens aber im Paradies. Der Prophet hat die Gläubigen vor Geiz gewarnt:

> Es mögen diejenigen, die geizig sind, nicht denken, was Gott ihnen von seinem Überfluß gab, sei ihnen zum Besten; [...] Das, woran sie geizten, wird ihnen als Halsfessel umgehängt am Tage der Auferstehung (Koran, Sure 3, Verse 175, 176).

Das Gebot des Propheten, großzügig zu sein gegenüber Armen, wird im Alltag bei zahlreichen Gelegenheiten praktiziert. Wenn jemand im Stillen Gott ein Versprechen gegeben hat, ein Gelübde, und eine Sache ist positiv ausgegangen, wird meist ein Schaf oder eine Ziege geschlachtet. Das Fleisch wird dann an die Nachbarn und an Arme verteilt. Oft sind es auch Geldgeschenke, die gegeben werden. Iraner nennen diesen Brauch *nasr kardan,* man geht mit Gott eine moralische Verpflichtung ein, die eingelöst werden muss, wenn sich der Wunsch erfüllt hat.

Schenken und Beschenken nehmen in der alltäglichen Interaktion einen breiten Raum ein. Es sind soziale Funktionen, sogenannte *Binderiten,* welche die Beziehungen der beteiligten Personen festigen sollen. Aus einem Geschenk ergibt sich die Verpflichtung, etwas zurückzugeben. Die sprichwörtliche Großzügigkeit kann in der Praxis oft skurrile Formen annehmen. Wenn Sie bei Iranern zu Besuch sind und Ihnen etwas gefällt, wird es Ihnen in der Regel gleich als Geschenk angeboten. Der Gastgeber fühlt sich verpflichtet, die Bewunderung des Gastes durch ein Geschenk zu erwidern, unabhängig davon, ob er diese Geste später bereut oder nicht. Umgekehrt wird dieses Verhalten auch von Ihnen erwartet.

▶ Es ist daher dem Europäer anzurathen, mit den Aussprüchen der Bewunderung zurückzuhalten ... sonst bringt er sich und seinen Wirth in die peinlichste Verlegenheit (Polak 1865, S. 13).

Im Umgang mit Iranern ist dieses kulturell definierte Verhalten oft eine Quelle für zahlreiche Missverständnisse und persönliche Kränkungen. Deutsche gelten in Iran als geizig, weil sie den Erwartungen von Iranern, was Freigebigkeit anbelangt, nicht oder nur unzureichend entgegenkommen. Als Deutscher fühlt man sich dagegen irgendwie ausgebeutet, obwohl man sich doch freigebig (in unserem Sinne) verhalten hat. Das ist eine oft schwierige Gratwanderung, die eine Geschäftsbeziehung gehörig belasten kann.

Ein beliebtes Beispiel ist der Besuch eines Restaurants. Sie werden von Ihrem iranischen Geschäftspartner zum Essen eingeladen und wollen bezahlen. Der Wunsch wird Ihnen mit freundlichem Nachdruck abgeschlagen, schließlich sind Sie Gast. Sie können unter keinen Umständen die Rechnung begleichen, allein schon wegen der sprachlichen Barrieren. Der Kellner tut, was ihm der Iraner aufgetragen hat.

In Deutschland sind Sie der Gastgeber, aber beim Bezahlen versucht Ihr iranischer Gast wieder die Rechnung zu begleichen. Das lassen Sie natürlich nicht zu. Also entschuldigt sich Ihr Gast für ein paar Minuten, um sich die Hände zu waschen. Als Sie dann endlich bezahlen wollen, müssen Sie feststellen, dass die Rechnung bereits beglichen wurde. Das ist eine typisch iranische Verhaltensweise. Sind mehrere Iraner anwesend, wird sich heftig darum gestritten, wer bezahlen *darf*. Das ist jedoch ein ritualisiertes Spiel, weil die Rollenverteilung feststeht und meist vorher klar ist, wer letztendlich bezahlt. Das gilt für die Situation in Iran. In Deutschland sollten Sie so etwas auf gar keinen Fall zulassen, weil Sie Ihrer Gastgeberrolle gerecht werden müssen, sonst droht Ihnen ein herber Gesichtsverlust. Ich empfehle Ihnen, sich zum Begleichen der Rechnung unter irgendeinem Vorwand kurz zu entschuldigen oder den Kellner vorher entsprechend zu instruieren. Ihren Gast können Sie auf das nächste Mal vertrösten, allerdings in Iran.

Das Prinzip Gastfreundschaft

Wenn Sie in Iran unterwegs sind, kommt es häufig vor, dass Sie von Einheimischen spontan eingeladen werden. Diese Einladungen sind in den meisten Fällen ehrlich gemeint und Sie sollten sich darauf einlassen.

Auch der Koran schreibt den Gläubigen vor, Reisenden das Gastrecht zu gewähren:

> … und seid gütig gegen Eltern, Verwandte, Waisen, Arme, gegen euren Nachbarn, sei er euch nahe oder fremd, gegen eure vertrauten Freunde, den Wandersmann und zu euren Sklaven; denn Allah liebt nicht Stolze, Prahler und Hochmütige (Koran: Sure 4, Vers 37).

Gastfreundschaft ist jedoch mehr als nur eine höfliche Geste, sie ist eine soziale Institution mit klar definierten Regeln sowohl im privaten Bereich als auch auf geschäftlicher Ebene.

Wer in Iran als Gast behandelt wird, unterliegt bestimmten Modalitäten. Dazu gehört, dass er beim Eintreffen immer von Freunden, Verwandten und Bekannten des Gastgebers empfangen wird. Bei längerem Aufenthalt, und nachdem sich seine Anwesenheit im Kreise der Familie und Freunde herumgesprochen hat, werden diese ihre Aufwartungsbesuche machen. Bei dieser Gelegenheit werden dem Gast und dem Gastgeber Ehre und Respekt erwiesen und der Gast wird zu weiteren Besuchen eingeladen.

Diese Angebote sollten Sie so weit wie möglich annehmen. Zum einen werden Sie in das Beziehungsgeflecht Ihres Gastgebers aufgenommen. Zum anderen ergeben sich dadurch weitere, oft auch auf geschäftlicher Basis sehr interessante Kontakte. Gerade in einem Land wie Iran, wo die meisten Geschäfte über Beziehungsnetzwerke laufen, kann dies von Vorteil sein. Das einzige, was Sie investieren müssen, ist genügend Zeit und Geduld, und Geld für Geschenke. Vor der eigentlichen Abreise wird der Gast von allen, oft auch mit Abschiedsgeschenken versehen, überschwänglich verabschiedet. Der Gastgeber lässt es sich meist nicht nehmen, ihn bis um Flughafen zu begleiten.

Die heute üblichen Verhaltensformen um den Komplex der Gastlichkeit haben sich seit den Zeiten der altpersischen Großkönige im Kern kaum verändert. An den Königshöfen waren die ausländischen Gesandtschaften Gäste des Schahs und wurden für die Dauer Ihres Aufenthalts auf dessen Kosten bewirtet.

Gastfreundschaft ist jedoch kein Selbstzweck. Man kann sie auch ganz nüchtern betrachtet (aus deutscher Sicht) als eine *zweckrationale* Handlungsweise bezeichnen. Sie ist rational, weil sie bewusst und planmäßig ausgeführt wird, und sie verfolgt einen bestimmten Zweck, nämlich die Erweiterung des eigenen Beziehungsnetzwerkes und damit des Handlungsrahmens zwecks Gewinnoptimierung. Dennoch hat sie einen bestimmten Charme, den ich ihr keineswegs absprechen will. Durch die Annahme der Gastfreundschaft geht man eine Reihe von Verpflichtungen ein, die man erfüllen muss. In einem ökonomischen Sinne sind sie eine Investition, aus der sich konkrete Ansprüche herleiten lassen. Diese Ansprüche orientieren sich an dem, was der Gastgeber dem Gast zu geben bereit war. Bei einem Gegenbesuch, sei er aus privaten oder geschäftlichen Gründen, erwarten Iraner daher *mindestens* die gleiche Vorzugsbehandlung, die sie ihrem Gast Zuhause gewährten. Das kann ins Geld gehen. Der Gast muss nun die Rolle des Gastgebers übernehmen und den Ansprüchen seines iranischen Gastes gerecht werden. Diese Erwartungshaltung kann in der Praxis leicht zu Missverständnissen führen. Der deutsche Gastgeber fühlt sich ausgebeutet und kritisiert das Anspruchsdenken des Iraners. Der fühlt sich ungerecht und unzureichend behandelt und vermisst eine adäquate Gegenleistung. Es gibt keinen Mittelweg. Wer in Iran erfolgreich sein will, muss diese Spielregeln beachten.

Die andere Seite der Gastfreundschaft

Die sprichwörtliche (persische) Gastfreundschaft hat allerdings auch eine Kehrseite, die selten beachtet wird, vielen vielleicht auch unbekannt ist. Schon der Koran warnt die Muslime vor dem Kontakt mit Ungläubigen:

> O ihr, die ihr glaubt, nehmt nicht Juden oder Christen zu Freunden, denn Freunde sind sie nur gegeneinander. Und wer von euch sie als Freunde nimmt, wahrlich er gehört zu ihnen (Koran, Sure 5, Vers 56).

Der in dieser Sure vorgeschriebene Umgang mit Fremden, mit Andersgläubigen *(Kafar)*, ist eine besondere Variante des schiitischen Islams. Mit der altpersischen Tradition der Gastfreundschaft hat dies nichts zu tun. Nach schiitischer Auffassung gelten alle Nicht-Muslime als unrein, deshalb führt die Berührung eines Muslims mit einem Gläubigen zu einer rituellen Verunreinigung (vgl. Richard, 1983, 85). Orthodoxe Schiiten glauben, dass sie durch den körperlichen Kontakt, und sei es nur durch einen Handschlag, derart verunreinigt werden, dass sie ihren religiösen Pflichten erst nach einer aufwendigen Waschung nachkommen können. Dies ist einer der wesentlichen Gründe, warum eine strenggläubige Frau Ihnen zur Begrüßung nicht die Hand reicht, für einen Mann gilt übrigens das Gleiche. Für einen aufmerksamen Besucher ist dieses Verhalten zugleich ein wichtiges Merkmal, das die religiöse Orientierung des Gesprächspartners verrät.

Die Segregation Andersgläubiger, also die Trennung zwischen Schiiten und den Angehörigen anderer Religionen, zieht sich wie ein roter Faden durch die Geschichte Irans seit der Eroberung durch den Islam. Im Alltag mussten Nicht-Muslime (Christen und Juden) durch ihre Kleidung von Muslimen unterscheidbar sein und durften nur in ihren eigenen Stadtvierteln leben. Öffentliche Gebäude wie Bäder oder Brunnen durften sie aus Angst, sie könnten diese verunreinigen, grundsätzlich nicht benutzen. Die Abgrenzung ging vielerorts so weit, dass sie ihre eigenen Handwerksbetriebe und eine eigene Gerichtsbarkeit hatten.

> Jeder Mann und jede Frau, die die Existenz Gottes leugnen oder an einen anderen Gott neben ihm glauben und nicht an seinen Propheten Mohammed glauben, sind unrein (genau wie das Exkrement, der Urin, der Hund, der Wein). Das gilt auch, wenn sie nur eines dieser Prinzipien in Frage stellen (Ayatollah Khomeini 1980, S. 53).

Nach der Revolution fand in vielen iranischen Milieus eine verstärkte Hinwendung zum orthodoxen Islam statt. Einen ausländischen nicht-muslimischen Gast zum Essen einzuladen, stellt für orthodoxe Schiiten eine besondere Herausforderung dar. Für beide Parteien ist es eine zwiespältige Angelegenheit. Da ist zum einen die Angst vor ritueller Verunreinigung bei Tisch. Sämtliche Dinge, die der Gast angefasst hat, sind unrein und müssen separat gewaschen werden, um weitere Verunreinigung zu verhindern. Zum anderen gibt es die moralische Verpflichtung, jemanden einzuladen. Für den ausländischen Gast ist diese Situation nicht weniger peinlich, weil er die Gastgeber in eine Konfliktsituation bringt.

▶ Sie können solche Situationen vermeiden, wenn Sie sich vorsichtig nach dem religiösen Hintergrund Ihres Gastgebers erkundigen. Einen ersten Eindruck gewinnen Sie bereits bei der Art der Begrüßung (Händeschütteln oder nicht). Eine Einladung können Sie höflich ablehnen mit dem Hinweis auf Zeitmangel, anderen Verpflichtungen und dass Sie beim nächsten Mal gerne darauf zurückkommen.

Adab – Über die guten Sitten beim Essen und Trinken

Iraner sind immer auf Gäste eingestellt. Dieser Eindruck entsteht, wenn man bei Ihnen zu Besuch ist. Was der Außenstehende nicht weiß, ist, dass keine iranische Hausfrau unvorbereitet Gäste in ihrem Hause empfängt. Die Vorbereitungen für Gäste sind umständlicher als in Deutschland. Die meisten Nahrungsmittel werden frisch gekauft und zubereitet. Das ist immer sehr zeit- und arbeitsaufwendig. Wenn Sie also urplötzlich eingeladen werden, hat Ihr Gastgeber seine Frau bereits darüber informiert. Dank des mobilen Telefonierens ist das heute auch in Iran kein Problem mehr. Wo es früher zum Beispiel auf dem Lande nicht möglich war, wurde ein Dorfjunge mit der Botschaft nach Hause geschickt, man erwarte Gäste. Die Gastgeberin hatte somit genügend Zeit, alles entsprechend herzurichten und sich selbst natürlich auch.

Spontane Besuche sind in Iran eher selten. Dennoch sind iranische Gastgeber häufig auf Gäste eingestellt und bereiten größere Mengen an Speisen zu. Vor allem bei offiziellen Anlässen, wie Hochzeiten oder Beerdigungen, wird mehr aufgetragen als erforderlich wäre. Nach iranischem Verständnis sollen die Gäste wie Aristokraten *(Ashrafi)* bewirtet werden. Dabei geht es jedoch in erster Linie darum, dem Gastgeber ein größeres Prestige zu verschaffen, seine Großzügigkeit und seinen Wohlstand herauszustellen, was nicht selten seine finanziellen Mittel übersteigt.

Anders als in Deutschland ist es unüblich, auf die Minute genau bei den Gastgebern zu erscheinen. Das würde auch niemand von Ihnen verlangen, weil es von den Gästen als unhöflich aufgefasst würde. Pünktlichkeit ist immer relativ gemeint. Oft treffen Gäste mit erheblicher Verspätung ein, ohne, dass dies kritisiert würde. Weil die Gerichte sich jedoch nicht unbegrenzt warmhalten lassen, und darüber hinaus auch noch verkochen, sollten Sie nicht allzu spät erscheinen. Vergessen Sie nicht, dass eine iranische Gastgeberin ebenso unter Stress steht wie eine deutsche. Jede will nur das Beste für ihre Gäste.

Tscha'i hast – Der Tee ist fertig

Sind die Gäste endlich eingetroffen, beginnt die eigentliche Teezeremonie. An kleinen Tischen werden Tee *(cha'i)* und Gebäck angeboten. Das Anbieten von Kaffee *(qahveh)* ist in iranischen Häusern eher unüblich, obwohl Kaffee unter jungen Leuten derzeit eine Art Renaissance erlebt und zu einem Modegetränk geworden ist. In vielen iranischen Städten gibt es heute Coffee Shops nach westlichem Vorbild. Deren Vorläufer waren in früheren Jahrhunderten die beliebten Kaffeehäuser *(qahveh-khaneh)*, die das Bedürfnis nach sozialer Zusammenkunft in der Öffentlichkeit förderten. Bereits im 14. Jahrhundert gelangte Kaffee aus seiner Heimat Äthiopien über den Jemen nach Iran und war bis ins 19. Jahrhundert ein beliebtes Getränk. Persischer Kaffee ist wie türkischer Mokka dickflüssig, gesüßt und sehr stark. Er wird gelegentlich auch deshalb getrunken, um durch Kaffeesatzleserei die Zukunft vorher zu sagen.

Tee wurde dagegen erst relativ spät in Iran eingeführt. Zu Anfang des 17. Jahrhunderts kam er aus China und löste Kaffee als wichtigstes Getränk ab. Um 1868 wurde mit dem Anbau von Tee in den iranischen Provinzen Mazanderan und Gilan am Kaspischen Meer begonnen, nachdem ein iranischer Geschäftsmann die ersten Pflänzchen aus Ceylon eingeführt hatte. Erst der eigene Anbau trug dazu bei, dass er den Kaffee ablösen konnte, zumal er für die Bevölkerung erschwinglicher war. Jährlich werden etwa 40.000–50.000 Tonnen Tee in Iran angebaut. Dennoch kann diese Menge den einheimischen Bedarf nicht annähernd decken. Die heutigen Teehäuser in Iran werden als *qahveh-khaneh,* als Kaffeehäuser, bezeichnet, obwohl dort vorwiegend Tee zubereitet wird. Dies ist eine Reminiszenz an die Bedeutung des Kaffees, die er in früheren Jahrhunderten hatte.

Die Art der Teezubereitung ist in Iran anders als in Deutschland. In iranischen Haushalten ist er den ganzen Tag über servierfähig vorhanden. Dabei verwendet man aufgegossenen Tee, eigentlich ein Teekonzentrat, das in einer (Porzellan)Kanne aufbewahrt und mit Wasser aus einem Samowar oder einem Wasserkessel ständig verdünnt wird. Der Tee wird anschließend in kleine Gläser gefüllt. Zum Süßen verwendet man ein Stück Kandiszucker oder abgebrochene Stücke von einem Zuckerhut, die man im Mund belässt, während man den Tee schlürft. Von ausländischen Gästen wird natürlich nicht erwartet, dass sie ihren Tee auf die gleiche Art und Weise zu sich nehmen. Sie können selbstverständlich den Zucker ins Glas geben und mit einem Löffel umrühren. Was auf Iraner eher befremdlich wirkt, ist, wenn heiße Getränke oder Speisen durch Pusten abgekühlt werden, wie es bei uns üblich ist.

▶ Wenn Sie nicht wollen, dass Ihnen weiterhin Tee eingeschenkt wird, können Sie dies mit freundlichem Nachdruck ablehnen. Oder Sie lassen das gefüllte Glas einfach unangetastet stehen. Am elegantesten ist es, wenn Sie Ihre rechte Hand auf Ihr Herz legen und sich mit einem leichten Vorbeugen des Kopfes bedanken. Diese Geste ist übrigens in vielen Situationen sehr hilfreich, wenn Sie zum Beispiel etwas nicht mögen. Sonst wird ähnlich wie beim Ta'rof eine zurückhaltende Ablehnung als Zustimmung aufgefasst.

Vor dem eigentlichen Gastmahl werden nun, gemäß der persischen Tradition, weitere Getränke, Naschereien und Obst aufgetragen, wobei das Angebot sich nach der Jahreszeit richtet. In den Sommermonaten werden dem Gast verschiedene Nusssorten *(Adjil)* wie Pistazien, Mandeln, Haselnüsse und getrocknete Kichererbsen in Schälchen angeboten. Pistazien bester Qualität sind in den vergangenen Jahren extrem teuer geworden und werden häufig nur den Gästen vorbehalten. Den Qualitätsunterschied zu billigen Sorten merken Sie beim Essen. Gute Pistazien haben eine goldgrüne Farbe. Neben Pistazien werden oft, allerdings eher im privaten Kreis, geröstete und gesalzene Melonenkerne *(Tokhmeh)* angeboten. Das Öffnen der Melonenkerne geschieht mit den Schneidezähnen ohne die Hände zu benutzen. Das erfordert eine gewisse Übung, die wir meist nicht haben. Deshalb ist davon abzuraten. Oft werden Ihnen Zuckerbäckereien aufgetischt wie *Gaz* (eine Art türkischer Honig mit Pistazien), *Baqlawa* (gefüllter, süßer Blätterteig, kennen wir aus der Türkei), *Halwa* (eine süße Speise aus Sojamehl) sowie *Souhan* (ein Hartgebäck aus Honig, Mandeln und Pistazien aus der Pilgerstadt Qom).

Meist wird vor und nach dem eigentlichen Hauptgang ein mit Früchten arrangierter Obstteller mit Weintrauben, Mandarinen, Pfirsichen, Birnen, Granatäpfeln und verschiedenen Melonen aufgetragen. Ergänzend dazu gibt es noch kleine rohe Gurken und unreife Mirabellen. Der Gast wird regelrecht umsorgt, indem das Obst für ihn sorgfältig geschält und in mundgerechte Stücke zerteilt serviert wird. Man möchte verhindern, dass er sich beim Essen die Finger schmutzig macht. Deshalb steht auch immer eine Box mit Papiertüchern in Griffnähe. Das zerteilte Obst wird mit Messer und Gabel zum Mund geführt. Obst in die Hand zu nehmen und anschließend davon ein Stück abzubeißen, gilt als ungehobelt, verpönt. Darauf sollten Sie wirklich achten.

▶ Selbst wenn Sie keinen Appetit auf Obst oder Naschereien verspüren, sollten Sie als Zeichen des Dankes und der Anerkennung immer etwas probieren. Fällt Ihnen etwas zu Boden, legen Sie es auf den Teller. Anders als in Deutschland werden Nahrungsmittel, die zu Boden gefallen sind, nicht gewaschen und wieder verwertet. Der Boden gilt Iranern grundsätzlich als unrein. Daher auch die Sitte, beim Betreten des Hauses die Schuhe auszuziehen.

Das persische Diner

Iraner haben ein stark ausgeprägtes Reinlichkeitsempfinden. Deshalb ist es üblich, sich vor und nach jeder Mahlzeit die Hände zu waschen. Früher ging ein Mitglied der Familie mit einer mit Wasser gefüllten Kanne und einer Schale reihum, damit Gäste ihre Hände reinigen konnten. Anders als in arabischen Ländern üblich benutzen Iraner nicht ihre Finger beim Essen, sondern Gabel und Löffel. Messer werden nur zum Schälen von Obst oder zum Zerteilen von Käse oder Kuchen benutzt.

Ein Messer wird auch deshalb nicht gebraucht, weil Fleisch und Geflügel in mundgerechten Portionen serviert werden. Um etwas dennoch zu portionieren, nimmt man meist den Löffel oder die Gabel. Reisgerichte isst man mit dem Löffel in der linken Hand, die Gabel in der rechten dient der Unterstützung. Gerichte ohne Reis werden dagegen mit der Gabel rechtshändig verzehrt. Wenn Sie Linkshänder sind, essen Sie wie Sie möchten. Wünschen Sie allerdings ein Messer, können Sie den Gastgeber selbstverständlich darum bitten. Er wird Ihren Wunsch erfüllen.

Bei strenggläubigen Iranern wird die linke Hand beim Essen möglichst nicht eingesetzt, sie ruht dann auf dem Tisch. Die linke Hand gilt in vielen Ländern traditionell als unrein, weil sie dort zum Waschen auf der Toilette benutzt wird. Die Sitte, mit den Fingern zu essen kommt heute in Iran vereinzelt noch in sehr religiösen Familien vor. Diese Art zu speisen ist islamischen Ursprungs und orientiert sich am Vorbild des Propheten. Mit persischer Etikette bei Tisch hat das nichts zu tun. Das Essverhalten der Araber gilt bei Iranern als unkultiviert. Deshalb bezeichnen sie dieses Verhalten geringschätzig als *akhundi*, also wie ein islamischer Geistlicher (Akhund) essen. Das ist verpönt, auch wenn Ayatollah Khomeini als angemessenes Verhalten bei Tische empfohlen hat, *mit drei Fingern essen und die anderen zwei leer lassen.*

Der Gebrauch von Besteck wie Löffeln war bereits an den altiranischen Königshöfen selbstverständlich. Das Tafelgeschirr wie „Schüsseln, Teller, Krüge, Becher, bestanden aus glasiertem Ton. Diese glasierte Keramik allgemein zum Gebrauch einzusetzen, war offenbar eine Errungenschaft aus der Zeit der Achämeniden (5. Jahrhundert v. Chr.)", schreibt Heidemarie Koch (vgl. Koch 1992, S. 174). Daneben gab es Geschirr aus Gold und Silber, das nur am Königshof verwendet wurde. Die persische Esskultur blickt also auf eine lange Tradition zurück.

Mahlzeiten werden am Tisch serviert, selten auf dem Boden (Teppich). Die Sitte, ein Tafeltuch *(Sofreh)* auf dem Boden auszubreiten, auf das die Speisen gestellt werden, ist islamischen Ursprungs, allerdings auch heute noch üblich. Man setzt sich dann im Schneidersitz um das Tuch herum.

Bei großen Empfängen werden die Speisen als Buffet serviert. Es gibt keine bestimmte Speisenfolge, keine *Gänge,* wie wir das bezeichnen. Zunächst werden jedoch Wasser, Limonaden, Brot, Schafskäse und Kräuter aufgetragen. Im Sommer wird *Dūq* angeboten, ein Erfrischungsgetränk aus Joghurt und Wasser, das als appetitanregend gilt. Alle Speisen, ob kalt oder warm, werden gleichzeitig auf großen Platten serviert, sodass sie meist schon stark abgekühlt sind, bevor mit dem eigentlichen Essen begonnen werden kann.

Zur eigentlichen Hauptspeise gehören *Polou-Gerichte,* das sind mit verschiedenen Zutaten wie Fleisch, Fisch oder Gemüse aufgeschichtete Reisgerichte, die sehr aufwendig in der Zubereitung sind und hervorragend schmecken. *Chelou* ist gekochter weißer Reis, der zu Fleisch und Fisch als Beilage serviert wird. Des Weiteren gibt es eine Vielzahl von Suppen *(Ash),* die als Gemüse- oder Fleischsuppen aufgetischt werden.

Nach der Tradition ist das Essen erlaubt, sobald Brot auf dem Tisch ist. Das Brot wird mit den Händen zerteilt, ein Schneiden mit dem Messer ist nach islamischem Verständnis nicht erlaubt. Der Gastgeber eröffnet förmlich die Tafel und fordert die Gäste auf, mit dem Essen zu beginnen. Währenddessen ist die Gastgeberin zusammen mit anderen weiblichen Familienmitgliedern mit dem Auftragen beschäftigt. In sehr religiösen Familien kann es vorkommen, dass die Frauen ihre Mahlzeit in der Küche einnehmen. Auf Nachfrage erhält man dann die Antwort, sie müssten weitere Speisen vorbereiten. Den wahren Grund erfährt man ohnehin nicht. Das wäre unhöflich.

Ähnlich wie bei uns wünscht man dem Gast einen gesegneten Appetit, indem die koranische Eröffnungsformel *Basmala* (Im Namen Gottes, des Barmherzigen usw.) gesprochen wird. Der Gastgeber ist der Tradition entsprechend beim Essen eher zurückhaltend, er will nicht als unbeherrscht erscheinen.

„Der Gläubige ist mit wenig Essen zufrieden", sagt al-Buhari. Wie es der Islam vorschreibt, wird der Gast ständig aufgefordert, sich doch zu bedienen. Das ist zwar ehrlich gemeint, manchmal auch lästig. Wenn Sie allerdings zögern, übernehmen Gastgeberin oder Gastgeber diese Aufgabe und füllen Ihren Teller ständig mit kleinen Portionen. Das ist keine Aufforderung zu essen. Wenn Sie nicht mögen, lassen Sie den Teller einfach stehen oder Sie lassen ein paar kleine Essensreste auf Ihrem Teller. Sonst signalisieren Sie, dass Sie noch etwas wünschen, so wie beim Tee. Anders als in den Orient-Erzählungen von Karl May werden Sie nicht vom Hausherrn gefüttert. Die persischen und die islamischen Speisevorschriften und Verhaltensregeln bei Tisch sind häufig sehr widersprüchlich. Nach schiitischer Auffassung gelten Speisereste auf dem Teller als Verschwendung. Wenn es Ihnen geschmeckt hat, können Sie sich auf Persisch mit *Kheili khoshmaze bud,* „es hat sehr gut geschmeckt", bedanken.

Nach dem Essen verlässt man den Tisch und nimmt den an kleinen Beistelltischen servierten Tee ein. Als Dessert bietet Ihnen die Gastgeberin verschiedene Süßigkeiten, Gebäck oder Obst an. Bei eher formellen Einladungen verabschieden sich die Gäste bereits ein bis maximal einenhalb Stunden nach dem Essen. Es gilt als ein Gebot der Höflichkeit und Rücksichtnahme. Einen frühen Aufbruch gebietet auch der Koran, weil es die Pflicht des Gläubigen ist, kurz vor Tagesanbruch das erste Gebet zu verrichten. Eine gesellige Runde wie sie in Deutschland gepflegt wird, würde die Gastgeber jedoch weiterhin sehr beanspruchen. Ein längeres Zusammenbleiben wird indes nur unter Verwandten und engen Freunden gepflegt.

Ein Wort zu Gastgeschenken

Einer Einladung mit leeren Händen nachzukommen, ist unhöflich. Entweder Sie bringen eine Spezialität aus Ihrer Heimat mit, Süßigkeiten, Porzellan, aber **keine** Fleischwaren, oder Sie beschaffen vor Ort Blumen oder Gebäck. Das ist am einfachsten.

Halal versus Haram – Islamische Speiseverbote

Der Koran kennt eine ganze Reihe von verbotenen Nahrungsmitteln. Der Genuss alkoholischer Getränke ist generell verboten. In strenggläubigen Familien ist Alkohol absolut tabu, bei eher modern orientierten Gastgebern kann es vorkommen, dass den Gästen Alkohol angeboten wird. Alkohol ist in Iran trotz des Verbots überall erhältlich, wenn man es weiß. Um kein Risiko einzugehen, sollten Sie besser darauf verzichten.

Das hat ganz einfache Gründe. Manchmal wird Ihnen voller Stolz selbst gebrannter Alkohol angeboten, von dem Sie nicht wissen, wie hochprozentig er ist, woraus und wie er hergestellt wurde. Die Alkoholproduzenten sind keine Fachleute, sondern immer Laien, auch wenn sie dies schon lange tun. Bei importierten Alkoholika ist das Gesundheitsrisiko zwar „geringer", es kann Ihnen bei der Heimfahrt jedoch passieren, dass Sie in eine Verkehrskontrolle geraten. Meist werden ausländische Besucher von der Polizei kontrolliert. Ein Verstoß gegen das Alkoholverbot kann Ihnen ein paar Tage Gefängnis einbringen, eine hohe Geldstrafe in Devisen und die sofortige Ausweisung. Ausgepeitscht werden Sie vermutlich nicht, aber Sie bekommen kein Visum mehr. Sie können das Angebot Ihres Gastgebers mit dem Hinweis auf Magenprobleme ablehnen oder indem Sie die rechte Hand aufs Herz legen und sich bedanken.

Die islamischen Speisegesetze unterscheiden zwischen verbotenem Fleisch, das *haram* ist und zwischen erlaubtem Fleisch *(halal)* und zwischen Fleisch, dessen Verzehr lediglich *missbilligt* wird. Lassen wir Ayatollah Khomeini zu Wort kommen:

> Elf Dinge sind unrein: der Urin, das Exkrement, das Sperma, die Knochen, das Blut, der Hund, das Schwein, der (Ungläubige)…der Wein, das Bier, der Schweiß des Kot fressenden Kamels (Khomeini 1980, S. 53).

Zu den Tieren, deren Fleisch zu verzehren lediglich missbilligt wird, gehören Pferd und Esel. Eine entsprechende Begründung kenne ich nicht. Rindfleisch ist selbstverständlich erlaubt, wird jedoch relativ selten gegessen, weil es vor allem teuer ist. Iraner bevorzugen das Fleisch von Schafen und Ziegen, das sich sowohl in der Qualität als auch im Geschmack von dem bei uns angebotenen stark unterscheidet. Die Qualität ist um ein Vielfaches besser, weil die Tiere von Nomaden gekauft werden, die mit ihnen ganzjährig wandern. Nomaden verwenden keine künstlich erzeugten Futtermittel und keine Antibiotika.

Das in Iran erhältliche Fleisch ist grundsätzlich *halal,* weil es nach islamischem Brauch geschächtet ist und die geschlachteten Tiere richtig ausgeblutet sind. Blutiges Fleisch gilt als unrein. Schweinefleisch oder Produkte aus Schweinefleisch werden weder angeboten noch nachgefragt, obwohl es in Iran auch Wildschweine gibt, die gejagt werden. Allen Verboten zum Trotz, wird es auch konsumiert!

Rohes Fleisch zu verzehren, etwa Hackfleisch oder Roastbeef, das *medium* gebraten ist, oder roher Fisch verursacht bei vielen Iranern Ekel. Fleisch muss grundsätzlich *durchgebraten* sein. Schuppenlose Fische (Aal, Stör) oder Schalentiere wie Muscheln gelten ebenfalls als unrein. Beliebt ist dagegen der Verzehr von *weißem* Fleisch wie das von Geflügel. Im Norden und Südwesten Irans wird auch Wild angeboten und konsumiert und der Käufer nimmt insgeheim an, dass der Jäger beim Töten die richtigen Verse aus dem Koran rezitiert hat.

Im Ausland lebende Iraner ändern mitunter ihr Konsumverhalten und verzehren trotz des Verbots auch Schweinefleisch. So penibel in Iran zwischen „rein" und „unrein" unterschieden wird, bei der Aufbewahrung, sprich Kühlung der geschlachteten Tiere, setzt man geringere Maßstäbe an. Ob auf dem Basar oder in vielen Läden, das Fleisch hängt oft bis zum Verkauf ohne angemessene Kühlung im Freien.

Wenn Sie strenggläubige Gäste zu Besuch haben, wirkt es auf sie beruhigend, wenn Sie darauf hinweisen, dass Ihr Essen *halal* ist. Lebensmittel zum Beispiel aus türkischen oder arabischen Lebensmittelläden in Deutschland sind immer halal. Sie sollten bei dieser Gelegenheit natürlich auch keinen Alkohol anbieten.

Literatur

Al-Buhari, S. (1991). *Nachrichten von Taten und Aussprüchen des Propheten Muhammad.* Stuttgart: Reclam.

Khomeini, A. (1980). *Meine Worte. Weisheiten, Warnungen, Weisungen*. München: Pabel Moewig.
Koch, H. (1992). *Es kündet Dareios der König. Vom Leben im persischen Großreich*. Mainz: Zabern.
Polak, J. E. (1865). *Persien. Das Land und seine Bewohner. Ethnographische Schilderungen*. 2 Teile. Leipzig: Brockhaus.
Richard, Y. (1983). *Die Geschichte der Schia in Iran*. Berlin: Wagenbach.
Xenophon. (2002). *Des Kyros Anabasis*. Stuttgart: Reclam.

Kleines Kulturquiz 15

Wenn Sie es bis hierhin geschafft haben, sind Sie mit Ihren Vorbereitungen für ein Engagement in Iran fast fertig. Fast, weil Sie Ihr Wissen in dem folgenden Kulturquiz abschließend noch einmal auf den Prüfstand stellen können. Die Fallgeschichten sind Alltagssituationen entnommen, die ich in den letzten 28 Jahren häufig erlebt habe. Im Umgang mit Iranern tauchen sie mit einer gewissen Regelmäßigkeit auf. Wie man sich in einer derartigen Situation angemessen verhält, ist hier noch einmal auf den Punkt gebracht. Kein Iraner wird von Ihnen erwarten, dass Sie alle Fettnäpfchen kennen, die der Kulturkontakt bereithält. Aber die schlimmsten zu vermeiden, das wird Ihnen garantiert angerechnet. Wenn Sie also einmal wirklich nicht wissen, wie Sie in einer spezifischen Situation angemessen reagieren sollen, fragen Sie einfach. Ansonsten gilt die Empfehlung von Bertold Brecht, „sich anzupassen, ohne sich aufzugeben".

Fragen

Fallbeispiel 1

Sie haben gerade Ihren iranischen Gesprächspartner kennengelernt und führen einen Small Talk. Im Laufe des Gesprächs fragt er Sie völlig überraschend nach Ihrer religiösen Überzeugung. Was würden Sie antworten?

A. Sie antworten, Religion spiele in Ihrem Leben keine besondere Rolle.
B. Sie lehnen jede Form von religiösem Extremismus ab.
C. Als geborener Christ, Muslim, Jude respektieren Sie jede religiöse Orientierung.
D. Sie seien in einem religiösen Elternhaus groß geworden.

Fallbeispiel 2

Sie sind in Teheran zu Fuß unterwegs und versuchen trotz dichten Verkehrs die Straße zu überqueren. Ein Auto kommt Ihnen mit relativ großer Geschwindigkeit entgegen. Wie würden Sie reagieren?

- A. Sie signalisieren durch Handbewegungen, dass Sie die Straße überqueren wollen.
- B. Sie gehen davon aus, dass er rechtzeitig hält bzw. die Geschwindigkeit verringert.
- C. Sie warten, bis die Fußgängerampel auf Grün geschaltet ist.
- D. Sie gehen bis in die Mitte der Straße und warten.

Fallbeispiel 3

Sie sind mit einem iranischen Geschäftspartner verabredet und wissen, dass Iraner in der Regel unpünktlich sind. Wie bereiten Sie sich vor?

- A. Sie kommen etwas später zum vereinbarten Termin.
- B. Sie verlassen sich darauf, dass Sie ohnehin auf Ihren Geschäftspartner warten müssen.
- C. Sie versuchen, vor dem vereinbarten Zeitpunkt einzutreffen.
- D. Sie rufen von unterwegs an und entschuldigen sich für die mögliche Verspätung.

Fallbeispiel 4

Sie befinden sich in einem Meeting, die Zeit vergeht und Ihr Gesprächspartner macht keine Anstalten, sich für Ihr Angebot zu interessieren. Wie reagieren Sie?

- A. Sie teilen ihm mit, Sie müssten heute noch einen anderen Termin wahrnehmen.
- B. Sie schauen gelegentlich auf Ihre Uhr und signalisieren, dass Sie lieber zum eigentlichen Geschäft kommen möchten.
- C. Sie bieten wegen der fortgeschrittenen Zeit einen alternativen Termin an.
- D. Sie gehen davon aus, dass die Begegnung ohnehin nur dem Kennenlernen dient.

Fallbeispiel 5

Ihr iranischer Geschäftspartner, den Sie nun schon einige Zeit kennen, kommt zu einem Besuch nach Deutschland. Wie bereiten Sie sich vor?

A. Sie besorgen ihm ein gutes Mittelklassehotel.
B. Sie fragen vorher an, in welcher Preiskategorie er untergebracht werden möchte.
C. Sie laden ihn zu sich nach Hause ein.
D. Sie teilen ihm vorab mit, dass Sie terminlich leider anderweitig gebunden sind.

Fallbeispiel 6

Sie sind bei Ihrem Geschäftspartner zum Essen eingeladen. Ihr Gastgeber hat ständig Ihren Teller neu gefüllt und nun können Sie keinen Bissen mehr zu sich nehmen. Wie reagieren Sie auf das Angebot der Gastgeberin, unbedingt noch das Obst zu probieren?

A. Sie geben ihr zu verstehen, dass Sie nichts mehr zu sich nehmen können.
B. Sie warten noch etwas und verabschieden sich unter dem Hinweis, dass Sie morgen wieder früh raus müssten.
C. Sie zwingen sich, das Obst zu essen, obwohl Ihnen nicht danach ist.
D. Sie essen etwas Obst und lassen den Rest auf dem Teller.

Fallbeispiel 7

Beim Besuch Ihres Gastgebers bewundern Sie den kleinen Wandteppich aus Seide und wollen gerne wissen, was der Teppich gekostet hat. Ihr Gastgeber bietet Ihnen den Teppich als Geschenk an. Wie würden Sie reagieren?

A. Sie können nicht mehr ablehnen.
B. Sie versprechen ihm ein gleichwertiges Geschenk bei seinem Besuch in Deutschland.
C. Sie bieten ihm an, den Teppich abzukaufen.
D. Sie äußern sich nicht explizit über den Teppich.

Fallbeispiel 8

Sie sind sich mit Ihrem Geschäftspartner vertraglich einig geworden. Einige Zeit nach Ihrer Rückkehr nach Deutschland ruft er Sie an, um Ihnen mitzuteilen, dass er den Vertrag in der gegenwärtigen Fassung nicht akzeptieren könne.

A. Sie teilen ihm mit, dass Verträge für beide Parteien bindend seien.
B. Sie fragen ihn, warum er das nicht bei Ihrem Besuch in Iran erwähnt habe.
C. Sie bieten ihm an, die fraglichen Punkte neu zu verhandeln.
D. Sie bestehen auf Einhaltung des Vertrags.

Fallbeispiel 9

Sie sind als Frau mit einem iranischen Geschäftspartner verabredet. Es ist der erste Termin. Sie treffen auf eine Gruppe von Männern. Wie reagieren Sie?

A. Sie warten, bis Ihnen jemand die Hand reicht.
B. Sie stellen sich vor und reichen den Männern die Hand.
C. Sie reichen den Männern die Hand und niemand reagiert.
D. Sie stellen sich mit einer leichten Verbeugung vor.

Fallbeispiel 10

Sie wollen die bisherige Arbeit Ihres iranischen Vertriebsmitarbeiters einer kritischen Überprüfung unterziehen, weil er bislang keine Fortschritte vorweisen kann. Sie sind ziemlich verärgert.

A. Sie teilen ihm unumwunden mit, dass Sie die Zusammenarbeit beenden.
B. Sie kritisieren seine Arbeit in Gegenwart seiner Kollegen.
C. Sie bitten ihn zu einem Gespräch unter vier Augen.
D. Sie setzen ihm eine angemessene Frist.

Anmerkungen zum Kulturquiz

Fallbeispiel 1

Antwort *C* ist wahrscheinlich die sicherste Variante. Der Islam toleriert und erkennt die beiden großen Buchreligionen Christentum und Judentum an. Auf eine Diskussion über Glaubensfragen sollten Sie sich dennoch nicht einlassen. Sie hat mit Ihrem Geschäftsvorhaben nichts zu tun. Das Bekenntnis zum Judentum ist besser zu vermeiden. Die jüdische Minderheit in Iran wird allen offiziellen Verlautbarungen zum Trotz ständig schikaniert. Viele Juden verlassen das Land.

Antwort *D* ist völlig überflüssig, weil jedem Iraner klar ist, dass ein Mensch bei seiner Geburt in eine Religionsgemeinschaft hineingeboren wird.

Antwort *A* oder *B* verschweigen Sie besser. Ihre Ansichten hierzu können Sie nur im Kreise enger Freunde äußern, falls Sie deren Einstellungen kennen. *B* ist besonders delikat, weil es als Anspielung auf das politische System in Iran verstanden werden könnte. Die Frage zielt weniger darauf ab, ob Sie ein gläubiger Mensch sind oder nicht. Es geht darum, Sie in einen kulturellen Kontext einzuordnen. Verweisen Sie darauf, dass Religion für Sie Privatsache ist, über die man in Deutschland nicht öffentlich spricht. Niemand kann von Ihnen ernsthaft Ihre wahre Einstellung verlangen *(Prinzip Ketman)*.

Fallbeispiel 2

Auf Ihre Handbewegung wird kein iranischer Autofahrer reagieren. Das ist einfach unüblich, Option A wäre purer Leichtsinn. Auf Option B können Sie sich genauso wenig verlassen, eher das Gegenteil wird eintreten. Die sicherste Variante ist C, allerdings auch nicht absolut sicher. Option D bringt Sie ins Grab. Wenn Sie trotz Verkehrs die Straße überqueren wollen, machen Sie es wie Iraner, zügig und mit gleicher Geschwindigkeit, damit Autofahrer Ihr Verhalten besser einschätzen können.

Fallbeispiel 3

Option B tritt erfahrungsgemäß in den meisten Fällen ein, Sie sollten sich jedoch auf keinen Fall darauf verlassen. Option A gilt als grobe Unhöflichkeit. Sie wollen doch ein Geschäft machen. Von Deutschen wird auch in Iran Pünktlichkeit erwartet, egal, ob Ihr Geschäftspartner sich daran hält. Die Variante C ist zu empfehlen. Besser, Sie treffen vor dem Termin ein. Das setzt voraus, dass Sie wegen des Verkehrs in Teheran rechtzeitig ein Taxi bestellen. Option D ist inakzeptabel und wird als Zeichen von Respektlosigkeit gewertet.

Fallbeispiel 4

Wenn Sie Option A wählen, ist das Geschäft im Prinzip schon beendet, bevor es begonnen hat. Sie zeigen, dass Sie an einer langfristigen Geschäftsbeziehung nicht wirklich interessiert sind. Variante B ist nicht nur unhöflich, auch wenn es aus Ihrer Sicht verständlich ist, das Ergebnis wird das gleiche wie bei A sein. Option C kommt nur im äußersten Notfall in Betracht. Am besten fahren Sie mit Option D. Das schützt Sie gleichzeitig vor zu großen Erwartungen.

Fallbeispiel 5

Option B wird vermutlich dazu beitragen, dass Ihr Gast unverzüglich absagt, falls Sie sich bereits längere Zeit kennen. Vielleicht meldet er sich auch nicht *(Prinzip Beziehung auslaufen lassen)*. Variante A können Sie nur in Erwägung ziehen, wenn es sich um einen losen Kontakt handelt, z. B. Kennenlernen auf einer Messe. Option C ist ein Muss, wenn Sie in Iran von Ihrem Gastgeber zu sich nach Hause eingeladen wurden. Nach dem Prinzip der Reziprozität erwartet er zumindest die gleiche Behandlung, die er Ihnen zuteilwerden ließ. Option D ist akzeptabel, sofern Sie kurzfristig verhindert sind und sich bereits kennen.

Fallbeispiel 6

Variante *A* wird als unhöflich aufgefasst, Option *B* eher als ungehobelt und beleidigend. Ihre Gastgeberin wird sich schämen und annehmen, es habe Ihnen nicht geschmeckt. Da helfen Ihnen keine weiteren Worte, eingeladen werden Sie garantiert nicht mehr. Zur Vermeidung einer solchen Situation beherzigen Sie den Rat von *al-Buhari* (in Kap. 14). Obst und Tee gehören zum Ausklang eines Essens. Über Option *C* wird sich Ihre Gastgeberin sicherlich freuen und mit Option *D* machen Sie nichts falsch.

Fallbeispiel 7

Option *C* ist absolut beleidigend, ein angebotenes Geschenk können Sie doch nicht abkaufen. Dinge kauft man im Basar. Ihr Geschäft dürfte sich dem Ende nähern. Variante *A* ist eine selbst gestellte Falle, Sie müssen annehmen und damit rechnen, dass Ihnen beim Gegenbesuch das Gleiche widerfährt. Option *D* verhindert Missverständnisse auf beiden Seiten. Ihr Gastgeber wird froh sein, dass Sie so zurückhaltend waren. Option *B* ist ein Versprechen, dass Sie in Deutschland eventuell noch geben können, in Iran völlig deplatziert. Hoffen Sie nicht länger auf gute Geschäftsbeziehungen. Sie gelten als kleinlich. Mit Ihnen kann man keine guten Geschäfte machen.

Fallbeispiel 8

Wenn Sie an der Seriosität Ihres iranischen Partners zweifeln, empfehle ich Ihnen die Optionen *A, B* und *D*. Weitere Reisen nach Iran dürften sich für Sie danach erübrigen. Wenn Sie es positiv sehen, sparen Sie Geld. Dafür hat sich das Geschäft für Sie erledigt. Sie verstoßen gegen alle Regeln einer beziehungsorientierten Geschäftskultur. Auf dem juristischen Wege ist auch nichts zu holen. Iranische Richter urteilen anders als deutsche. Bleibt Ihnen nur Option *C* und eine gehörige Portion Geduld, die sich später auszahlen wird. Andere Länder, andere Sitten.

Fallbeispiel 9

Als Frau sind Sie in Iran keineswegs gleichberechtigt, auch nicht als Ausländerin. Auf Option *A* müssen Sie in Iran mitunter länger warten als bei einem Gegenbesuch in Deutschland. Sie wird vermutlich kaum eintreten *(Prinzip rituelle Verunreinigung)*. Option *B* ist nur eingeschränkt empfehlenswert, das heißt, Sie stellen Sich vor, *ohne* die Hand auszustrecken. Variante *C* wird aus dem gleichen Grund eintreffen, wie Option *A*. Allerdings gilt auch hier: *Ausnahmen bestätigen die Regel*. Mit der Option *D* bringen Sie niemanden in Verlegenheit, vor allen Dingen nicht sich selbst.

Fallbeispiel 10

Option *A* wird bei ihm auf völliges Unverständnis stoßen, weil er eine Verschwörung gegen sich am Werke sieht. In finanzieller Hinsicht haben Sie bislang nichts erreicht und werden nichts mehr erreichen. Bei der Option *B* haben Sie von ihm nichts mehr zu erwarten, von seinen Kollegen übrigens auch nicht. Auch Iraner sind sehr lernfähig. Schlimmstenfalls wird die zukünftige Arbeit sabotiert. Einzig angemessene Lösung ist Option *C,* jedoch mit sehr viel Einfühlungsvermögen (siehe zur Konfliktlösung Kap. 12), wobei Option *D* wiederum unbedingt erforderlich ist. Was Sie vorgeben, müssen Sie später überprüfen.

Zu guter Letzt

Die Kommunikation mit Menschen aus einer Kultur, die sich von der eigenen in (fast) allen Bereichen unterscheidet, ist für Sie und für Ihren Geschäftspartner immer eine Herausforderung und eine Gratwanderung. Ob beim ersten Kontakt oder bei weiteren Begegnungen, das Zusammentreffen wird immer begleitet, von kulturell geprägten Erwartungshaltungen, Verständigungsschwierigkeiten, Unsicherheiten, Sympathien oder Antipathien, Hoffnungen, Zwängen, Zeitvorstellungen, Erfolgsdruck, unterschiedlichen Einschätzungen, wie Risiken zu bewerten seien oder wie mit Kritik umzugehen sei. Im Alltag kommt es dann naturgemäß zu Fehleinschätzungen, wie das Wahrgenommene zu bewerten und das weitere Vorgehen zu planen sei. Die sich daraus ergebenden Probleme gefährden nicht nur den Erfolg Ihres Geschäftsvorhabens. Sie sind vor allen Dingen kostspielig, und eine zweite Chance bekommen Sie in der Regel selten.

Dieser Herausforderung begegnen Sie am besten, indem Sie sich optimal vorbereiten. Das können und sollten Sie in einem *interkulturellen Training* tun. Die Fähigkeit, sich im interkulturellen Kontext richtig zu verhalten, ist heute kein Luxus mehr, eher eine Notwendigkeit. Im Zeitalter der Globalisierung ist interkulturelle Kompetenz eine notwendige Voraussetzung, leider zu selten auch eine Selbstverständlichkeit. In einem interkulturellen Training werden Sie dafür fit gemacht.

Das ist eine Investition, die sich immer lohnt.

Anhang   16

Der iranische Kalender

In Iran werden drei verschiedene Kalender verwendet. Der *Sonnenkalender* legt im Alltag die nationalen Feiertage fest. Der *Mondkalender* regelt die Feiertage islamischen Ursprungs und der *Gregorianische Kalender* wird im Geschäftsalltag mit dem Ausland verwendet.

Sonnenkalender

Die Verwendung zweier unterschiedlicher Kalendersysteme hat vor allem historische Gründe. In der vorislamischen Zeit galt in Iran ausschließlich der (zoroastrische) Sonnenkalender, der den jahreszeitlichen Rhythmus bestimmte und die Feste und Feiertage festlegte. Durch den Islam wurde der Mondkalender eingeführt, der Sonnenkalender behielt dennoch seine Gültigkeit. Der Sonnenkalender hat den Vorteil gegenüber allen anderen Kalendersystemen, dass er genauer ist, auch im Vergleich zum islamischen Kalender. Der Sonnenkalender teilt das Jahr in 12 Monate mit 365 Tagen ein. Damit ähnelt er zwar dem Gregorianischen Kalender, er ist aber viel präziser. Während der Gregorianische Kalender alle 3226 Jahre um einen Tag korrigiert werden muss, ist dies beim Sonnenkalender nur alle 141.000 Jahre erforderlich. Der Grund für diese extrem hohe Genauigkeit liegt in einer präziseren Berechnung der Schaltjahre. So beginnt der Sonnenkalender immer mit einem natürlichen Ereignis, nämlich mit der Frühjahrssonnenwende am 21. März. Der genaue Zeitpunkt wird durch astronomische Beobachtung festgelegt. Die Frühjahrssonnenwende *(Nowruz)* ist für die Völker des Nahen- und Mittleren Ostens, die ihre Herkunft auf iranische Wurzeln zurückführen, zugleich das wichtigste Ereignis im Jahresverlauf. Die Monatsnamen des Sonnenkalenders sind zoroastrischen Ursprungs:

Der persische Sonnenkalender beginnt 2016 (1394) am 21. März und endet am 20. März 2017.

Die persischen Monate und ihre Entsprechung nach gregorianischem Kalender:

Farwardin   (21. März–20. April)
Ordibehesht (21. April–21. Mai)
Khordād   (22. Mai–21. Juni)
Tir   (22. Juni–22. Juli)
Mordād   (23. Juli–22. August)
Shahriwar   (23. August–22. September)
Mehr   (23. September–22. Oktober)
Ābān   (23. Oktober–21. November)
Āzar   (22. November–21. Dezember)
Dey   (22. Dezember–20. Januar)
Bahman   (21. Januar–19. Februar)
Esfand   (20. Februar–20. März)

Die ersten sechs Monate haben jeweils 31, die übrigen, mit Ausnahme des Monats Bahman (29), dagegen 30 Tage.

Der Mondkalender

Der iranische (islamische) Mondkalender unterscheidet sich deutlich von dem der Muslime in den arabischen Ländern und kommt ohne die Schaltjahre aus. Er hat nur 354 Tage bei 12 Monaten, die je nach Jahr 29 oder 30 Tage haben. Aus diesem Grund muss zum Beispiel der islamische Fastenmonat Ramadan jedes Jahr neu festgelegt werden. Der Beginn des islamischen Kalenders ist die *Hijra* (Auswanderung aus Mekka) im Jahr 622 unserer Zeitrechnung.

Die zwölf Monatsnamen des Mondkalenders sind:

Muharram   (30 Tage)
Safar   (29 Tage)
Rabi' I.   (30 Tage)
Rabi' II.   (29 Tage)
Jumādea I.   (30 Tage)
Jumādea II. (29 Tage)
Rajab   (30 Tage)
Sha'bān   (29 Tage)
Ramazān   (30 Tage)
Shawwāl   (29 Tage)
Zu al-Qadah (30 Tage)
Zu al-Hijjah (29 Tage)

Das islamische Jahr beginnt mit dem 1. *Muharram,* der für die Schiiten der Trauermonat ist. Am 9. *(Tasu'a)* und 10. Tag *(Ashura)* des Muharram gedenken Schiiten des Martyriums und des Todes von Hussein, des dritten Imams. Hussein war mit seiner kleinen Schar von Angehörigen am 10. Oktober 680 n. Chr. bei Kerbala (Irak) von den Truppen des Umayyaden-Herrschers *Yazid* niedergemetzelt worden.

In täglich wiederkehrenden Umzügen, Passionsspielen *(Ta'ziyeh)* und Geißlerprozessionen *(dastadjad)* leiden die Gläubigen mit Hussein und wollen für diese Tragödie Buße tun. Zu Beginn der Revolution wurde der Muharram für politische Zwecke als Ausdruck des Protests gegen das Schah-Regime instrumentalisiert, indem die Iraner trotz verhängter Ausgangssperre auf die Straßen gingen. Seit dieser Zeit wird das „Trauerritual…für politische Zwecke benutzt. Die Intensität der Trauer um Hussein in Iran ist ein zutiefst iranisches Phänomen. […] Sie berührt das Ritterliche in der iranischen Seele, jene Großzügigkeit des Herzens *(ǧawānmardi),* deren Ursprünge weit vor der Zeit des Islam liegen" (vgl. Richard 1983, S. 89).

Das *liturgische* Jahr der Schiiten beginnt mit Trauer. Sie trauern am Todestag des Propheten (28. Safar) und an den Todestagen der Imame.

Schiiten feiern allerdings auch Feste, so zum Beispiel den Geburtstag des Propheten am 17. Rabi' I., der gleichzeitig Geburtstag des 6. Imams ist. Ferner das Ende des Ramadan am 1. Shawwal *(Eid-e Fetr)* und *Eid-e Ghorban* (das Opfer Abrahams) am 10. Zu al-Hijjah, an dem in vielen Familien ein Schaf geschlachtet wird. Es gibt zahlreiche weitere schiitische Feste. Das größte ist der Geburtstag des zwölften Imams am 15. Sha'bān (zwei Wochen vor Beginn des Ramadan). Dann sind die Straßen mit Festbeleuchtungen, Häuser und Geschäfte mit auf Stoffbahnen gedruckten oder geschriebenen Koranversen geschmückt. Neben diesen Festen islamischen Ursprungs gibt es eine Vielzahl volkstümlicher Feste aus vorislamischer Zeit, die weiterhin praktiziert werden.

Am 21. März 2016 begann das islamische Jahr 1394.

Gesetzliche Feiertage und Feste in Iran 2016

11. Februar	Jahrestag der Revolution
13. März	Martyrium der Fatima Zahra
19. März	Tag der Nationalisierung des Erdöls
20. März	Persisches Neujahrsfest (Nowruz), Frühlingsanfang
21. März	Nowruz Ferien
31. März	Tag der Islamischen Republik
1. April	Gründungstag der Islamischen Republik Iran
3. April	Sizdah-bedar, 13. Tag nach Nowruz (Tag des Picknicks)
21. April	Geburtstag des Imam Ali
5. Mai	Himmelfahrt des Propheten Mohammed
22. Mai	Geburtstag des Imam Mahdi
4. Juni	Jahrestag des Aufstandes gegen den Schah

6. Juni	Beginn des Ramadan (Ende am 5. Juli)
21. Juni	Sommersonnenwende
27. Juni	Martyrium des Imam Ali
5. Juli	Letzter Tag des Ramadan
7. bis 8. Juli	Eid-e Fetr (Fastenbrechen)
31. Juli	Martyrium des Imam Jafar az-Sadegh
13. September	Eid-e Ghorban (Opferfest)
21. September	Eid-e Ghadir
22. September	Herbsttagundnachtgleiche
11. Oktober	Todestag des Imam Hussein
12. Oktober	Ashura
23. Oktober	Tassaoua (Trauertag)
21. November	Arba'in (Trauertag)
30. November	Martyrium des Imam Reza
11. Dezember	Geburtstag des Propheten
21. Dezember	Wintersonnenwende

▶ Die Zeit des *Ramadan* und die **vier** Wochen nach dem 21. März *(Nowruz)* sind für Geschäftsvorhaben kritische Monate. Offiziell dauern die Feierlichkeiten für das persische Neujahrsfest nur fünf Tage. Gleichzeitig finden aber bis zum 2. April Schulferien statt. In diesen beiden Monaten ist es erfahrungsgemäß schwierig, Geschäftstermine zu vereinbaren.

Einige weitere nützliche Hinweise

In vielen iranischen Städten ist eine starke Präsenz von Sicherheitskräften zu beobachten, was zu einer Einschränkung der Bewegungsfreiheit führen **könnte**. Ausländischen Besuchern wird daher dringend geraten, Kundgebungen, Menschenansammlungen und Demonstrationen weiträumig zu meiden. Es sollte unbedingt vermieden werden, Film- und Tonaufnahmen von Demonstrationen, Polizei- und Sicherheitskräften oder öffentlichen Gebäuden zu machen, weil dies als Spionagetätigkeit ausgelegt werden kann. Iranische Behörden reagieren sehr sensibel mit dem Vorwurf der Spionage.

Zur aktuellen **Vorbereitung** sollten Sie die Internetseite des Auswärtigen Amtes konsultieren unter: www.auswaertiges-amt.de/DE/Laenderinformationen

Alle Deutschen, die in Iran vorübergehend oder längere Zeit im Amtsbezirk der Botschaft leben, sollten sich in eine **Krisenvorsorgeliste** eintragen lassen, damit die Botschaft in Krisen- oder Ausnahmesituationen schnell mit ihnen Kontakt aufnehmen kann.

Unternehmen sollten rechtzeitig beim Bundesamt für Wirtschaft und Ausfuhrkontrolle prüfen, ob die Ausfuhr bestimmter Güter genehmigungspflichtig ist. Informationen unter: www.bafa.de

Für Iran ist ein **Visum** erforderlich, das Sie abhängig von Ihrem Bundesland bei den dafür zuständigen iranischen Konsulaten beantragen müssen. Weitere Informationen sind über die Botschaft der Islamischen Republik Iran in Berlin erhältlich.

Informationen unter: www.iranbotschaft.de

Die **Öffnungszeiten** der Büros staatlicher Unternehmen sind samstags bis mittwochs von 7.30/8.30 bis 15.00/16.00 Uhr. Donnerstags und freitags sind die Büros in der Regel geschlossen. Iranische Behörden sind samstags bis mittwochs zwischen 8.00 und 16.00 Uhr erreichbar, donnerstags und freitags sind sie geschlossen. Es empfiehlt sich, vereinbarte Termine vorher bestätigen zu lassen.

Die Bürostunden privater Unternehmen sind flexibel und variieren samstags bis mittwochs zwischen 9.00 bis 17.00/18.00 Uhr, donnerstags von 9.00 bis 13.00 Uhr.

Die **Deutsche Botschaft** ist sonntags bis donnerstags von 7.00 bis 15.30 geöffnet, Montag und Dienstag bis 16.00 Uhr, im Juli und August von 7.00 bis 14.30 Uhr. Freitags und samstags ist die Botschaft geschlossen.

In **Notfällen** ist die Botschaft außerhalb der Öffnungszeiten telefonisch erreichbar unter: 0098-91 21 13 10 07.

Der Fastenmonat **Ramadan** findet 2016 in der Zeit vom 6. Juni bis 5./6. Juli statt. Das Ende kann sich wegen der Zeitrechnung nach dem Mondkalender verschieben. Während der Fastenzeit sollten Sie Ihre Konsumgewohnheiten entsprechend anpassen und tagsüber darauf verzichten, in Anwesenheit von Muslimen Speisen oder Getränke zu sich zu nehmen oder zu rauchen.

Mit Beginn des iranischen Neujahrsfestes (Nowruz) am 20./21. März schließen die meisten Unternehmen für mindestens zwei Wochen, oft auch für drei Wochen ihren Betrieb. In den Wochen nach Neujahr ist es in Iran üblich, Freunde und Verwandte in Iran und/oder im Ausland zu besuchen, sodass es vielerorts kaum möglich ist, Geschäftstermine zu vereinbaren. Banken, Ministerien und Behörden sind nur an den offiziellen Feiertagen geschlossen, in der Neujahrzeit werden die Aktivitäten allerdings stark heruntergefahren.

Zum iranischen Neujahr ist es üblich, **Grußkarten** an Partnerfirmen zu verschicken. Sie sollten diese Tradition unbedingt beachten, wobei kleine Geschenke oft als Türöffner dienen können. Beliebt sind zum Beispiel ausländische Kalender, Süßigkeiten oder reich bebilderte Bücher über Deutschland. Iranische Partner revanchieren sich meist mit Gegengeschenken.

Generell gilt für **Einladungen** von Iranern, dass Sie ein kleines Geschenk, meist in Form von Süßigkeiten, mitbringen.

Die **Schulferien** beginnen 2016 etwa Mitte Mai und dauern aus klimatischen Gründen bis Anfang September, abhängig von der Schulform. In dieser heißen Zeit befinden sich iranische Geschäftsleute in der Regel außerhalb der Hauptstadt Teheran oder sind im Ausland.

Kleine Chronologie der Geschichte Irans

Das antike Persien	
v. Chr.	
5000	Früheste Zeugnisse prähistorischer Siedlungen in Iran
2700	Aufstieg der elamitischen Zivilisation in Südwestiran
2000–1000	Ankunft der ersten Stämme der Arier auf dem iranischen Hochplateau
800–600	Aufstieg und Herrschaft der *Meder*
1200	Zarathustra als Schöpfer der ersten Religion in Iran
559–330	Dynastie der Achämeniden
550	Der Perser *Kyros II.* (Kurosh) besiegt *Astyages,* den König der Meder und erobert die medische Hauptstadt *Ekbatana* (Hamadan)
547/46	Kyros II. erobert das Reich der *Lyder* (Westtürkei)
539	Truppen des Kyros nehmen *Babylon* ein, Befreiung des jüdischen Volkes aus babylonischer Gefangenschaft
530–522	*Kambyses II.* (Kambiz)
525	Kambyses II. erobert *Ägypten*
522–486	*Dareios I.* (Dariush) bezwingt die *Skythen,* erobert *Thrakien* und *Makedonien* und das *Industal,* lässt den Kanal zwischen Nil und dem Roten Meer bauen, errichtet *Persepolis* als Hauptstadt des persischen Reiches
486–465	Nachfolger wird sein Sohn *Xerxes I.*
333 v. Chr.	*Alexander der Große* besiegt den letzten persischen Herrscher Dareios III. bei *Issos,* erobert das persische Reich und zieht weiter bis Nordwestindien, Ende der achämenidischen Dynastie
323–129	Unter *Seleukos I. Nikator,* ein Feldherr Alexanders, wird Iran Teil des Seleukidenreiches
247	Die Parther unter *Arsakes* erobern Teile des Reiches der Seleukiden, Beginn der Dynastie der iranischen Parther
141–126	Die Parther unterwerfen *Westiran* und *Mesopotamien,* Eroberung des gesamten Perserreichs, Armeniens und der angrenzenden arabischen Gebiete
n. Chr.	
53	Die Parther besiegen den Römer *Crassus* bei *Carrhae*
224	Die Parther verlieren ihre Macht an die persischen Sassaniden
239/240	Einfälle der Parther in römische Gebiete, Beginn der römisch-persischen Kriege
259/60	*Shahpur I.* besiegt die Römer und nimmt den römischen Kaiser *Valerian* gefangen
602–628	Letzte große kriegerische Auseinandersetzungen zwischen Iran und *Byzanz*

(Fortsetzung)

(Fortsetzung)

Das antike Persien	
642	Durch die muslimischen Eroberungen unter den *Kalifen Omar* endet die Herrschaft der Sassaniden
	Niederlagen der Perser bei *Qadissiya* (636) und *Nihavand* (642)
	Ermordung des letzten Sassanidenkönigs *Yazdegerd III*.
	Das Herrschaftsgebiet der Sassaniden wird Teil des Reiches der Kalifen

Persien im islamischen Mittelalter	
651–749	Herrschaft der muslimischen Umayyaden-Dynastie
750–1258	Kalifat der Abbasiden in *Bagdad*
	Iranische Lokaldynastien unter dem Kalifat der Abbasiden
821–873	Taheriden *(Khorassan)*
867–911	Saffariden *(Sistan)*
892–999	Samaniden *(Khorassan und Transoxanien)*
927–1090	Ziyariden *(Tabarestan und Gorgan)*
945–1055	Buyiden *(Iran und Irak)*
977–1190	Ghaznawiden *(Khorassan)*
1008–1051	Kakuyiden *(Zentral- und Westiran)*
1038–1194	Seldschuken
1090–1256	Assassinen (Zentraliran)
1218–1353	Die Mongolen unter *Dschingis-Khan* (Temüdschin) erobern erstmals Iran, das in den folgenden Jahren unter die Herrschaft der Ilkhane gerät
1314–1393	Mozaffariden *(Fars und Kerman)*
1370–1506	Timuriden unter dem Befehl des *Tamerlan* (Timur Leng) erobern Iran
1387–1501	Stammeskonföderation der Aq Qoyunlu *(Ostanatolien und Azerbaidschan)*
1380–1468	Qara Qoyunlu *(Azerbaidschan und Irak)*
1501–1736	Safaviden
	Gründung des ersten persischen Nationalstaats nach Jahrhunderten der Fremdherrschaft durch *Schah Ismail* (1488–1524)
	Schiismus wird zur offiziellen Staatsreligion
1736–1795	Afsharen
1747–1785	*Karim Khan Zand* regiert Westiran *(Fars)*
	Aufnahme der Handelsbeziehungen mit England unter Karim Khan Zand

Iran in der Moderne	
1785–1797	*Agha Mohammed Khan* gründet die Dynastie der Qadscharen
	Teheran wird zur Hauptstadt
1804–1813	Erster Persisch-Russischer Krieg

(Fortsetzung)

(Fortsetzung)

Iran in der Moderne	
1813	Vertrag von Golestan
	Persien verliert die Kaukasusprovinzen *Dagestan, Georgien, Darbend* und *Schirwan* an das Zarenreich
1826–1828	Zweiter Persisch-Russischer Krieg
1828	Vertrag von *Torkmanchai*
	Persien muss die Gebiete im Kaukasus *(Eriwan, Nahchiwan)* an Russland abtreten
1890–1892	Tabakrevolte nach Vergabe der Konzession für Abbau und Vertrieb der gesamten Tabakernte an die britische Imperial Tobacco Company durch *Naser ad-Din Shah*
1892:	Aufhebung der Konzession auf Druck der Bevölkerung
1905–1911	Konstitutionelle Revolution durch das iranische Volk führt zur Bildung eines Parlaments (1906) und einer neuen Verfassung
	Konstitutionelle Monarchie wird als Regierungsform festgeschrieben
1907	Anglo-Russische Konvention
	Aufteilung Persiens in eine englische und in eine russische politische Einflusszone
1908	Entdeckung der Erdöllagerstätten durch die Anglo-Persian Oil Company
1909	Bürgerkrieg in Iran
1911	Militärische Intervention durch England und Russland

Iran unter den Pahlavis	
1921	Sturz der Qadscharen durch einen von England unterstützten Staatsstreich
	Der Kosakenführer *Reza Khan* (1878–1944) erobert *Teheran* und wird zunächst Kriegsminister
1926	Reza Khan krönt sich am 25. April zum Schah von Persien und begründet die Dynastie der Pahlavi (1926–1979)
	Politik der Modernisierung und Säkularisierung Irans nach dem Vorbild des Staatschefs der Türkei, *Kemal Ata Türk*
	Reform des Rechts,- Finanz- und Bildungswesens
	Keine politischen Reformen
1935	Umbenennung der vormals *Anglo-Persian Oil Company* (seit 1914 mehrheitlich im Besitz der britischen Regierung) in *Anglo-Iranian Oil Company* (AIOC)
1935	Iran wird zur offiziellen Staatsbezeichnung für Persien
1941	Einmarsch britischer und russischer Truppen in Iran
	Alliierte zwingen Reza Schah Pahlavi wegen seiner Verbindungen zu Nazi-Deutschland zum Rücktritt
1944	Reza Schah stirbt im südafrikanischen Exil
	Nachfolger wird auf Betreiben der USA und Englands sein Sohn Mohammed Reza (1919–1980)
	Gründung der kommunistischen *Tudeh*-Partei, die mit Unterstützung der sowjetischen Besatzung in *Azerbaidschan* und *Kurdistan* (Mahabad) eine autonome Regierung ausruft

(Fortsetzung)

(Fortsetzung)

Iran unter den Pahlavis	
1946	Azarbaijan-Krise, Beginn des Kalten Kriegs
1949	Attentat auf Mohammed Reza durch einen kommunistischen Anarchisten
	Verbot der Tudeh-Partei
1949	Gründung der Bewegung Nationalen Front durch den Politiker Mohammed Mossaddegh (1880–1967)
1951	Mossaddegh wird zum iranischen Ministerpräsidenten gewählt, Verstaatlichung der iranischen Ölquellen und der AIOC, seither unter dem Namen *National Iranian Oil Co.* (NIOC)
1952	Internationaler Boykott aller iranischen Ölexporte auf Veranlassung der britischen und amerikanischen Regierungen
	Schwere wirtschaftliche und innenpolitische Krise, drohender Staatsbankrott
1953	Abstimmung im Parlament über die Entmachtung des Schahs auf Veranlassung von MP *Mossadegh*, Auflösung des Parlaments, der Schah verlässt das Land
	Putsch des Militärs auf Betreiben der amerikanischen CIA und des britischen MI5 durch General *Zahedi* (Operation Ajax)
	Mossadegh wird für drei Jahre inhaftiert und anschließend bis zu seinem Tod (1967) unter Hausarrest gestellt
	Rückkehr von Schah Mohammed Reza Pahlavi und Übernahme der Macht
1954	Ölabkommen mit internationalem Konsortium gegen Entschädigung (700 Mio. US$) an *Anglo-Iranian Oil Co*
	Aufbauhilfe durch die USA
	Parteiverbote und Verhaftungen Oppositioneller
1962	Gesetz für eine Bodenreform
1963	Die Weiße Revolution des Schahs
	Gemäßigte Landreform, Maßnahmen zur Bekämpfung des Analphabetismus (Armee des Wissens), Verbesserung der Gesundheitsvorsorge, Aktives und passives Wahlrecht für Frauen
	Beteiligung der Arbeiter am Gewinn der Fabriken
	Landreform stößt auf Ablehnung beim schiitischen Klerus
1963	Die vom Geistlichen Ruhollah Khomeini, dem späteren Revolutionsführer, angezettelten landesweiten Unruhen gegen die Bodenreform fordern mehr als 9000 Tote
	Khomeini wird verhaftet und später ins Exil in die *Türkei* abgeschoben, ab 1965 ist er im *Irak* im Exil
	Gründung verschiedener Untergrund-Guerilla-Organisationen, die mit Anschlägen gegen das Schah-Regime kämpfen

	Die Revolution von 1979 und die Islamische Republik Iran
1978	Ein Presseartikel in der staatlichen Tageszeitung *Ettela'at* soll Khomeini diskreditieren und bewirkt genau das Gegenteil, landesweite Sympathien für *Khomeini*, auch von Leerzeile seiten kritischer Intellektueller und Oppositioneller
	Nach Demonstrationen in Qom, den ersten gegen den Schah seit 1963, zahlreiche Tote und Verletzte
	Protestkundgebungen finden im 40-Tagesrhythmus statt (analog dem islamischen Trauerritus) und werden blutig niedergeschlagen
	Streiks der Bazarhändler *(Bazaris)*, Streiks an den Universitäten, in der Ölindustrie
	Die Volkserhebung kann weder durch die Militärregierung noch durch die Bildung einer neuen Regierung durch den Oppositionspolitiker *Shahpur Bakhtiar* aufgehalten werden
1979	Schah Mohammed Reza Pahlavi verlässt am 16. Januar überstürzt das Land und flieht nach Ägypten ins vorläufige Exil
	Ayatollah Khomeini kehrt am 1. Februar nach fünfzehnjähriger Abwesenheit unter dem begeisterten Empfang von Millionen Menschen nach Iran zurück
	Iranische „Studenten" besetzen am 4. November die US-Botschaft und nehmen deren Angehörige für 444 Tage (bis 20. Januar 1981) in Geiselhaft
	Volksabstimmung für oder gegen eine „Islamische Republik Iran"
	Billigung der neuen Verfassung am 2. Dezember durch die Mehrheit der Iraner, die Verfassung schreibt die führende Rolle der Geistlichkeit *(Doktrin des Velayat-e Faqih)* fest
1980	Ausrufung der *Islamischen Republik Iran* am 1. April
	Beginn der *Islamischen Kulturrevolution,* das Ziel ist die vollständige Islamisierung der iranischen Gesellschaft, Ausschaltung aller regimekritischen Gruppierungen bzw. deren Vertreibung ins Ausland
	„Säuberungsaktionen" in Behörden, Universitäten und Schulen, denen alle ehemaligen Mitarbeiter des früheren Schah-Regimes zum Opfer fallen, gewaltsame Niederschlagung von ethnischen Minderheiten wegen deren Forderung nach politischer Autonomie
1980–1988	Krieg zwischen Iran und Irak *(Erster Golfkrieg)*
	Einmarsch irakischer Truppen am 22. September in die Erdölprovinz *Khuzestan* im Süden Irans, Ziel ist die Destabilisierung des islamischen Regimes in Iran und die dauerhafte Besetzung der Erdölprovinz
	Der Krieg endet am 18. Juli 1988 für beide Seiten verlustreich mit Hunderttausenden von Toten
	Das schiitische Regime in Iran geht gestärkt aus der Auseinandersetzung mit dem Irak hervor
1989	Ayatollah Khomeini stirbt am 3. Juni
	Sein Nachfolger wird am 6. Juni *Ayatollah Seyyid Ali Khamenei*
	Neuer Staatspräsident wird *Ali Akbar Hashemi Rafsanjani* (bis 1997)
	Rafsanjani betreibt eine Politik der wirtschaftlichen Liberalisierung Irans, die ab 1992 jedoch erhebliche Rückschläge hinnehmen muss
	Unruhen in der Bevölkerung nach dem Abbau staatlicher Subventionen in den Jahren 1992, 1994 und 1995

Kleine Chronologie der Geschichte Irans

Iran in der Phase nach Khomeini

1997	*Mohammed Khatami* wird am 23. Mai neuer Staatspräsident (bis 2005), Versuch einer Politik der vorsichtigen wirtschaftlichen Liberalisierung gegenüber dem Westen
	Khatami initiiert den „*Dialog der Kulturen*" als einen Versuch der Verständigung mit den westlichen Ländern
	Politisch hat er wenig Spielraum, weil die Richtlinien der Innen- und Außenpolitik vom Revolutionsführer Khamenei bestimmt werden
2005	*Mahmud Ahmadinedjad* wird am 3. August neuer Staatspräsident (bis 2013)
	Ahmadinedjad ist ein Vertreter des extrem konservativen religiösen Establishments *(Ossulgaran)* und vertritt eine stark nationalistisch gefärbte Position gegenüber dem Westen, die durch einen Konfrontationskurs in der Atomfrage, durch die Leugnung des Holocausts und durch antisemitische Tiraden gegen Israel geprägt ist
	Auf Druck der UN-Vetomächte und Deutschlands werden die Sanktionsmaßnahmen gegen Iran erheblich verschärft
	Ahmadinedjads Amtszeit ist geprägt von Korruption und Nepotismus, die iranische Wirtschaft erleidet ihren bislang stärksten Niedergang
2013	*Hassan Rohani* wird am 3. August neuer iranischer Präsident und ist ein als gemäßigt geltender klerikaler Politiker, er verfügt über eine langjährige politische Erfahrung als Chefunterhändler bei den Gesprächen über das iranische Atomprogramm zwischen den Vertretern der EU (Großbritannien, Frankreich, Deutschland) und Iran
	Rohani unterhält enge Kontakte zum Staatsoberhaupt Khamenei und gilt gerade bei jungen Iranern als neuer Hoffnungsträger für eine Politik der Öffnung gegenüber dem Westen,
	Die Erwartungen der iranischen Bevölkerung an Rohani sind groß: mehr bürgerliche Freiräume und weniger staatliche Repression, Abbau der hohen Arbeitslosigkeit, ausländische Investoren und Know-how sollen ins Land geholt und die Privatisierung staatlicher Betriebe zügig umgesetzt werden
2015	In seiner ersten Amtszeit erfolgt der Durchbruch in der Auseinandersetzung über das iranische Atomprogramm als nach 13 Jahren der Verhandlungen die fünf UN-Vetomächte und Deutschland am 14. Juli 2015 die Einigung im Atomstreit verkünden (Adoption Day)
2016	Nachdem die Internationale Atomenergiebehörde *(IAEA)* am 16. Januar *(Implementation Day)* festgestellt hat, dass Iran die Auflagen des Atomabkommens erfüllt hat, werden die im Zusammenhang mit dem iranischen Nuklearprogramm verhängten Wirtschafts- und Finanzsanktionen außer Kraft gesetzt
	Die Sanktionen gegen Iran sollen über einen langen Zeitraum (bis 2025) sukzessive abgebaut werden

Iran und die internationalen Sanktionen

- **1968:** Iran unterzeichnet den **Atomwaffensperrvertrag**, dieser Vertrag erlaubt:
  - die zivile Nutzung von Nuklearenergie
  - die dafür notwendige Forschung
  - die Urananreicherung
- **Internationale Atomenergiebehörde** (IAEA) in Wien kontrolliert die Einhaltung des Atomwaffensperrvertrags.
- **1990er-Jahre:** Beginn des iranischen Atomprogramms
- **2006:** UN-Sicherheitsrat erlässt die Resolution 1696, Iran wird darin erstmals aufgefordert, die Anreicherung von Uran einzustellen.
- Iran weigert sich unter Berufung auf den Atomwaffensperrvertrag.
- Beginn der Sanktionspolitik

UN-Resolutionen

- **24. November 2013:**
- Vereinbarung über *Joint Plan of Action* (JPOA) zwischen USA, Frankreich, Großbritannien, Russland, China, Deutschland (P5 + 1, auch als E3/EU 3) und **Iran**
- **Iran** erklärt den Stop und die freiwillige Beschränkung seines Nuklearprogramms.
- **20. Januar 2014:**
- E3/EU 3 beschließen die Begrenzung und teilweise Aussetzung des Embargos und der Sanktionen.
- Aufnahme von Verhandlungen über das Nuklearprogramm
- **2. April 2015:** Grundsätzliche Einigung
- **14. Juli 2015:**
- **Vereinbarung** über *Joint Comprehensive Plan of Action* (JCPOA) zwischen USA, China, Russland, Frankreich, England, Deutschland und der Hohen Vertreterin der EU für Außen- und Sicherheitspolitik, Mogherini, (**E3 + EU3 + 3**).
- Regelungen des JPOA gelten für die Übergangszeit bis zum *Implementation Day* des JCPOA weiter.

JPOA-Regelungen
EU:

- Lockerung und teilweise Aufhebung der Ein- und Ausfuhrverbote für folgende Güter:
- Petrochemie
- Gold und Edelmetalle
- Lockerung der Beschränkungen für den Zahlungsverkehr
- Keine neuen Sanktionen, die sich auf das iranische Nuklearprogramm beziehen.

USA:

- Aufhebung bestimmter Sanktionen für Nicht-US-Unternehmen, insbesondere aus der Automobilindustrie.
- Keine neuen Sanktionen, die sich auf das iranische Nuklearprogramm beziehen.
- Einrichtung eines „Financial Channel" zur Ermöglichung bestimmter Zahlungen.
- **Adoption Day am 18. Oktober 2015:**
- **JCPOA** tritt in Kraft
- **EU** und **USA** haben die erforderlichen gesetzlichen Maßnahmen zur Umsetzung ihrer Verpflichtungen getroffen.
- **Implementation Day am 16. Januar 2016:**
- **IAEA** bestätigt, dass Iran seinen Verpflichtungen nachgekommen ist.
- **EU:** Embargo und Sanktionen werden weitgehend aufgehoben.
- **USA:** Secondary Sanctions werden (dauerhaft) ausgesetzt.
- **Transition Day – voraussichtlich Oktober 2023**
- **EU:** Aufhebung der verbliebenen Sanktionen, insbesondere des Waffenembargos.
- **USA:** Gesetzliche Aufhebung der Secondary Sanctions.
- **UNSCR Termination Day – voraussichtlich Oktober 2025**
- UN-Sicherheitsrat stellt fest, dass das Atomprogramm des Iran nicht mehr auf der Agenda steht.
- **Snap-Back-Mechanismus:** aufgehobene Sanktionen können wieder in Kraft gesetzt werden, wenn gegen die Regelungen des JCPOA verstoßen wird.
- **Waffenembargo** bleibt für weitere fünf Jahre bestehen, wichtig wegen der Genehmigungspflichten nach Art. 4 EU-Dual-Use Verordnung für nicht gelistete Güter.
- **Handelsbeschränkungen** für Nukleartechnologie bleiben noch maximal 8 Jahre bestehen.
- Die Dokumente des JCPOA können unter folgendem Link heruntergeladen werden: http://eeas.europa.eu/iran/index_en.htm

Was sich nicht ändert

- **Art. 3 Dual-Use-VO**
  Genehmigungspflicht für alle von Anhang I der EU-Dual-Use-VO 428/2009 erfassten Waren (Hardware, Software, Technologie).
- **Art. 4 Dual-Use-VO**
  Genehmigungspflicht für alle nicht gelisteten Waren im Falle möglicher militärischer Endverwendungen.
  Verwendungen im Zusammenhang mit ABC-Waffen/Raketen
- **§ 9 Außenwirtschaftsverordnung**
  Genehmigungspflicht für die Lieferung von Waren in Anlagen für kerntechnische Zwecke (auch zivile Anlagen).

Nützliche Informationen zum Thema Sanktionen

- Bundesamt für Wirtschaft und Ausfuhrkontrolle: www.bafa.de
- Germany Trade and Invest: www.gtai.de
- Auswärtiges Amt: www.auswaertiges-amt.de
- Iranische Botschaft: www.iranembassy.de

Kleiner Sprachführer Deutsch-Persisch

Die persische Sprache gehört zur indoeuropäischen Sprachfamilie. Persisch ist eine vokallose Schrift und wird mit arabischen Buchstaben von rechts nach links geschrieben. Man kann ein persisches Wort nur richtig lesen oder verstehen, wenn man es kennt. Das persische Alphabet umfasst 32 Buchstaben und hat vier Buchstaben mehr als das Arabische. Im Persischen gibt es zahlreiche Lehnwörter aus dem Arabischen, die vor allem eine religiöse Bedeutung haben. Die persische Grammatik unterscheidet keine Geschlechter (maskulin, feminin, Neutrum), es gibt auch keinen bestimmten Artikel wie im Deutschen. Der Plural wird durch Anhängen zweier Pluralendungen *–ān* oder *–hā* gebildet. Beim Akkusativ wird die Postposition *–rā* angehängt. Der Genitiv entsteht durch Anfügen der *Ezāfe*-Verbindung *–e* oder *–ye* (vor Wörtern, die auf einen Vokal enden). Die Betonung eines Wortes liegt in der Regel auf der letzten Silbe.

Zur Aussprache

ā   nasales, langes **a**
kh   Rachenlaut, wie „**ch**" in Ba**ch**
dsch   wie in **Dsch**ungel
sh   wie in **Sch**ule
r   stets ein rollendes **r**
v   wie in **W**ald
che   wie „**tsch**" bei Tschick
z   stimmhaftes „**s**", wie in **S**and
s   stimmloses „**s**", wie **ß**
gh   kehliger Laut, ähnlich wie ein stimmloses **r**
y   wie „**j**" in Jaguar

Begrüßung	
Hallo	Salām
Guten Tag	Ruz be-kheir
Guten Morgen	Sobh be-kheir
Guten Abend	Shab be-kheir

(Fortsetzung)

Kleiner Sprachführer Deutsch-Persisch

(Fortsetzung)

Begrüßung	
Wie geht es Ihnen?	Hāl-e shomā chetour-e?
Danke, es geht mir gut	Merci, man khubam
Nicht schlecht	Bad nistam
Auf Wiedersehn	Khodā hāfez
Herzlich willkommen	Khosh āmadid

Anreden	
Herr	Āghā
Frau	Khānum

Allgemeines	
O.K.	Bāshe oder Areh
Ja/nein	Bale/Na
Gott (persisch)	Khodā
Gott (arabisch)	Allāh
Bitte	Lotfan
Vielen Dank	Kheili mamnun
Entschuldigung	Bebakhshid
Wenn Gott will	Inshallah
Gott sei Dank	Al-hamdu-llillah
Bitte sehr	Befarma'id
Richtig	Doroste
Genug	Kāfiy-e
Schlecht	Bad
Deutschland	Ālmān
Deutscher	Ālmāni
Groß	Bozorg
Klein	Kuschik
Jung	Dschavān
Alt	Pir
Schnell	Tond
Langsam	Javash
Heiß	Garm
Kalt	Sard
Teuer	Gerun

(Fortsetzung)

(Fortsetzung)

Allgemeines	
Billig	Arzān
Bestimmt, sicher, na klar	Hatman

Zeitbestimmungen	
Heute	Emruz
Morgen	Fardā
Übermorgen	Pas fardā
Gestern	Diruz
Wann	Key
Samstag	Shambe
Sonntag	Yek-shambe
Montag	Do-shambe
Dienstag	Se-shambe
Mittwoch	Chahār-shambe
Donnerstag	Pandsch-shambe
Freitag	Dschom-e
Feiertag	Ruz-e ta'atil
Wann	Key
Wie spät ist es?	Sā'at-e chand-e?

Ortsbestimmungen	
Wo, wo ist?	Kodschā, kodschāst?
Rechts, nach rechts	Rāst, be taraf-e rāst
Links, nach links	Chap, be taraf-e chap
Geradeaus	Mostaqim
Oben/unten	Bālā/pāyin
Norden	Shomāl
Süden	Dschonub
Westen	Gharb
Osten	Sharq

Zahlen	
1	Yek
2	Do
3	Se
4	Chahār

(Fortsetzung)

(Fortsetzung)

Zahlen	
5	Pandsch
6	Shish
7	Haft
8	Hasht
9	Noh
10	Dah
11	Yāzdah (zehn und eins)
12	Davāzdah
13	Sizdah
20	Bist
21	Bist-o yek (zwanzig und eins)
22	Bist-o do (zwanzig und zwei)
30	Si
40	Chehel
50	Pandschāh
100	Sad
200	Do-sad
1000	Hezār
2000	Do-hezār
Million	Melion

Im Restaurant	
Restaurant	Restorān
Speisekarte	Kart-e ghazā
Frühstück	Sobhune
Mittagessen	Nahār
Abendessen	Shām
Guten Appetit	Nush-e dschān
Flasche	Botri
Gabel	Changāl
Löffel	Qāshoq
Messer	Chāghu
Glas	Liwan
Teller	Boshghāb
Wasser	Āb
Obstsaft	Āb miwe

(Fortsetzung)

(Fortsetzung)

Im Restaurant	
Suppe	Āsh
Tee	Chai
Kaffee	Qahweh
Vorspeise	Pish ghāzi
Reis (gekochter)	Chelo
Reis (gekocht mit Butter/Öl)	Polow
Reis mit Hackspießen aus Lamm, Rindfleisch oder Schaffleisch	Chelo kebāb-e kubideh
Reis mit Rückenfilet vom Rind/Lamm	Chelo kebāb-e barg
Reis mit Hähnchenspieß	Chelo kebāb-e morgh
Lammfleisch in Gemüsesoße	Qorm-e sābzi
Dessert	Desert
Joghurt-Getränk (mit Wasser vermischt)	Dugh
Joghurt mit Gurke, Minze und Knoblauch	Māst-o khiār
Speiseeis	Bastani
Hähnchen, Gebratenes Hähnchenfleisch am Spieß	Dschuje, Dschuj-e kebāb
Rindfleisch	Gusht-e gav
Fisch	Māhi
Hammelfleisch	Gusfand
Joghurt	Mast
Brot	Nān, nūn
Käse	Panir
Auberginen	Bādemdschun
Zwiebel	Piāz
Kräuter	Sabzi
Salat	Sālat
Knoblauch	Sir
Berberitzen (meist in Kombination mit Reis und/oder Fleischgerichten)	Zereshk
Süß	Shirin
Sauer	Torsh
Scharf	Tond
Frisch	Tāze
Salz	Namak
Pfeffer	Felfel

(Fortsetzung)

Kleiner Sprachführer Deutsch-Persisch

(Fortsetzung)

Im Restaurant	
Zucker	Shekar

Kleine Konversation	
Wie heißt das?	Esm-e in chist?
Wie spät ist es?	Sā'at chand-e?
Sprechen Sie Englisch (Deutsch)?	Shomā englisi (almāni) harf mizanid?
Ich spreche kein Persisch	Man fārsi harf nemizanam
Nein, ich verstehe (Sie) nicht	Na, nemifahman
Was machen Sie hier?	Shomā che kar mikonid?
Wo gehen Sie hin?	Shomā kodschā mirawid?
Kann ich ein Foto von (Ihnen) machen?	Mishawad aks-e (shomā-rā) begiram?
Sehr schön	Ghashang-e
Leben Sie hier?	Shomā indschā zendegi mikonim?
Wo wohnen Sie?	Shomā kodschā mimāndid?
Einen Moment, bitte	Yek daghighe sabr konid
Schauen Sie!	Negāh konid!
Es ist wichtig (unwichtig)	Mohemm-e (nist)
Wo können wir ... kaufen?	Mā kodschā ... mitavānim bekharim?
Was kostet das?	Gheimat-e in chand-e?
Ins Stadtzentrum	Be markaz-e shahr

Wichtige Einrichtungen	
Deutsche Botschaft	Sefārat-e Ālmāni
Bank	Bank
Flughafen (Imam Khomeini Airport)	Furudgāh (Furudgāh-e Emam Khomeini)
Fluggesellschaft	Hāvapeymā'i
Gepäck	Bāgh
Geld	Pul
Markt	Bāzār
Polizei	Polis
Pension	Mosāferkhāne
Hotel	Hotel
Hilfe	Komak
Krankenhaus	Bimārestān
Arzt	Pezeshk

Wichtige Einrichtungen	
Fahrkarte	Belit
Reisebüro	Ājāns-e mosāferati
Zoll	Gomrok

Nützliche Internetadressen

Deutsche Botschaft in Teheran/Iran: www.teheran.diplo.de/Vertretung
Nützliche Länder- und Reiseinformationen unter: www.auswaertiges-amt.de
Schweizerische Botschaft in Teheran: www.eda.admin.ch/tehran
Österreichische Botschaft in Teheran: www.aussenministerium.at/teheran
Staatliche iranische Medien in englischer Sprache: www.iran-daily.com
Islamic Republic News Agency: www.irna.ir/en
Central Bank oft the Islamic Republic of Iran: www.cbi.ir/En
Iranische Bank Melli: www.bmi.ir/En
Statistical Centre of Iran: www.amar.org.ir/english
Messen in Teheran: www.en.iranfair.com
Börse in Teheran: www.tse.ir
Iran Chamber of Commerce, Industries and Mines: www.en.iccima.ir
Iranisches Präsidialamt: www.president.ir/de
Ministry of Economic Affairs and Finance: www.mefa.ir
Ministry of Energy: www.moe.gov.ir
Investment Organization Iran: www.investiniran.ir/en
Messeinformationen: www.auma.de
Informationen zur iranischen Wirtschaft: www.gtai.de
Deutsch-Iranische Industrie- und Handelskammer zu Teheran: www.iran.ahk.de
Alternative regimekritische Nachrichtenportale in englischer Sprache: www.roozonline.com und www.farsinet.com/news
Informationen zur persischen Kultur + Gesellschaft: www.iranchamber.com
Iranisches Nachrichtenportal auf Deutsch: www.german.irib.ir
Nachrichtenportal auf Deutsch: www.parstimes.com/gov_iran.html
Sehr informativ auch die Homepage der Central Intelligence Agency: www.cia.gov
Exiliraner unter: www.iranian.com
Interkulturelles Training: www.michaelgorges.de

Weiterführende Literatur

Iran

Afandi, N. (1973). *Der Sündensack. Schwänke, Anekdoten und Witze.* C. H. Beck: München.
Akhavi, S. (1980). *Religion and politics in contemporary Iran.* SUNY: New York.
Alavi, N. (2006). *Wir sind der Iran. Aufstand gegen die Mullahs – die junge persische Weblog-Szene.* Kiepenheuer & Witsch: Köln.
Algar, H. (1983). *The roots of the islamic revolution.* The Open Press: London.
Ashraf, A. (1993). Conspiracy theories and the Persian mind. *Encyclopaedia Iranica, 6,* 138–147.
Attar, F. (2002). *Muslimische Heilige und Mystiker. Ihr Leben, ihre Taten, ihr Geist.* C. H. Beck: München.
Batmanglij, N. (1997). *New food of life. Ancient Persian and modern Iranian cooking and ceremonies.* Mage Publ.: Washington.
Braudel, F., Duby, G., & Aymard, M. (1987). *Die Welt des Mittelmeeres.* Fischer: Frankfurt a. M.
Browne, E. G. (1984). *A year amongst the Persians.* Century Publ.: London
Brugsch, H. (1862). *Reise der K. Preussischen Gesandtschaft nach Persien 1860 und 1861, 2 Bände,* Brockhaus: Leipzig.
Canetti, E. (2006). *Masse und Macht,* Fischer: Frankfurt a. M.
Curtis, V. S. (1994). *Persische Mythen,* Reclam: Stuttgart.
Donaldson, B. A. (1938). *The wild rue: A study of Muhammadan magic and folklore in Iran.* Luzac & Co.: London.
Edalatian, J. (1992). *Unternehmensorganisation und -kultur im Iran.* Dr. Kovac: Hamburg.
Ehlers, E. (1980). *Iran: Grundzüge einer geographischen Landeskunde.* WBG: Darmstadt.
Firdausi. (1984). *Geschichten aus dem Schahnameh.* Eugen Diederichs: Köln.
Fragner, B. G. (1984). „Zur Erforschung der kulinarischen Kultur Irans", *Die Welt des Islams XXIII–XXIV* (S. 320–360).
Frye, R. (1977). *Die Perser: das erste Imperium der Antike.* Knaur: München.
Gabriel, A. (1952). *Die Erforschung Persiens: die Entwicklung der abendländischen Kenntnis der Geographie Persiens.* Adolf Holzhausen: Wien.
Gehrke, U., & Mehner, H. (1976). *Iran. Bevölkerung-Geschichte-Kultur-Staat-Wirtschaft.* Erdmann: Tübingen.
Gorges, M. (2005). Kulturstandards in Iran. In H. Brenner, & M. Gößl (Hrsg.), *Praxishandbuch für Exportmanager: Führen, Verhandeln und Verkaufen im internationalen Geschäft* (S. 1–17). Wolters Kluwer: Köln.

Gorges, M. (2007). Länderbericht Iran. In *Netzwerk Architekturexport*. Bundes-Architektenkammer: Berlin.
Gorges, M. (2008). *Geschäftserfolg im Iran. Verhandeln, Arbeiten und Führen in der persischen Geschäftskultur.* Orell Füssli: Zürich.
Gorges, M. (2016). Länderbericht Iran. In *Praxisinformation für Export- und Zollverantwortliche im Unternehmen*. Wolters Kluwer: Köln.
Heine, P. (1989). *Ethnologie des Nahen und Mittleren Ostens*. D. Reimer: Berlin.
Heine, P. (1994). *Kulturknigge für Nichtmuslime. Ein Ratgeber für den Alltag*. Herder: Freiburg.
Herodot. (1971). *Historien*. Kröner: Stuttgart.
Hesse-Lehmann, K. (1993). *Iraner in Hamburg. Verhaltensmuster im Kulturkontakt*. D. Reimer: Hamburg.
Hinz, W. (1976). *Darius und die Perser*. Holle: Baden-Baden.
Kaempfer, E. (1984). *Am Hofe des persischen Großkönigs 1684–1685*. Erdmann: Stuttgart.
Kapuscinski, R. (1997). *Schah-in-Schah. Eine Reportage über die Mechanismen der Macht, der Revolution und des Fundamentalismus*. Eichborn: Frankfurt a. M.
Keddie, N. R. (2003). *Modern Iran. Roots and results of revolution*. Yale UP: New Haven.
Khomeini, A. (1980). *Meine Worte. Weisheiten, Warnungen, Weisungen*. Pabel Moewig: München.
Kinzer, S. (2003). *All the shah's men. An American coup and the roots of Middle East terror.* John Wiley & Sons: Hoboken.
Koch, H. (1992). *Es kündet Dareios der König. Vom Leben im persischen Großreich*. Zabern: Mainz.
Kochwasser, F. (1961). *Iran und Wir. Geschichte der deutsch-iranischen Handels- und Wirtschaftsbeziehungen*. Erdmann: Herrenalb.
Lewis, B. (1989). *Die Assassinen*. Eichborn: Frankfurt a. M.
Lewis, B. (2000). *The Middle East. 2000 Years of history from the rise of christianity to the present day*. Phoenix Press: London.
Lewis, B. (2002). *Der Untergang des Morgenlandes*. Bonn.
Litten, W. (1925). *Persische Flitterwochen*. Georg Stilke: Berlin.
Mackay, S. (1996). *The Iranians. Persia, Islam and the soul of a nation*. Plume: New York.
Matheson, S. A. (1980). *Persien. Ein archäologischer Führer*. Reclam: Stuttgart.
Mikusch, D. v. (1937). *Waßmuß, der deutsche Lawrence*. Paul List: Leipzig.
Morier, J. J. (1985). *Reisen durch Persien in den Jahren 1808 bis 1816*. Rütten & Loening: Berlin.
Mottahedeh, R. (1987). *Der Mantel des Propheten oder Das Leben eines persischen Mullah zwischen Religion und Politik*. C. H. Beck: München.
Nirumand, B. (1967). *Persien, Modell eines Entwicklungslandes oder Die Diktatur der freien Welt*. Rowohlt: Reinbek bei Hamburg.
Perthes, V. (2006). *Orientalische Promenaden. Der Nahe und Mittlere Osten im Umbruch*. C. H. Beck: München.
Polak, J. E. (1865). *Persien. Das Land und seine Bewohner. Ethnographische Schilderungen. 2 Teile*. Brockhaus: Leipzig.
Ramazani, N. (2000). *Persian cooking. A table of exotic delights*, Ibex Publ.: Bethesda.
Rosen, F. (1922). Der Einfluß geistiger Strömungen auf die politische Geschichte Persiens. *Zeitschrift der Deutschen Morgenländischen Gesellschaft, 76,* 101–125.
Rosen, F. (1926). *Persien in Wort und Bild*. Schneider: Berlin.
Sa'di, M. A. D. (1982). *Der Rosengarten*. Carl Schünemann: Bremen.
Saadi, S. (1988). *Bostan Diwan Gulestan*. Ehrenwirth: München.
Schimmel, A. (1978). *Rumi. Ich bin Wind und du bist Feuer. Leben und Werk des großen Mystikers*. Eugen Diederichs: Köln.
Schultze-Holthus, B. (1980). *Aufstand in Iran*. Walter Angerer: München.
Shaida, M. (2002). *The legendary cuisine of Persia*. Grub Street: New York.

Stausberg, M. (2005). *Zarathustra und seine Religion.* C. H. Beck: München.
Stodte, C. (2003). *Iran. Edition Erde Reiseführer.* Edition Temmen: Bremen.
Tajadod, N. (2003). *Das unbekannte Persien. Magier, Ketzer und Christen.* List: Düsseldorf.
Vambéry, H. (1865). *Reise in Mittelasien.* Nomad Press: Nürnberg.
Vambéry, H. (1867). *Meine Wanderungen in Persien.* Nomad Press: Nürnberg.
Weiss, W. M. (1997). Bei Allah, dieser Preis ist nur für dich! Wie der orientalische Basar funktioniert. *Der Arabische Almanach. Zeitschrift für orientalische Kultur, 7,* 12–16.
Wiesehöfer, J. (1998). *Das Antike Persien.* Artemis & Winkler: Düsseldorf.
Wright, R. (2001). *The last great revolution. Turmoil and transformation in Iran.* Vintage: New York.
Xenophon. (2002). *Des Kyros Anabasis.* Reclam: Stuttgart.
Zaehner, R. C. (1965). Zoroastrian survivals in Iranian folklore. *Iran. British Institute of Persian Studies, 3,* 87–96.

Islam und Schiiten

Al-Buhari, S. (1991). *Nachrichten von Taten und Aussprüchen des Propheten Muhammad.* Reclam: Stuttgart.
Aslan, R. (2006). *Kein Gott außer Gott. Der Glaube der Muslime von Muhammad bis zur Gegenwart.* C. H. Beck: München.
Cahen, C. (1987). *Der Islam I. Vom Ursprung bis zu den Anfängen des Osmanenreiches.* Fischer: Frankfurt a. M.
Der Fischer Weltalmanach 2006. (2005). Fischer: Frankfurt a. M.
Elger, R. (2006). *Kleines Islam-Lexikon.* C. H. Beck: München.
Ende, W., & Steinbach, U. (Hrsg.). (1989). *Der Islam in der Gegenwart.* C. H. Beck: München.
Ende, W. (1989). *Der schiitische Islam.* In Ende, W. & Steinbach U. (Hrsg.) *Der Islam in der Gegenwart* (S. 70–90). C. H. Beck: München.
Gellner, E. (1992). *Der Islam als Gesellschaftsordnung.* dtv: München.
Goldschmidt, L. (2000). *Der Koran.* Komet: Frechen.
Grunebaum, G. E.v. (1982). *Der Islam II. Die islamischen Reiche nach dem Fall von Konstantinopel.* Fischer: Frankfurt a. M.
Guellouz, A. (1998). *Der Koran.* BLT Lübbe: Bergisch-Gladbach.
Halm, H. (1988). *Die Schia.* WBG: Darmstadt.
Halm, H. (2005). *Die Schiiten.* C. H. Beck: München.
Hartmann, R. (1987). *Die Religion des Islam. Eine Einführung.* WBG: Darmstadt.
Henning, M. (2006). *Der Koran.* Reclam: Stuttgart.
Kettermann, G. (2001). *Atlas zur Geschichte des Islam.* WBG: Darmstadt.
Krämer, G. (2005). *Geschichte des Islam.* C. H. Beck: München.
May, K. (2003). *Von Bagdad nach Stambul.* Karl May Verlag: Bamberg.
Paret, R. (1980). *Mohammed und der Koran. Geschichte und Verkündigung des arabischen Propheten.* Kohlhammer: Stuttgart.
Renz, A. (1977). *Geschichte und Stätten des Islam.* Prestel: München.
Richard, Y. (1983). *Die Geschichte der Schia in Iran. Grundlagen einer Religion.* Wagenbach: Berlin.
Schimmel, A. (1995). *Der Islam. Eine Einführung.* Reclam: Stuttgart.
Schimmel, A. (1995). *Von Ali bis Zahra. Name und Namengebung in der islamischen Welt.* Eugen Diederichs: München.
Schimmel, A. (2002). *Das islamische Jahr. Zeiten und Feste.* Eugen Diederichs: München.

Interkulturelle Kommunikation

Adler, N. J. (1997). *International dimensions of organizational behavior.* South Western Publ.: Cincinnati.

Bude, H. (1995). Kultur als Problem. *Merkur, 49,* 9/10, S. 775–782.

Gelfert, H. D. (2005). *Was ist Deutsch? Wie die Deutschen wurden, was sie sind.* C. H. Beck: München.

Gesteland, R. R. (1999). *Global Business Behaviour. Erfolgreiches Verhalten und Verhandeln im internationalen Geschäft.* Orell Füssli: Zürich.

Götz, K. (2000). *Interkulturelles Lernen. Interkulturelle Kompetenz.* Hampp: München.

Hall, E. T. (1973). *The silent language.* Anchor Books: New York.

Hall, E. T. (1976). *Die Sprache des Raumes.* List: Düsseldorf.

Heringer, H. J. (2004). *Interkulturelle Kommunikation. Grundlagen und Konzepte.* UTB: Tübingen.

Hofstede, G. (1984). *Culture's consequences. International differences in work-related values.* Sage Publ.: New York.

Hofstede, G. (1997). *Lokales Denken, Globales Handeln. Kulturen, Zusammenarbeit und Management.* dtv: München.

Janich, N., & Dagmar N. (Hrsg.). (2002). *Verhandeln, kooperieren, werben. Beträge zur interkulturellen Wirtschaftskommunikation.* Deutscher Universitäts-Verlag: Wiesbaden.

Kobi, J. M., & Wüthrich, H. (1986). *Unternehmenskultur. Verstehen, erfassen und gestalten.* Moderne Industrie: Landsberg.

Lewis, R. D. (2000). *Handbuch internationale Kompetenz. Mehr Erfolg durch den richtigen Umgang mit Geschäftspartnern weltweit.* Campus: Frankfurt a. M.

Mall, R. A. (1996/1997). Interkulturalität – Theorie und Praxis, *Trierer Beiträge. Aus Forschung und Lehre an der Universität Trier,* S. 2–10.

Thomas, Alexander. (1999). Kultur als Orientierungssystem und Kulturstandards als Bauteile. *IMIS-Beiträge, 10,* 91–130.

Trompenaars, F. (1993). *Handbuch Globales Managen. Wie man kulturelle Unterschiede im Geschäftsleben versteht.* List: Düsseldorf.

Druck: KN Digital Printforce GmbH · Schockenriedstraße 37 · 70565 Stuttgart